普通高等学校"互联网+"立体化教材

高职体育选项课教程

主编　游伟民　邓淇元　陈　凯　尹成功

北京体育大学出版社

策划编辑：张蒙恩
责任编辑：杨　洋
责任校对：宋志华
版式设计：沈小峰

图书在版编目（CIP）数据

高职体育选项课教程 / 游伟民等主编 . –– 北京：
北京体育大学出版社 , 2020.9
ISBN 978-7-5644-3379-6

Ⅰ . ①高… Ⅱ . ①游… Ⅲ . ①体育 – 高等职业教育 –
教材 Ⅳ . ① G807.4

中国版本图书馆 CIP 数据核字 (2020) 第 177460 号

高职体育选项课教程　　　　　　　　　　　游伟民　邓淇元　陈凯　尹成功　主编

出版发行：北京体育大学出版社
地　　址：北京市海淀区农大南路 1 号院 2 号楼 4 层办公 B–421
邮　　编：100084
网　　址：http://cbs.bsu.edu.cn
发 行 部：010–62989320
邮 购 部：北京体育大学出版社读者服务部 010–62989432
印　　刷：艺堂印刷（天津）有限公司
开　　本：787mm×1092mm　1/16
成品尺寸：185mm×260mm
印　　张：17.75
字　　数：405 千字
版　　次：2020 年 9 月第 1 版
印　　次：2020 年 9 月第 1 次印刷
定　　价：45.00 元

本书如有印装质量问题，请与出版社联系调换。

《高职体育选项课教程》
编委会

主　编	游伟民	邓淇元	陈　凯	尹成功
副主编	梁丽郁	卢炳秋	陆长英	任　鹏
	袁晓红	刘　倩	邓诗瑶	罗素贞
	曾昭婷	王立杰	翟伟忠	朱武寿

前　言

党和国家历来重视学生身心的健康发展。《中共中央国务院关于深化教育改革，全面推进素质教育的决定》指出："健康体魄是青少年为祖国和人民服务的基本前提，是中华民族旺盛生命力的体现。学校教育要树立健康第一的指导思想，切实加强体育工作，使学生掌握基本的运动技能，养成坚持锻炼身体的良好习惯。"《国务院办公厅关于强化学校体育促进学生身心健康全面发展的意见》强调："强化学校体育是实施素质教育、促进学生全面发展的重要途径，对于促进教育现代化、建设健康中国和人力资源强国，实现中华民族伟大复兴的中国梦具有重要意义。"

高职体育是高等职业院校体育教育课程体系的重要组成部分，对学生身心健康的发展、综合素质的提升发挥着重要的作用。基于此，我们在总结高等学校体育教材建设经验的基础上，立足高职学生身心发展的现状，以满足高职院校学生多元化的体育需求为宗旨，编写了本教材。

本教材以"健康第一"为指导思想，结合高职院校体育选项课教学的实际特点，以培养高职学生的健康意识和体育实践能力为重点，为学生提供多样化的身体锻炼指南。根据新时期高职教育特点，本教材将体育选项课的核心内容整合为基础理论篇和运动实践篇两个部分。基础理论篇包括体育与健康概述、体育运动的理论基础与科学方法、营养与健康、体育保健和职业体能训练等知识；运动实践篇介绍了田径、足球、篮球、气排球、手球、乒乓球、羽毛球、健身操舞、武术、健身气功八段锦和民族民间传统体育项目等体育运动项目，以期通过全面实用的运动项目契合学生各异的运动兴趣。本教材结构清晰、内容简洁、通俗易懂、图文并茂，融科学性、知识性和实用性为一体，旨在培养高职学生的体育锻炼兴趣，提高学生的体质健康水平，健全学生的人格品质。

在本教材的编写过程中，我们参阅了众多的专业书籍，在此我们谨向原作者致以最真诚的谢意。

由于编写人员水平有限，教材中若有不足之处，恳请各位专家、读者给予批评与指正，以便我们今后对教材进行修订和完善。

目 录

基础理论篇

运动实践篇

基础理论篇

第一章

体育与健康概述

第一节 体育的概念和功能

一、体育的概念

广义的"体育"即体育运动，既包括竞技运动，又包括体育教育和一般的体育锻炼等内容。狭义的"体育"即体育教育。当前，得到较为广泛认可的体育概念如下：体育是以身体活动为媒介，以谋求个体身心健康、全面发展为直接目的，并以培养完善的社会公民为终极目标的一种社会文化现象或教育过程。

以上对"体育"的解释，不仅是对体育本质属性的说明，还间接指出了体育的范围。应该说，体育的概念并不是固定不变的。社会的发展和科技的进步使体育的内涵和外延不断发展变化。

二、体育的功能

体育的功能是指它对人类本身和人类社会发展的作用及影响。了解体育的功能，人们才能有目的、有意识、积极主动地发挥其功能，这样才能使体育更好地为人类自身和人类社会的发展服务。体育具有多功能性、多目标性、多层次性等特征。体育的功能取决于体育的自身特点和社会需求。随着人类社会的发展、实践活动的丰富和科技水平的提高，人们不仅认识到体育在增强人的体质方面所具有的作用，还逐步认识到体育在教育、文化等方面具有特殊的价值与功能。

（一）体育的健身功能

实践证明，体育锻炼是促进健康、增强体质最积极有效的方法。体育的健身功能是通过体育锻炼的医学效应和生物学效应体现出来的，即体育锻炼基于医学和生物学的机理，可以提高人体的新陈代谢水平、体内营养物质的分解与合成能力，促进健康和增强体质，使人体得到有效发展。这种有效发展具体表现为体育锻炼可改善人体神经系统的功能，尤其是中枢神经系统的功能；体育锻炼可促进人体的生长发育，提高人体心血管系统和呼吸系统的机能；体育锻炼能提高人体消化系统的机能；体育锻炼可提高人体对外界环境的适应能力，提高身体素质。

（二）体育的教育功能

体育的教育功能是体育最基本的功能。体育的教育功能对人类社会的影响是体育的其他功能不能相比的。虽然世界各国的社会制度、政治观念、宗教信仰和意识形态不尽相同，但世界各国都很重视体育在教育中的独特作用。体育的教育功能主要表现在两个方面：一是体育在社会中的教育作用；二是体育在学校中的教育作用。

1. 体育在社会中的教育作用

体育具有竞争性、技艺性、群聚性、礼仪性、国际性等特点，这使它在振奋民族精神、激发爱国热情、培养社会公德等方面具有特殊的社会教育意义。当人们置身于竞赛体育场中时，庄严的赛前仪式、紧张激烈的竞赛氛围、运动员令人叫绝的精湛技术、充满不确定性的竞赛结果等自然地激发人们的荣誉感、集体观念、民族意识、进取精神等。这种由体育事件激发的社会情感教育因素所产生的社会影响和社会教育价值是难以估量的。例如，中国女排在奥运会、世界女子排球锦标赛、女排世界杯等国际级大赛中的出色表现，使全国人民为之欢呼，这极大地激发了人们的爱国主义热情。

2. 体育在学校中的教育作用

自"体育"一词问世以来，人们最先看到的是体育能帮助人们强身健体。体育作为学校教育的重要内容，可为培养全面发展的人才服务。早在西周时期，周朝官学就提出将"六艺"作为教学的主要内容。所谓"六艺"，即礼、乐、射、御、书、数。其中，射和御与现今的体育技能和锻炼相关。可见，早在几千年前，我国古人就已经将体育作为学校教育的重要组成部分。古希腊哲学家亚里士多德曾提出，体育、德育、智育是相互联系的整体，体育应先于智育。毛泽东"德智皆寄于体"的教育名言也一直流传至今。可见，从古至今，不论中外，体育都在学校教育中起着重要的作用。

实践证明，体育在学校教育中的多功能性是其他学科所无法具备的。因此，体育在学校教育中具有不可替代的地位。培养学生在未来的工作岗位中所应具备的体育素养，以满足其未来工作和生活的需要，这是学校体育教育的主要作用。学校体育开展体育课、课外体育活动、课余体育训练等，使学生获得科学锻炼的体育理论知识，掌握必要的运动技能，学会科学锻炼身体的方法，提高运动实践的能力，养成科学体育锻炼的习惯，树立终身体育思想。

（三）体育的娱乐功能

体育的娱乐功能较早地被人类认识和利用。娱乐身心正说明了体育的娱乐功能。原始社会体育初具雏形时，人们即在渔猎闲暇进行游戏和嬉戏活动。《帝王世纪》记载的"击壤而歌"，就是古人在休闲时伴以歌唱的一种游戏活动。《太平清话》则记载了始于黄帝时期用于调节士兵生活的蹴鞠游戏。在体育形成的早期，即古代开展民间体育阶段，一些娱乐消遣的身体活动、游戏通常在节日庆典、宗教仪式和技艺表演中出现，它们对丰富和调节人们的生活起着重要作用。欧洲文艺复兴时期，新兴资产者和人文主义者亦曾以"改善和提高人类生活"为宗旨，大力提倡开展娱乐消遣活动，并利用多种体育娱乐手段，广泛开展社交活动。在以竞技体育为主的奥林匹克运动中，人们最先看重的也正是其娱乐功能。

中国自改革开放以来，人们的物质生活水平日益提高，精神生活也开始受到重视，人们的业余体育活动和文化生活日渐丰富。现代生活让人们的生活节奏加快、远离大自然，游泳、爬山、越野等体育活动不但可以调节人们紧张的生活，而且能让人们重返大自然，在大自然中陶冶情操。此外，一些高危险性体育项目，如攀岩、蹦极、汽车越野等，还可以挑战人体极限，使人超越自我。现今，《全民健身计划（2016—2020年）》正在实施，人们正在积极寻找适合自己的最佳体育娱乐方式，以便更快、更好地消除学习和工作中的身心疲惫，将心境调节到最佳状态，净化情感，享受生活，以达到健康与长寿的目的。

英国一位学者说过：不能教会学生支配余暇的教育是一种不完整的教育。因此，学校教育要重视对学生进行余暇消遣、体育娱乐的教育，使之真正成为能满足社会发展需要的全面人才。

欣赏高水平体育比赛，已经成为人们日常娱乐消遣的重要方式之一。经常欣赏体育比赛和表演，如体操、艺术体操、跳水、花样游泳等充满运动美感的项目，人们可从中得到美的艺术感受与享受，也可受到美学教育。

（四）体育的军事功能

体育的军事功能主要源于战争和训练士兵的需要。冷兵器时代的军事训练在某种程度上来说就是体育锻炼。为了取得战争的胜利，士兵必须进行跑、跳、投掷、摔跤、搏斗等训练。那时，体育的军事功能尤为突出。现代体育的竞技项目就是由古代军事训练手段演变而来的。

在现代社会，随着尖端武器的发展、部队武器机动性的提高及新战略战术的运用，士兵需要具备过硬的军事技能，更需要具备强健的体魄、敏锐的头脑、充沛的精力、稳定的心理素质和良好的团队精神。因此，全面的体能训练和部分体现军事实效的体育项目，如游泳、爬山、攀岩、滑雪、划船、摔跤、格斗、擒拿、拳击、队列操练等，已成为现代军事训练的重要内容，由此还衍生出了军事体育、警察体育等专门学科。

（五）体育的经济功能

体育的经济功能主要体现在体育与经济的相互促进方面。经济学家认为，劳动生产力的提高是社会经济发展的重要标志；在对生产力的价值进行评价时，人的素质是主要的衡量标准。在人的诸多素质中，身体素质显得至关重要。世界各国都格外重视体育对发展劳动生产力的促进作用。体育可以通过提高国民身体素质提高劳动生产力。

体育还能促进商品经济的发展。为满足体育锻炼人群不断扩大的需要，体育产业迅速发展，并且有巨大的增长潜力和市场空间，已成为国家经济的一个重要组成部分。

（六）体育的政治功能

体育的内涵决定了体育是带有政治色彩的。体育是为政治经济服务的，并受一定的政治经济制约，因此，体育与政治的相互联系是始终客观存在的。体育的政治功能主要表现在以下两个方面。

1.体育能为国争光，提高民族威望，振奋民族精神

国际体育比赛的胜负直接关系到国家的荣誉。改革开放以来，中国体育健儿在国际赛场上屡创佳绩：奥运金牌零的突破、团结奋进的女排精神都极大地振奋了民族精神。特别是2008年北京奥运会，在世界人民面前树立了文明、开放、团结、和谐的现代化中国的良好形象，大大提高了中国的国际地位，激励全国各族人民为全面建成小康社会、构建社会主义和谐社会发挥积极的作用。

2.体育能在外交中发挥作用

体育在促进各国人民交流和友谊中起着积极的作用。例如，1971年轰动世界的"乒乓外交"促成了尼克松访华，对1979年中美建交起到了"小球转动地球"的作用。人们称运动员为"穿着运动服的外交家""和平的使者""外交的先行官""微笑的大使"等。

第二节 健康的概念、价值和标准

一、健康的概念

"健康"一词源于盎格鲁－撒克逊人的词汇，其含义是安全的、完美的、结实的。健康的概念是人类在认识客观世界的过程中逐步加以完善形成的。传统的健康观认为，躯体无病即健康。近年来，人们开始认为，健康是指人体各器官、系统发育良好，功能正常，体质健壮，精力充沛，同时个体具有良好的劳动效能，人们通常用人体测量、体格检查、各种生理和心理指标来衡量一个人的健康水平。这种健康观比"躯体无病即健康"的认识前进了一大步，但仍然片面地把人当作生物机体来看待；虽然也提出"劳动效能"这一新概念，但含义模糊，尚未真正达到从社会层面认识健康的程度。

1948年，世界卫生组织在其颁布的《组织法》中指出："健康不仅为疾病或羸弱之消除，而系体格、精神与社会之完全健全状态。"世界卫生组织明确提出了生理、心理、社会适应三个方面都健康的三维健康观。1989年，世界卫生组织指出，人类健康还应包括道德健康。也就是说，一个人在身体健康、心理健康、社会适应良好和道德健康方面都健全，才是完全健康的人。这一健康新概念从人的自然属性和社会属性两个方面阐述了健康的科学内涵，是目前对健康概念较完整、准确的表述。这一健康新概念突破了医学的界限，扩大了健康的内涵，从涉及人类生命的生理、心理、社会和道德四个基本层面阐述健康，形成了四维健康观（图1-2-1），具有划时代的意义。

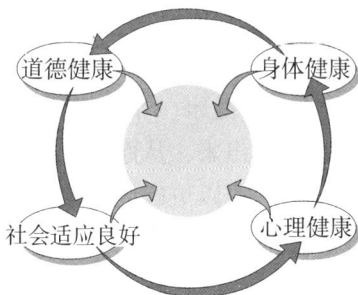

图 1-2-1 四维健康观

身体健康是指人的身体没有疾病，而且有充足的能量完成各种活动。身体健康是人整体健康的基础。

心理健康是指人的内心世界丰富、充实，为人处世态度谦和，与周围环境保持协调。具体地讲，心理健康包括两层含义：一是自我人格完整，心理平衡，有较好的自控能力，有自知之明，能正确评价自己，能及时发现并克服自己的缺点；二是有正确的人生目标，能不断追求和进取，对未来充满信心。

社会适应良好是指个体能适应复杂的社会环境变化，能为他人所理解、为社会所接受，行为符合社会身份，能与他人保持和谐的人际关系。同时，不管是人的角色适应，还是人的行为适应，我们都应既注意到适度的问题，又考虑到选择正确的适应方式和积极的适应态度等方面。

道德健康是指个体既为自己的健康负责，又为他人的健康负责，将个体行为置于社会规范之内。道德是以善恶观和荣辱观来评价和调节人们的社会生活行为的一种社会规范。作为一种规范，道德主要通过对人的行为作出善与恶、荣与辱、诚实与虚伪、正义与非正义的社会评价对社会成员产生导向和制约作用。例如，在公共场所吸烟或随地吐痰，不注意时间、地点无节制地进行各种娱乐活动而影响他人休息的行为等，均会遭到旁人的厌恶和批评。社会的道德舆论导向影响个体道德观念的形成，个体道德观念直接决定着个体的行为方式。

二、健康的价值

健康无论是对个人还是对社会来说，都有着十分重要的作用。

（一）健康既是学校教育的前提，又是学校教育的首要目标

马克思曾把健康作为人的第一权利，作为人类生存的第一前提。可以想象，经常因病缺课、因情绪障碍而滋生事端，或因营养不良而长期精神倦怠的学生，即使采用最好的学习方法，也无法高效率地学习。健康体魄是保证学习质量的基础。中国的教育方针是使受教育者受到德、智、体、美、劳五个方面的全面教育。这五个方面各有其特定的含义和任务，是相互联系、相辅相成的统一体。学校教育在人生教育中起着重要作用。学校可以有计划、有目的地安排好各项教育活动，其中的体育就发挥着提高学生健康水平的教育作用。

（二）健康是人们奉献社会和享受生活的基础与前提条件

生命的意义在于奉献。个体拥有健康，才能优化自己在社会生活中的地位和作用，才能使自我价值最大限度地体现出来，从而为社会作贡献。一个身体健康、精神饱满、具有良好社会适应能力的人，可以更好地享受高质量的生活。反之，如果没有健康的身体和健康的心理，个体就无法享受生活、享有幸福。

（三）健康是衡量一个民族文明程度的标志

健康受多种社会因素的制约，如社会制度、经济状况、文化教育等。在一个安定团结、人们安居乐业、经济快速发展、文化教育先进的社会环境中，人们的健康水平无疑会极大地提高。联合国教科文组织关于新一代人才的三项基本标准为健康的体魄、高尚的道德品质和丰富的科学文化知识。健康的体魄被放在衡量人才标准的首位。健康水平和体质状况直接影响一个国家的发展水平和民族的繁荣昌盛。在现代社会中，健康已经成为衡量一个民族文明程度的重要标志。在充满竞争与挑战的现代社会中，拥有大批的高素质人才是一个国家可持续发展的保证。高素质人才就是德、智、体、美、劳全面发展的合格人才。健康的体魄是思想道德素质和科学文化素质的物质基础，是高素质人才成才的物质基础。拥有健康的高素质国民是社会发展的潜在动力。

（四）健康是社会发展的基本目标

1978年，《阿拉木图宣言》指出：健康是基本人权，达到尽可能高的健康水平是世界范围内的一项最重要的社会性目标。1988年，世界卫生组织总干事马勒博士一针见血地指出："必须让人们认识到，健康并不代表一切，但失去健康，便丧失了一切。"由此可见，健康不仅是人人享有的基本人权，还是社会发展的基本目标。我们要树立正确的健康观念，就是要从基本人权和社会发展基本目标的高度认识健康的重要性，理解健康的内在价值，真正树立"健康第一"的思想。

》 三、健康的标准

健康既有科学的内涵，又有科学的标准。依据健康的概念和科学内涵，世界卫生组织提出了健康的十条标准：一是有充沛的精力，能够从容不迫地承担日常生活和工作的压力而不感到过分紧张；二是处世乐观，态度积极，勇于承担责任，事无巨细但不挑剔；三是善于休息，睡眠良好；四是应变能力强，能适应外界环境的各种变化；五是能够抵抗一般性感冒和传染病；六是体重适当，身材匀称，站立时头、肩、臂位置协调；七是眼睛明亮，反应敏锐，眼睑不发炎；八是牙齿清洁，无龋齿，无疼痛，牙龈颜色正常，无出血现象；九是头发有光泽，无头屑；十是肌肉丰满，皮肤富有弹性。

从世界卫生组织提出的这十条标准的内容可以看出，前四条标准是关于心理和社会适应能力方面的内容，后六条标准是关于生理（身体）方面的内容。因此，世界卫生组织提出的健康标准实际上也是健康概念的具体体现，可以用来检验个体是否健康。

世界卫生组织还从身体和心理两个方面提出"五快"（身体健康）和"三良好"（心理健康）的健康标准。

"五快"：一是吃得快，进餐时，有良好的食欲，不挑食，并能较快地吃完一顿饭；二是便得快，一旦有便意，能很快排泄完大小便，而且感觉良好；三是睡得快，有睡意，上床后能很快入睡，且睡得好，醒后头脑清醒，精神饱满；四是说得快，思维敏捷，口齿伶俐；五是走得快，行走自如，步履轻盈。

"三良好"：一是具有良好的个性人格，情绪稳定，性格温和，意志坚定，感情丰富，胸怀坦荡，豁达乐观；二是具有良好的处世能力，观察问题客观、现实，具有较好的自控力，能适应复杂的社会环境；三是拥有良好的人际关系，乐于助人，与人为善。

第三节　体育与大学生健康的关系

体育是通过身体运动的方式进行的。体育要求人体直接参与活动，这是体育的基本特点之一。这个特点决定了体育有促进健康的功能。体育的一个重要目标是教会人们合理、有效地利用身体，并学会维护身体健康。目前来看，体育是一种"利用身体"去"完善身体"的活动过程。

一、体育助力身体健康

体育锻炼能促进血液循环，增加骨骼的血液供应。体育锻炼中的各种动作具有促进骨骼生长的良好刺激作用。有研究表明，长期进行体育锻炼可以使肌肉中的毛细血管开放数量增多、肌纤维增粗。肌肉的重量可由占体重的 35% ~ 40% 增加到占体重的 50% 左右，从而使人体显得更加丰满结实。进行适量的体育锻炼对维持和增强人体活力具有重要意义。诸多体育科学研究表明，体育锻炼可以提高人体的运动机能和循环系统的机能，对人体健康非常有利。

众多研究表明，体育锻炼可以提高人体对疾病的抵抗能力。例如，体育锻炼尤其是学校体育阶段的锻炼，可对培养学生的终身体育意识和习惯，实现学校体育与社会体育的衔接、交融产生巨大作用，不断促使在校学生养成锻炼身体的良好习惯，并降低学生在校期间疾病的发生概率。在当今社会环境下，社会生产力和自动化水平已发展到较高程度，人们未来可能不会从事大量的重体力劳动，人们的生活水平得到大幅度提高；然而，长期在教室或者办公室学习、工作，导致人们每天劳动和锻炼的时间减少，精神常常处于高度紧张状态，身体机能处于亚健康的状态。"多吃少动"导致人体能量的供应大大超出能量的消耗，肌肉力量的衰退成为不少人面临的问题。通过体育锻炼，人们可以形成良好的作息规律，激发身体潜在的能力，提升免疫系统对病毒的抵抗力。

二、体育促进心理健康

人们在进行体育锻炼的过程中，需要完成一定的身体练习和承受一定的运动负荷。这种"被迫"的轻微压力感，能够帮助人们迅速调节情绪，恢复良好的精神面貌。良好的情绪主要是指整体心理状态的稳定和平衡。体育锻炼有利于保持心理稳定，这不但有利于人们更快地调节情绪，而且可以使人产生愉悦感。很多人喜欢体育锻炼的原因就在于此。

此外，体育锻炼可以培养人们良好的意志品质。对于大学生而言，体育锻炼无论是有组织地进行，还是个人单独进行，都对其培养勇敢顽强的作风和抗挫折能力有着积极的作用。这是因为，坚持经常锻炼，锻炼者需要具备自觉性和自制力。长期进行体育锻炼的人一定会有这样的体会：没有克服困难的毅力和持之以恒的精神，体育锻炼是不可能坚持下去的。

三、体育提升社会适应能力

一方面，体育锻炼是一种社会活动。个体尤其是大学生参加体育锻炼，不但能够锻炼身体，而且可以进行社会交往，认识更多志同道合的朋友，扩大交际面。体育锻炼有利于个体形成对社会的正面理解和与人交往的良好模式。

另一方面，体育锻炼可以提高个体适应环境的能力。有体育锻炼习惯的人对外界环境的适应能力往往要强于其他人，其基本原因有以下两点：① 长期的体育锻炼能够促进健康，强健体魄，使身体的各个系统在中枢神经系统的支配下承受外界刺激和协调其他系统的能力得到提高；② 体育锻炼往往是在各种外界环境和条件下进行的，个体对外界的感觉会时时得到反馈，进而有助于个体社会适应能力的提升。

四、体育促进道德健康

体育促进个体的道德健康主要表现在以下两个方面。

一方面，体育激发爱国热情，振奋民族精神。体育竞赛具有群众性、国际性、礼仪性等特点。通过体育竞赛，各国运动员切磋了技艺，各国和各民族之间增进了团结和友谊。体育竞赛能振奋民族精神。2008 年我国成功举办了第 29 届奥运会，受到了世界各国人民的关注。在奥运会上，运动员的表现和他们所取得的成绩是国家和民族形象的反映。2008 年第 29 届奥运会使中华民族的精神得到展现，爱国主义精神得到弘扬。

另一方面，体育对培养个体遵守纪律、尊重规则的良好道德风范具有主要意义。体育比赛的情况千变万化，个人之间、集体之间发生着频繁的互动，对运动员和裁判员在思想品德方面提出了严峻的考验。进行体育比赛，运动员必须遵守赛场纪律，遵守比赛规则，尊重裁判，尊重对方，尊重观众等。这些规范要求不仅适用于体育活动，还适用于人们的日常生活。

第二章

体育运动的理论基础与科学方法

第一节　运动能力变化过程

在体育锻炼过程中，人体的某些器官、系统会发生明显的生理变化，这与人体的运动能力密切相关。了解和掌握运动过程中人体机能状态变化的规律，有助于锻炼者科学地锻炼身体，提高运动效率，增强体质，预防运动损伤。通常情况下，人体运动能力的变化可分为四个阶段，即进入工作状态、稳定状态、疲劳状态和恢复状态。

》 一、进入工作状态

运动开始阶段，人体各器官、系统会发生一系列的生理变化，人体的运动能力会逐步得到提高。这一过程称为进入工作状态。

人体的运动能力之所以是一个逐步提高的过程是因为人体各器官、系统存在着生理上和物理上的惰性，克服这些惰性需要一定的时间。从生理上讲，首先，内脏器官比运动器官的惰性要强，神经传导冲动的速度要慢，故内脏器官的活动要滞后于运动器官的需要。例如，在准备活动不充分的情况下跑 1500 米，运动器官在 20～30 秒就可以达到较高的工作效率，而呼吸系统和循环系统的活动则需要 2～3 分钟才能达到较高水平。如果在运动的开始阶段就进行剧烈活动，内脏器官的机能满足不了运动器官的需要，不能及时为机体提供足够的能量和氧气，并清除代谢产物，就会造成大量乳酸等物质堆积在血液之中，使人产生一种非常难受的感觉，即处于"极点"状态。其次，动作的难易程度对机体的运动工作能力也有一定影响，动作越复杂，有关神经系统之间的传导所需要的时间就越长，神经系统各中枢机能协调起来所需要的时间也越长，进入运动工作状态也就越慢。

基于上述原理，在运动开始阶段，锻炼者要充分做好准备活动。高质量的准备活动能使人体的运动能力和生理机能呈现逐渐提高的趋势。这对锻炼身体和预防运动损伤有积极的生理意义。

在运动的开始阶段，锻炼者要先做一般性准备活动，包括走、跑、跳、徒手操等全身性的身体活动，再根据运动内容做一些专门性准备活动。这样能全面提高中枢神经系统的兴奋性，提高参与运动的中枢神经间的协调性；提高循环系统、呼吸系统等内脏器官的机能水平；提高机体的物质代谢水平，使体温升高。体温升高以后会产生如下作用：① 使肌肉的黏滞性下降，提高肌肉的收缩和舒张速度，增加肌力；② 血红蛋白和肌红蛋白会释放更多的氧，从而增加肌肉的氧供应；③ 使中小血管扩张，增加肌肉中的血液供应；④ 增加肌肉及韧带的伸展性、柔韧性和弹性。这些都有助于人体运动能力的提高。

准备活动持续时间的长短和强度，应依据锻炼者的年龄和运动水平及锻炼的季节而有所不同。通常准备活动时间以 5 ～ 10 分钟为宜，使身体达到微微出汗即可。

二、稳定状态

人体各种生理机能的惰性被逐渐克服后，各器官、系统的机能活动就达到一种相对稳定状态。此时人体的运动能力在一段时间内可保持在一个较高且稳定的水平上。这个过程被称为稳定状态。稳定状态又分为真稳定状态和假稳定状态。

在进行时间长、强度不大的运动过程中，当呼吸系统和循环系统能完全满足运动器官的需要时，人体各器官、系统的机能活动就会达到真稳定状态。此时，人体以有氧代谢供能为主，机体的需氧量得到满足，血液供氧充分，乳酸的产生很少，人体就能够维持长时间的运动。因此，提高心肺功能是延长真稳定状态时间的关键。

在进行强度较大的运动时，会出现假稳定状态。此时，运动者每分钟的吸氧量已达到自身的极限水平，但仍不能满足机体对氧的需求，无氧代谢开始参加供能，乳酸在肌肉中大量堆积并释放入血液，运动能力开始下降。

三、疲劳状态

人体若持续运动就会产生疲劳感，这是一种正常的生理现象。运动性疲劳是人体运动达到一定阶段，运动能力和机能下降而出现的机体不能维持原工作强度的一种生理反应。运动使人体各器官、系统产生的疲劳主要有神经系统疲劳、骨骼肌疲劳、心血管疲劳和呼吸系统疲劳。疲劳是人体的一种保护性生理信号，提醒锻炼者要合理调整运动负荷，科学锻炼身体，防止过度疲劳。然而，人们进行体育锻炼必须达到一定程度的疲劳，才能获得超量恢复的效果。日积月累，人的体质才能逐步增强。

运动性疲劳产生的机制是一个综合性的复杂过程。不同强度、不同时间、不同运动形式产生疲劳的机制不尽相同。一般认为疲劳与以下方面有关：① 能量物质消耗过多和身体恢复不足，如高能磷酸化物被大量消耗，血糖含量下降，糖原含量下降；② 某些代谢产物（如乳酸和氨）在体内大量堆积又不能及时消除；③ 离子（如钙离子、钾离子、镁离子）代谢紊乱；④ 耗氧量增加、机体缺氧和抗氧化酶活性相对下降；⑤ 内分泌调节机能下降；⑥ 大脑皮质的保护性抑制。

疲劳首先产生于大脑皮质（神经系统），然后是肌肉疲劳。如果运动持续时间过长，心肌、呼吸肌也会疲劳。人体运动产生疲劳是多个器官、系统的综合反应，在体育锻炼中要科学认识并正确对待疲劳现象。人体在稍感疲劳时，机体内能量物质并未消耗殆尽，往往还有较大潜力，及时调整运动负荷和运动强度，加强意志品质和心理训练，锻炼效果会更好。

四、恢复状态

运动结束后，人体的机能必须经过一段时间之后才能逐渐恢复到运动前水平。人体内能量物质的消耗与恢复过程可以简单地分为三个阶段。

第一阶段：运动过程中，机体内能量物质的消耗（分解）与恢复（再合成）同时进行，当消耗多于恢复时，能量物质就会逐渐减少，使得各器官、系统工作能力下降。

第二阶段：运动结束后，能量物质消耗过程减弱，而恢复过程逐渐加强，使得各器官、系统的工作能力逐渐恢复到原来水平。

第三阶段：运动时被消耗的物质不仅能恢复到原来水平，还能在一段时间内超过原来水平，这叫作超量恢复。

一次运动负荷比较小的锻炼所产生的疲劳，消除得比较快，身体机能一般次日就可完全恢复；一次大运动负荷的锻炼后，身体机能会明显下降，需要 2～3 天，甚至更长时间才能恢复。一般来说，在超量恢复阶段进行下一次运动效果较好。

第二节　运动技能的形成机制

一、运动技能概述

（一）运动技能的概念

运动技能是指人体在运动中掌握和有效地完成专门动作的能力，包括大脑皮质主导下的不同肌群间的协调性。换言之，运动技能是指在准确的时间和空间内，大脑精确支配肌肉收缩的能力，这需要用精确的力量和速度依一定的次序和时间去完成所需要的动作。运动技能的发展和提高有赖于人们对身体机能客观规律的深刻认识和自觉运用。

体育运动的发展和提高，要求人们有良好的身体素质和运动技术水平。身体素质的发展在于人体机能的不断增强，运动技术水平的提高则在于运动技能的不断改进和创新。随着运动技能的形成，身体素质也得到发展，并为运动技能的进一步提高打下良好基础。二者相辅相成、相互促进。

（二）运动技能的分类

运动技能可分为闭式运动技能和开式运动技能两类。

闭式运动技能的特点：① 完成动作时，运动者基本上不因外界环境的变化而改变自己的动作；② 在运动结构上，闭式运动技能多属周期性重复动作；③ 完成动作时，运动者的反馈信息只来自本体感受器。多数单人项目运动属于闭式运动技能，如田径、游泳、骑自行车等项目。

开式运动技能的特点：① 完成动作时，运动者往往随外界环境的改变而改变自己的动作；② 在运动结构上，开式运动技能表现出多样性或非周期性特征；③ 完成动作时，锻炼者身体的多种分析器参与工作，综合反馈信息，其中往往以视觉分析器起主导作用。对抗性项目属于开式运动技能，如球类、击剑、摔跤等项目。开式运动技能通常比闭式运动技能的动作要复杂。

》》二、运动技能的形成

运动技能的形成是一个由简单到复杂的过程，有其建立、形成、巩固和发展的阶段性变化和生理规律，每个阶段持续时间的长短随动作的难易程度的不同而不同。运动技能的形成过程可划分为相互联系的四个过程。

（一）泛化过程

在学习任何一个动作的初期，学生通过教师的讲解和示范，以及自己的运动实践，都只能获得一种感性认识，对运动技能的内在规律还并不能完全理解。外界的刺激通过感受器（特别是本体感觉）传到大脑皮质，引起大脑皮质细胞兴奋，而大脑皮质内的抑制尚未形成。此时，大脑皮质中的兴奋与抑制都呈现扩散状态，使条件反射暂时联系不稳定，从而出现泛化现象。这个过程表现在外表活动往往是人的动作僵硬、不协调，出现多余的动作，而且做动作很费力。这些现象的出现是大脑皮质细胞兴奋扩散的结果。在此过程中，教师应该抓住动作的主要环节并针对学生在掌握动作中存在的主要问题进行教学，不应过多强调动作细节，而应以正确的示范和简练的讲解帮助学生掌握动作。

（二）分化过程

在不断的练习过程中，初学者对某一运动技能的内在规律有了初步的理解，一些不协调和多余的动作也逐渐消除。此时，大脑皮质运动中枢兴奋和抑制过程逐渐集中。由于抑制过程加强，大脑皮质的活动由泛化阶段进入了分化阶段。此时，学生在练习过程中的大部分错误动作得到纠正，能比较顺利、连贯地完成完整动作技术。这时，个体虽然初步建立了动力定型，但定型尚未巩固。若遇到新异刺激（如有外人参观或比赛等），则多余动作和错误动作可能会再次出现。在此过程中，教师应特别注意纠正错误的动作，让学生关注动作的细节，促进学生大脑皮质的分化抑制进一步发展，使学生的动作更趋准确。

（三）巩固过程

通过进一步反复练习，运动条件反射系统已经巩固，进入了建立巩固的动力定型阶段，大脑皮质的兴奋与抑制过程在时间和空间上更加集中和精确。此时，学生不仅动作准确、优美，能形成肌肉记忆，即学生不必有意识地去控制身体就能完成动作。在此阶段，当环境条件变化时，个体的动作技术不易被破坏；同时，由于内脏器官的活动与动作配合协调，个体完成练习时也会感到省力和轻松自如。

动力定型发展到了巩固过程并不意味着可以一劳永逸了。一方面，可在继续巩固练习的情况下精益求精，不断提高动作质量，使动力定型更加完善和巩固；另一方面，如果不再进行练习，巩固了的动力定型就会消退，动作技术越复杂，难度越大，消退得就越快。在此过程中，教师应对学生提出进一步要求，并指导学生进行技术理论学习。这更有利于学生动作动力定型的巩固和动作质量的提高，使其形成肌肉记忆。

形成运动技能的各个过程是相互联系的，各过程之间并没有明显的界限。训练水平高的运动员在学习掌握新动作时，泛化过程很短，对动作的精细分化能力强，掌握运动技能快。初学者在学习新动作时，泛化过程较长，分化能力较差，掌握动作较慢。动作越复杂，泛化过程就越明显，分化的难度也就越大，形成运动技能所需要的时间就越长。

（四）自动化过程

随着运动技能的巩固和发展，暂时联系达到非常巩固的程度以后，动作即可出现自动化现象。所谓自动化，就是练习某一套技术动作时，身体形成肌肉记忆，可以在无意识的条件下完成。例如，走路是人类自动化的动作，人们在走路时可以谈话、看报，不必有意识地想应如何迈步、如何维持身体平衡等。再如，篮球运动员在比赛时，运球等动作往往也达到了自动化程度。

自动化动作的生理机理是以巴甫洛夫所揭示的高级神经活动的基本规律为基础的。人类一切随意运动都必须在大脑皮质的参与下方能实现，但是在大脑皮质参与下所实现的机体反应活动并不一定都是有意识的。换言之，机体在无意识地完成自动化动作时，仍然必须在大脑皮质的参与下才能实现。在大脑皮质参与下所实现的有机体的反应，有的是有意识的，有的是无意识的。

巴甫洛夫在分析有意识和无意识的生理机理时认为，只有在当时条件下具有最适宜兴奋的大脑皮质部位，人体完成活动才是有意识的。通过这种部位最容易建立新的暂时联系，也最容易形成新的分化。当运动技能完成第三过程后，动作各环节的条件反射已巩固。凡是已巩固的动作都可以由大脑皮质被抑制的区域或兴奋性较低的区域来完成。按照巴甫洛夫的理论，在有相应的刺激出现时就刻板式地产生以前所形成的反射活动，这是由大脑皮质上兴奋性低落和不适宜的区域实现的。大脑皮质上这些部位的活动，被称为无意识的、自动化的活动。

在运动技能已经巩固的时候，第一信号系统和第二信号系统之间的联系，已经成为运动动力定型的统一机能体系。第一信号系统的兴奋可以选择性地扩散到第二信号系统。因此，运动员可以精确地意识到自己所完成的动作，并可以用语言将完成动作的情况表达出来。

当动作出现自动化现象时，第一信号系统的活动已经从第二信号系统的影响下相对地"解放出来"。完成自动化动作时，第一信号系统的兴奋不再向第二信号系统传递，或者只是不完全地传递，这时的动作是无意识的或是意识不完全的。

自动化动作也并不是永远在无意识的情况下进行的。当接受外界刺激异常时，大脑皮质的兴奋性就会提高，会对自动化动作产生意识。例如，在悬崖上行走时，步行就成为有意识的了。此外，当运动员想要体会自己动作的某个环节或肢体的某部位的动作时，就会对这些动作产生意识。例如，训练中的游泳运动员在加速前游时，若注意腿的用力，则这时支配腿部肌肉的运动中枢就处于最适宜的兴奋状态，腿的动作就成为有意识的动作了，而此时两臂的动作则成为无意识的动作。当快到达池边时，运动员开始注意手的动作，适宜的兴奋性就转移到支配手臂的相应运动中枢，而腿的动作则成为无意识的动作了。

动作达到自动化程度后，第二信号系统的活动就可摆脱第一信号系统的束缚。随着外界环境的复杂化，大脑能灵活地调整全身活动。例如，篮球运动员对基本动作掌握熟练后，根据比赛时的复杂变化，可以专注于战略的变化。此时，运动员常能将各种已熟练的单个技术组成联合的动作，以适应当时比赛条件的要求。

要想提高运动成绩，必须使动作达到自动化程度；但动作达到自动化程度后，并不意味着动作质量就得到保证。在进行自动化动作时，第一信号系统的活动经常不能传递到第二信号系统中去，一旦动作发生少许变动，且个体一时未觉察，那么变质的动作就可能因多次重复而被巩固。因此，动作达到自动化以后，仍应不断检查动作质量，以达到精益求精。

如上所述，在体育运动实践中，运动技能形成的过程并不是清晰划分的，而是逐渐过渡的。各过程的出现和持续时间的长短，受许多因素的影响，既与教学方法和训练水平有关，又与学生学习的积极性和目的性有密切关系。

》三、影响运动技能形成的因素

（一）动机在运动技能形成中的作用

人的一切行为都是有目的的，这种支配人的行为的目的被称为动机。美国心理学家曾把动机和行为的关系归结为一个循环链，即内环境刺激（生理、心理需要）和外环境刺激—引起动机状态—产生动机行为—达到满意状态—不满意可再激起新动机。动机状态由内环境或外环境的刺激引起。内环境的刺激包括生理的需要和心理的需要。外环境的刺激指因外界环境的刺激引发的行为，如因天气热，出汗多，故想喝水或找个阴凉的地方。当然，内外环境的刺激是可以互相转化的。

另一种循环链为动机的形成是循环的第一个阶段。动机形成后导致行为的产生，循环即进入第二个阶段。行为结束后，循环进入第三个阶段，即满意阶段。此时出现两种情况：一种情况是行为已达到个体的目的，这一次循环结束；另一种情况是行为未达到或未完全达到个体的目的，即个体不满意或不满足，再次激起动机、产生新的行为，进入第二次循环，直至达到个体满意为止。

（二）动机与运动技能形成的关系

动机与运动技能形成和运动成绩提高的关系是很复杂的，它们之间并不呈线性关系。有人认为动机强烈，运动技能的形成就越快或运动成绩就越好，但实际上并非如此。动机与运动技能的形成和运动成绩之间呈倒U字形的曲线关系。在学习与比赛条件相同的情况下，学生如果处于最佳动机水平，则所取得的学习效果与比赛成绩最好；如果动机水平过高或过低，则学习和比赛都不可能获得理想的结果。例如，有些学生平时学习成绩不错，但一到测验或比赛时，就会由于紧张，想得太多，动机太强，而不能表现出自己的原有水平。这种情况在一些优秀运动员身上也经常出现。为此，在教学、训练和比赛中，教师要善于调整学生的动机状态，使之处于最佳水平。

还有一个与动机密切相联系的因素——抱负，也直接影响运动技能的形成与发展。抱负水平是指一个人在从事某种活动之前，希望自己的活动结果达到什么水平。抱负水平受个人经验与真实水平，以及社会环境等条件的制约。个体在为自己的行为结果预定目标时，必须从主、客观的实际情况出发。抱负、动机与运动技能的形成及运动成绩之间有着密切的联系。如果学生动机处于最佳状态，则抱负水平较高，所激发出来的学习欲望和积极性也就越高，运动技能形成得就越快，学习过程所需要的时间就越短。

（三）运动水平在运动技能形成中的作用

在各种运动项目中，运动成绩或技术水平的提高都遵循一个共同的规律，即训练初期运动成绩提高得快，后期则提高得慢。运动成绩的提高与运动技术的熟练程度密切相关，主要原因是在学习新技术初期，个体过去已经掌握的与新技术有关的相似动作及动作经验具有迁移作用，有助于个体掌握新技术。到了后期，随着个体技术水平的提高，对运动条件反射的精确性的要求越来越高，与训练初期形成的运动条件反射差距越来越大，这就相当于需要建立新的运动条件反射。在学习新技术的初期是粗糙的分化，到了后期则要求进行精细的分化。技术水平越高，对分化的精细要求也越高，分化抑制的建立也就越困难。个体对运动技术的掌握与提高是建立在一定的身体素质基础上的。在学习新技术的初期，个体可以利用原有的身体素质基础。到了后期，随着运动技术水平的提高，其对个体身体素质的要求也越来越高，而提高身体素质是需要时间的。运动成绩的提高是呈螺旋式上升的，因此运动训练也总是分周期的。运动成绩是身体素质、技术、战术及心理因素的综合表现。每一个训练周期，在不同的训练水平上，都存在一个构成运动成绩的诸因素重新综合的问题。这种综合实质上要求个体重新建立更高水平的运动条件反射。

从心理因素角度分析，学生初学动作时，运动内容和教学训练方法都比较新颖，容易激发学生的学习兴趣，加之学习效果比较明显，因此容易提高学生的学习积极性，加速其掌握技术的进程。到了改进和提高阶段，练习内容和手段大都是重复的，学生可直接感知到的学习效果减弱，容易产生单调、枯燥，甚至厌烦的感觉，形成消极心理，影响学习效果。

（四）大脑皮质机能状态在运动技能形成中的作用

大脑皮质机能状态在运动技能形成过程中起着重要的作用。大脑皮质兴奋性过高或过低都会影响正常运动技能水平的发挥。20世纪初期，美国心理学家耶克斯和多德森发现，应激水平与运动技能水平之间呈倒U关系。适度的应激水平可使运动技能的发挥达到最高水平。

疲劳会导致应激水平降低，紧张会导致应激水平升高。调整赛前状态和进行充分的准备活动都可以使应激水平达到最佳状态。

（五）感觉机能在运动技能形成中的作用

运动技能的形成过程就是在多种感觉机能参与下，同大脑皮质动觉细胞建立暂时性神经联系的过程。特别是本体感觉，对形成运动技能有特殊意义。人体各种感觉都可帮助肌肉产生正确的肌肉感觉，没有正确的肌肉感觉就不可能形成运动技能。因此，在运动实践中，个体只有勤学苦练、反复实践，才能建立精确的分化，区别正确动作和错误动作的肌肉感觉，才能巩固正确动作，减少错误动作。

视觉在学习某些运动项目的技能中起着主导作用，如球类、射击等运动项目。即使是在一些通常被认为视觉不起主要作用的项目中，视觉也在起着主导作用。例如，先让受试者睁眼做单腿站立，可以看到受试者能保持较长的时间。再让受试者闭眼做同样的动作，发现其只能维持很短的时间。这就说明视觉在影响着肌肉调节平衡的能力。同样，对于肌肉的协调活动、准确性、韵律感等，视觉也起着不可忽视的作用。视觉的主导作用在平时训练时就应视为动力定型的一部分。例如，在单杠上做大车轮旋转后落地的一刹那，要想站稳，就一定要注视某一固定的位置，借助视觉保持平衡。如果平时不注意这方面的练习，比赛时就很难发挥出高水平。

在体育锻炼过程中，还应充分发挥听觉与本体感觉间的相互作用，建立正确动作的频率和节奏感。例如，中长跑运动员在练习中常随着节奏调节跑的频率，以形成跑的正确节奏；体操运动员常用音乐伴奏，以增强自身的节奏感和韵律感，加速对动作的掌握。

在体育锻炼过程中，充分发挥位觉与本体感觉间的相互作用，也会加速运动技能的形成。随着运动技术的提高，运动员在空中完成翻腾或旋转动作，要求其具有很高的三维空间（上下、左右、前后）的适应能力。运动员的本体感觉和位觉对时间和空间的感知具有精确的分化，有助于其在空中完成复杂的动作。例如，体操和跳水运动员为了尽快掌握空中动作，往往先降低高度或用保护带进行反复练习，体会和建立空间三维感觉，以增强位觉机能的敏感性。

在体育锻炼过程中也要充分发挥触觉与本体感觉间的相互作用，以建立正确的动力定型。例如，初学自由泳者下肢打水的幅度不是过大就是过小，其为了尽快掌握正确的动作幅度，可用一个限制圈控制下肢打水的幅度，通过皮肤的触觉，纠正下肢动作幅度过大或过小的问题，强化正确的本体感觉。再如，运动员推铅球时，在铅球出手的瞬间容易出现左肩后撤的错误动作，这时教师可在学生推球出手的瞬间，用手顶住学生的左肩，以帮助学生体会正确的肌肉感觉，形成正确动作。

如上所述，在形成运动技能时，除了视觉、听觉、位觉和触觉起重要作用外，内脏的感觉机能也起重要作用。在完成动作时，各感觉机能同时起作用。只不过运动项目的特点不同，其对某一种感觉机能的要求也就不同。因此，在运动实践中，个体要尽量多实践，充分发挥各感觉机能的作用，以便有效地加速自身运动技能的形成。

第三节　体育锻炼的基本原则

体育锻炼原则是体育锻炼客观规律的反映，也是参与者安排锻炼计划、选择锻炼内容、运用锻炼方法时必须遵循的基本准则。以下六项原则是人们在体育锻炼实践中总结出来的经验，为锻炼者达到理想的健身效果提供了科学的指导。

》》一、自觉积极性原则

自觉积极性原则指锻炼者要有明确的健身目标，充分认识体育锻炼的价值，自觉积极地参加体育活动。体育锻炼的积极性是锻炼者进行自主锻炼的重要前提，是由被动锻炼转为主动锻炼的"催化剂"，是推动自我体育锻炼不断深入的内在动力。

》》二、实效性原则

实效性原则指在进行体育锻炼时，锻炼者应根据自己的年龄、性别、健康状况、运动基础、职业特点等实际情况，合理地选择锻炼内容、方法和安排运动负荷，科学地进行体育锻炼，以取得最佳的锻炼效果。

》》三、经常性原则

经常性原则指锻炼者应长期地、不间断地、持之以恒地进行体育锻炼。长期的体育锻炼能使人体的结构和机能产生适应性变化，增强体质，提高机体免疫力。短时间的体育锻炼虽然也能对身体产生一定的影响，但体育锻炼一旦停止，这种良性影响就会很快消失。因此，体育锻炼贵在坚持，不能期望在短时间内取得显著效果。要想保持旺盛的体力和精力，就必须坚持体育锻炼。

》》四、循序渐进原则

循序渐进原则指体育锻炼必须遵循人体自然发展、逐步适应的基本规律，从实际出发，合理安排运动负荷，逐渐提高锻炼水平。在体育锻炼过程中，运动技能的学习应由易到难、由简到繁，运动负荷的安排应由小到大、逐渐增加。运动负荷的大小因人、因时而异。运动负荷是否适宜，对锻炼效果的好坏起很大的作用。即便是同一个人，在不同的机能状态、不同的时间段，对运动负荷的承受能力也不尽相同。因此，进行体育锻炼时应循序渐进，随时调整运动负荷，逐步提高自己的锻炼水平。

》》五、全面性原则

全面性原则指锻炼者进行体育锻炼必须追求身心的全面和谐发展，使身体形态、身体机能、身体素质、心理素质等方面得到全面协调的发展。人体是由各局部构成的一个整体，各局部均按"用进废退"的规律发展。体育锻炼能促进人体的新陈代谢，使各系统、组织、器官和谐地发展，达到身心均衡发展的完美状态。

六、安全性原则

参加任何形式的体育锻炼都要注意安全。如果体育锻炼安排得不合理，违背了科学规律，就可能引发伤害事故。安全性原则要求锻炼者在体育锻炼的过程中始终注意保护自己，做到安全第一。

第四节　体育锻炼的方法

体育锻炼方法是根据人体的发展规律，运用各种身体练习手段和自然因素来发展身体的途径和方法。体育锻炼方法是贯彻体育锻炼原则、达到体育锻炼目的的桥梁。在运用过程中，应从实际出发，灵活应用，并注意它们的互补性，交替结合，有主有从。

一、重复锻炼法

重复锻炼法是指按一定的负荷标准重复进行某项练习的方法。重复锻炼的次数和时间是决定健身效果的关键。确定和调节重复的次数和时间时，应考虑项目的特点和锻炼者的身体状况。采用重复锻炼法时应注意以下几点。

（1）合理确定重复练习的要素。重复练习的要素包括重复练习的总次数、每次重复练习的距离或时间、每次重复练习的强度（如速度、重量等）、每次重复练习之间的间歇时间等。

（2）切实保证每次重复练习的质量。不能因重复次数多而降低动作要求，也不能因为疲劳的出现而减少锻炼计划中规定的练习数量。

（3）克服厌倦情绪，防止动作机械呆板。在采用重复锻炼法时，一方面要加强意志力锻炼，克服重复练习造成的枯燥感；另一方面可安排调节措施，如在练习前后穿插轻松活泼的辅助性练习等。

二、间歇锻炼法

间歇锻炼法指在进行重复锻炼时，前后两次练习之间有合理休整。间歇锻炼法是提高锻炼效果的一种常用的锻炼方法。间歇锻炼间歇时间的长短主要以运动负荷价值阈为准。一般来说，负荷超过上限时，间歇时间应长些，以防止负荷继续上升，造成过多的体力消耗；负荷在下限时，间歇时间应短些，密度应大些。下次锻炼应在前次锻炼的效果未减退时进行。倘若间歇时间过长，在前次锻炼的效果消失后再进行锻炼，就失去了间歇的意义。采用间歇锻炼法时应注意以下几点。

（1）正确确定间歇时间。间歇时间的长短要根据个人的身体状况和锻炼水平来决定。个体的锻炼水平较差，承担的生理负荷较大，则间歇时间应长些；反之，间歇时间应短些。

（2）要在间歇时安排轻微活动。在间歇期应该进行积极性休息和放松，如进行慢跑、按摩肌肉、深呼吸等，以此来促进静脉血流回心脏，保证机体的氧气供给。

（3）间歇锻炼法对人体承担负荷的能力要求较高，要加强对锻炼者负荷情况的监测。如锻炼者有不适，则应及时调整锻炼方案。

三、变换锻炼法

变换锻炼法是指在体育锻炼过程中，采用变换条件、变换环境、变换要求等来提高锻炼效果的一种锻炼方法。变换锻炼法可以有效地调节生理负荷，提高锻炼情绪，强化锻炼意志，使锻炼者克服疲劳和厌倦情绪。运用变换锻炼法时，常采用各种辅助性、诱导性和转移性练习，配合乐曲，利用日光、空气、水等外界条件。采用变换锻炼法时应注意以下几点。

（1）要以锻炼的实际需要为前提。运用变换锻炼法容易打破原有的锻炼习惯和行为定式，个体对此要有一个适应的过程。要根据长远计划的安排采用变换锻炼法。

（2）要灵活掌握变换锻炼的计划，注意积累有关材料和反馈信息。由于变换锻炼法改变了常规的锻炼方式，具有尝试性，必须加强锻炼过程的自我监督，视身体反应随时加以调整。要对新的锻炼方式及时观察和总结，为制订新的锻炼计划提供依据。

（3）在采用变换锻炼法时，要把注意力集中到所要解决的任务上。

四、循环锻炼法

循环锻炼法是指把各种类型的动作和具有不同练习效果的手段组成一组锻炼项目，按照一定的顺序循环往复地进行锻炼的方法。采用循环锻炼法时应注意以下几点。

（1）循环锻炼法所布置的各个练习点，其内容搭配要选用已经掌握的简单易行的动作，同时要规定练习的次数、规格和要求。

（2）初次锻炼者或体弱者，练习的时间不宜过长。

（3）根据自己在练习中的体力状态和身体反应，及时调整运动强度和练习方式，防止出现运动损伤和过度疲劳。

（4）强调每组动作的质量，防止出现片面追求练习密度和数量的倾向。

五、综合锻炼法

综合锻炼法是指在进行身体锻炼的过程中，为促进身体的全面发展，把能对身体各个部位起到不同健身效果的几个或更多的运动项目联系起来，形成一个可影响身体数个部位，乃至全身所有部位的运动方法，如慢走—跳绳—立卧撑—引体向上—立定跳远等综合锻炼法。采用综合锻炼法时应注意以下几点。

（1）根据身体锻炼的任务，选定练习组合的各项内容，使之相互配合，取长补短。

（2）合理确定各项练习的数量和次序。采用综合锻炼法时，既可将各个练习平均分配，求得均衡发展，也可确定一个中心项目，其余项目围绕此项目做出适当安排。

（3）合理掌握练习间歇。综合锻炼法有两种间歇：练习间间歇和组合间间歇。练习间间歇时间较短。它既是上一项练习后的休息和体力恢复，又为下一项练习做准备。组合间间歇则可稍长，以保证机体能得到较充分的休息。

第三章

营养与健康

第一节 膳食营养与健康

大学生正处于生长发育期，每天都要进行紧张的学习、生活、体育锻炼等活动。在这个过程中，其能量消耗是很大的，这些能量要从饮食中得到补充。营养不良或营养过剩会影响身体健康，使体力下降，记忆力减退，学习效率降低，甚至还可能产生一些疾病。为了保持健康，必须讲究合理的膳食，养成良好的饮食习惯。

一、合理的膳食结构

（一）保证人体所需的最基本的营养素

1. 摄入充足的碳水化合物以补充能量

据统计，我国高校学生每天的能量消耗，男生约为2500千焦，女生约为2100千焦，经常参加体育锻炼的男生的能量消耗可达3300千焦，因此，要从一日三餐中摄取养分，以补偿脑力劳动和体力劳动中所消耗的能量。其中，碳水化合物是人体最主要的能量来源，人们日常食用的米、面等主食中都富含碳水化合物。储存在人体内的脂肪也属于备用的能源物质，在日常饮食中也应食用一定量的肉类以保证体内的脂肪含量。高校学生每日需从食物中摄取11715～12552千焦的热量，其中，主食可供应约7531千焦的能量，其余的能量需要从副食中补足。

2. 注意补充优质蛋白质

细胞主要是由蛋白质组成的。蛋白质的营养价值取决于所含的氨基酸的种类。氨基酸的种类很多，其中有8种是人体所必需的，称为必需氨基酸。必需氨基酸在人体内无法自动生成或合成，需要从每日的饮食中摄取。如果饮食中蛋白质含量不足，就会直接影响人们的健康。肉、蛋、鱼、豆类等都含有丰富的优质蛋白质，因此，有条件者可在一日三餐的副食中适量补充蛋白质。

3. 注意摄取富含维生素的食物

维生素是人体不可缺少的有机化合物。它具有广泛的生理功能，虽然人体对其的需求量不大，但它对保持人体健康极为重要。人体缺乏维生素会引发如代谢紊乱、发育迟缓等症状。目前已知的维生素有 20 多种，需要从食物中摄取的维生素有 10 多种，所以平时应多吃富含维生素的新鲜蔬菜和水果。

4.注意无机盐等微量元素的摄入

钙、磷、碘等微量元素都是人体必需的营养素，要适当多吃富含无机盐的食物。例如，豆腐、鸡蛋、虾皮、绿叶蔬菜等均含有丰富的钙，豆制品、蛋黄等食物的含磷量较高，海带、紫菜等食物的含碘量较多。

5.注意膳食纤维的摄入

膳食纤维是指芹菜、玉米、甘薯等食物中所含的植物纤维（即肉眼可见的由纤维素组成的细丝）。膳食纤维有利于促进胃肠的蠕动和排空，促进消化，有利于降低人体内过高的血脂和血糖，还有利于维护心脑血管的健康，预防糖尿病等。因此，在日常生活中人们应多吃粗粮、海藻、果蔬等富含膳食纤维的食物。

（二）各种营养素的合理比例

碳水化合物、脂肪和蛋白质同为人体所必需的营养物质，其合理的摄入比例对机体的代谢和健康有很重要的影响。对于能量消耗较大的人（如运动员、体力劳动者等）来说，应适当提高碳水化合物和脂肪的比例。

随着我国人民生活水平的日益提高，一般人的饮食习惯已由以谷物为主富含碳水化合物的膳食向提高动物性蛋白质的方向发展，这一改变在一定程度上增强了国民的体质。

二、科学的饮食习惯

饮食习惯包括饮食时间、饮食质量、食物搭配、进食方式。

（一）饮食时间

我国居民的传统饮食习惯是一日三餐。营养学家指出，为了保持身体健康，必须保证每日按时进餐；在每日摄入的总能量中，早、中、晚餐应分别占 30%、40% 和 30% 左右。在我国高等院校中，学生的早餐营养普遍较差，有的学生甚至不吃早餐就去上课，以致上课时饥饿无力，从而影响其学习效果和身体健康，这一习惯应予以纠正。如果在上午第二节课后和晚自习过后适当加餐，则对学生补充能量、保持身体健康有较好的作用。

（二）饮食质量

饮食质量指从营养的角度选择符合身体需要的食物。有些所谓的名贵食物其营养价值并不高；有些加工精细的食物虽然口味很好，但加工过细反而会损失营养成分。因此，在选择食物时，既要考虑其营养价值，又要兼顾其味道。当然，应尽可能地食用新鲜食物。

（三）食物搭配

食物搭配指注意食物多样化，充分利用食物之间的互补作用。不同食物经消化吸收后，可表现为酸性、碱性或中性。肉类、米、面等属于酸性食物；豆腐、青菜等属于碱性食物；水果、鸡蛋、大豆等属于中性食物。酸性食物可使体内的酸性物质增加，机体容易产生疲劳，碱性食物则相反，因此饮食中要注意食物的合理搭配和平衡。

（四）进食方式

吃饭时，切忌狼吞虎咽、暴饮暴食，要细嚼慢咽，这样有利于营养物质的消化和吸收。

第二节　平衡膳食

平衡膳食指膳食中所含营养素种类齐全、数量充足、比例适当，使其既与人体的需求保持平衡，又不会导致摄入过多。平衡膳食的目的是促进人体正常生长发育，确保各组织器官机能的正常活动，提高人体对疾病的抵抗力，进而提高工作效率，延长寿命。

现代医学研究证明，人类各种疾病的发生，或多或少、或轻或重都与人体内的营养平衡失调有关。例如，心血管疾病与钾、镁、锌低而铜高有关，高血压与钠高、钾低、镁不足有关，脑血管疾病与钙、镁、锌、硒不足有关。因此，保持营养平衡对人体来说是至关重要的。

》 一、我国居民健康膳食指南

为给我国居民提供最根本、最准确的健康膳食信息，指导居民合理膳食、保持健康，国家卫生和计划生育委员会（2018 年改组为国家卫生健康委员会）委托中国营养学会组织专家制定的《中国居民膳食指南（2016）》自 2016 年 5 月 13 日起实施。《中国居民膳食指南（2016）》由一般人群膳食指南、特定人群膳食指南和中国居民平衡膳食实践三个部分组成，同时还推出了中国居民平衡膳食宝塔（2016）、中国居民平衡膳食餐盘（2016）和儿童平衡膳食算盘三个可视化图形，以指导大众在日常生活中进行具体实践。为方便大众应用，国家卫生和计划生育委员会还特别推出了《中国居民膳食指南（2016）》科普版，帮助大众做出有益于健康的饮食选择和行为改变。本节只介绍一般人群膳食指南和中国居民平衡膳食宝塔（2016）。

》 二、一般人群膳食指南

一般人群膳食指南适用于 2 岁以上健康人群，并针对此类人群提出了 6 条核心推荐，具体为食物多样，谷类为主；吃动平衡，健康体重；多吃蔬果、奶类、大豆；适量吃鱼、禽、蛋、瘦肉；少盐少油，控糖限酒；杜绝浪费，兴新食尚。

（一）食物多样，谷类为主

一般人群每天的膳食应包括谷薯类、蔬菜水果类、畜禽鱼蛋奶类、大豆坚果类等食物。每天摄入谷薯类食物 250～400 克，其中全谷物和杂豆类食物 50～150 克。平均每天应摄入 12 种以上的食物，每周至少应摄入 25 种以上的食物。

（二）吃动平衡，健康体重

食不过量，控制总能量摄入，保持能量平衡。各年龄段人群都应天天运动、保持健康体重。坚持日常身体活动，每周至少进行 5 天中等强度的主动身体活动，累计 150 分钟以上，主动身体活动以每天 6000 步为宜。

（三）多吃蔬果、奶类、大豆

蔬菜和水果是平衡膳食的重要组成部分，奶类富含钙，大豆富含优质蛋白质。一般人群应保证每天摄入蔬菜 300～500 克，其中，深色蔬菜占 1/2。每天吃新鲜水果，果汁不能代替鲜果，保证每天摄入新鲜水果 200～350 克。吃各种各样的奶制品，保证每天摄入液态奶 300 克。经常吃豆制品，应适量吃坚果。

（四）适量吃鱼、禽、蛋、瘦肉

一般人群鱼、禽、蛋和瘦肉的摄入要适量，每周摄入鱼肉 280～525 克，畜禽肉 280～525 克，蛋类 280～350 克，平均每天摄入鱼、禽、蛋和瘦肉的总量为 120～200 克。优先选择鱼肉和禽肉，摄入鸡蛋时不能弃掉蛋黄，少食肥肉、烟熏和腌制食物。

（五）少盐少油，控糖限酒

培养清淡的饮食习惯，少吃高盐和油炸食物。成年人每天食盐不超过 6 克，每天食用烹调油 25～30 克。控制添加糖的摄入量，每天的摄入量不超过 50 克，最好控制在 25 克以下。每天反式脂肪酸的摄入量不超过 2 克。儿童少年、孕妇、哺乳期女性不应饮酒。成年人如饮酒，男性一天饮用酒的酒精量不宜超过 25 克，女性不宜超过 15 克。足量饮水，建议成年人每天饮用 7～8 杯（共 1500～1700 毫升）水，提倡饮用白开水和茶水，不喝或少喝含糖饮料。

（六）杜绝浪费，兴新食尚

珍惜食物，按需备餐，提倡分餐不浪费。选择新鲜卫生的食物和适宜的烹饪方式。食物制备时生熟要分开，熟食二次加热要热透；传承优良文化，兴饮食文明新风。学会阅读食品标签，合理选择食物。

》 三、中国居民平衡膳食宝塔

中国居民平衡膳食宝塔（2016），以下简称膳食宝塔。根据《中国居民膳食指南（2016）》的核心内容，结合中国居民膳食的实际状况，膳食宝塔把平衡膳食的原则转化成各类食物的重量，便于大众在日常生活中实行。

（一）中国居民平衡膳食宝塔说明

1. 膳食宝塔的结构

膳食宝塔（图3-2-1）共分五层，包含大众每天应吃的主要食物种类。膳食宝塔各层的位置和面积不同，这在一定程度上反映了各类食物在膳食中的地位和应占比重的区别。新的膳食宝塔增加了水和身体活动的成分，强调了足量饮水和增加身体活动的重要性。

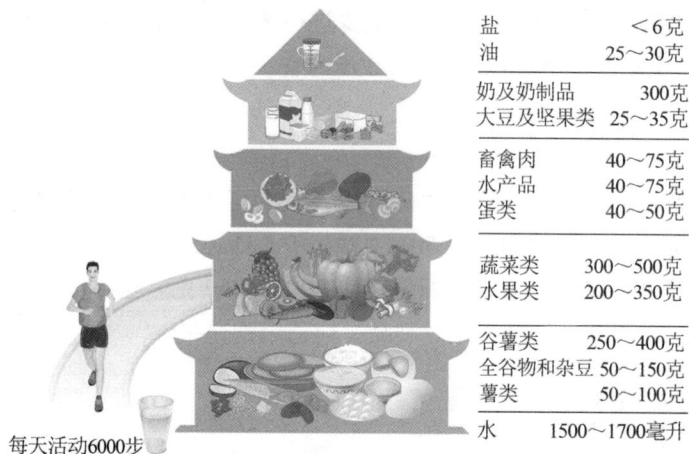

盐	<6克
油	25～30克
奶及奶制品	300克
大豆及坚果类	25～35克
畜禽肉	40～75克
水产品	40～75克
蛋类	40～50克
蔬菜类	300～500克
水果类	200～350克
谷薯类	250～400克
全谷物和杂豆	50～150克
薯类	50～100克
水	1500～1700毫升

每天活动6000步

图 3-2-1

（资料来源：中国营养学会）

2. 膳食宝塔建议的食物量

膳食宝塔建议的各类食物摄入量都是指食物可食部分的生重。各类食物的重量不是指某一种具体食物的重量，而是指一类食物的总量。

（二）中国居民平衡膳食宝塔的应用

1. 确定适合自己的能量水平

膳食宝塔中建议的每人每日各类食物适宜的摄入量范围适用于一般健康成年人，在实际应用时要根据个人的年龄、性别、身高、体重、劳动强度、季节等情况适当调整。

2. 同类食物互换，调配丰富多彩的膳食

应用膳食宝塔时可把营养与美味相结合，按照同类互换、多种多样的原则调配一日三餐。

3. 因地制宜，充分利用当地资源

我国幅员辽阔，各地的饮食习惯及物产不尽相同，只有因地制宜，充分利用当地的资源才能有效地应用膳食宝塔。

4. 养成习惯，长期坚持

膳食对健康的影响是一个长期的过程。应用平衡膳食宝塔要形成习惯，并坚持不懈，才能发挥体现其对健康的促进作用。

第三节 常见的不正确饮食行为与不良嗜好

一、不正确的饮食行为

（一）偏 食

所谓偏食，顾名思义，就是因偏爱或其他原因而长期地、单一地食用某种食物的做法。偏食造成的危害是不言而喻的。长期偏食，会导致体内某些营养成分的过剩及某些营养成分的缺乏，从而造成营养失衡。例如，有的大学生奉行素食主义，不吃肉类食品，更有严格意义上的素食主义者，不仅不吃肉，连牛奶等乳制品也不吃，从而造成体内蛋白质缺乏，营养不良；有的大学生则偏爱鱼、肉，不吃蔬菜，导致身体缺乏维生素和无机盐，从而容易患高血压、高脂血症、动脉硬化等疾病。

（二）过度节食

我国古代就有以瘦为美和节食减肥的做法。古人云："楚王好细腰，宫中多饿死。"在现今的大学生中，也有片面追求外在美、形体美的趋势。"肥胖恐惧"的心理障碍不同程度地存在于当代大学生中，其所采用的减肥手段主要是限制饮食，即节食。另有数据统计表明，实行节食减肥的女大学生多于男大学生。

限制饮食虽然可以在一定程度上减去多余的脂肪，减轻体重，但过度节食会使人体内的营养物质日益缺乏，从而出现功能障碍或疾病。过度节食轻则使人面黄肌瘦、头晕目眩、四肢乏力，重则导致贫血、低血糖、月经失调等症状。过度节食者摄入的营养素仅能维持生存，根本无法满足维持健康成长所需要的养分。

（三）暴饮暴食

有些大学生生活没有规律，晚睡晚起，尤其是在考试前常常熬夜复习，早晨则睡懒觉，往往没时间吃早餐就直奔教室，到中午时早已饥肠辘辘，午餐难免会狼吞虎咽，一顿饱餐。暴饮暴食会使消化器官的负担加重，消化功能紊乱，致使机体代谢功能失去平衡，从而引发多种疾病。

（四）共 餐

我国素有共餐的饮食传统，这种共餐常局限于一个家庭或一个大家族。西方的饮食文化提倡分餐，就餐时虽同坐一桌，但各食自己的盘中餐。共餐虽在一定程度上能联络感情，但极易传播某些疾病，尤其是肠道传染病。共餐是预防传染性肝炎和肠道传染病的一大障碍。大学生的共餐现象主要表现在朋友聚餐或情侣合餐。另外，共用餐具的危害也不小于共餐的做法，因此也应尽量避免。

（五）盲目进补

当今社会，增高、益智等补品的广告随处可见，这些广告的质量参差不齐，有些甚至是虚假广告。即使是那些名副其实的产品，也不一定适合每个人，因为每个人都是独一无二的个体，同样的补品作用于不同的人其效果是不一样的。另外，补品仅能提供一小部分的营养素，即使是最珍贵的补品也没有包补一切的功效。进食补品并不意味着能够满足个体身体所需的所有营养，即"药补"替代不了"食补"。服用营养补品的用法、用量不得当，还会对身体健康产生副作用。

（六）盲目效仿西方饮食方式

随着我国的改革开放和东西方文化的相互交流，西方的思想文化在不知不觉中渗透到国人的生活中。有些人接受新事物的能力比较强，觉得西方的一切都是好的。就饮食来说，有些人盲目效仿西方人的饮食方式和习惯，认为西餐比中餐优越，从而更偏向于选择牛奶、面包、黄油、肉类等高热量食物。其实，东西方的饮食差异由来已久，东方人饮食中的脂肪和蛋白质含量明显低于西方人，而且东方人体内的淀粉酶、蛋白酶和脂肪酶长久以来已与东方的饮食结构相适应，盲目地效仿西方的饮食方式和习惯，可能会造成国人消化不良和体内营养素的失衡。

》 二、不良嗜好

（一）吸　烟

吸烟对人体健康有极大的危害，能诱发和加重多种疾病，甚至给人带来生命危险。烟草中含有大量的尼古丁，也就是烟碱，这种物质的毒性很大，一支香烟中的烟碱足以杀死一只小白鼠。另外，烟焦油中含有多种致癌物及促癌物。吸烟是引发呼吸道疾病最直接、最主要的原因，研究显示，吸烟是引发肺癌、喉癌的主要因素。

吸烟行为在我国相当普遍。近年来，我国每年死于与吸烟有关疾病的人数超过100万，这其中既有吸烟者也有被动吸烟者。

在高校中，吸烟者虽然为数不多，但这个问题也不容忽视。对于大学生而言，吸烟的危害除了上述之外，还有经济方面的影响。大学生本身没有经济收入来源，购买香烟的支出也会成为他们不小的经济负担。有些大学生甚至降低伙食标准，用节余的生活费购买香烟，长此以往，将会造成其营养不良，严重地影响大学生的身体健康。

（二）酗　酒

酒的主要成分是乙醇，乙醇俗称"酒精"。乙醇在体内达到一定量时，会损害人体细胞，引起中枢神经系统功能失调，抑制大脑神经，使人反应迟钝，身体失去平衡，严重时还会使人的高级神经中枢受到抑制，造成酒精中毒，甚至死亡。

过度饮酒对心脏有极强的破坏作用。长期饮酒会使血液中的脂肪积淀在血管壁上，使血管腔道变窄，血压升高，还会导致心脏增大及失去正常的弹力，医学上称之为"啤酒心"。酒作为辛辣饮品，更是对呼吸道和食道都有很强的刺激性。

目前，在大学生中请客之风盛行，既然请客，就免不了大吃大喝。这其中过量饮酒不仅有损大学生形象，还醉酒伤身。若酗酒成性，染上酒瘾，则危害更大。

第四节　肥胖与科学减肥

》 一、肥胖概述

（一）肥胖的界定与成因

1. 肥胖的界定

关于肥胖，人们往往有这样一个错误认知，即肥胖就是身体过重。其实，一个体形硕大、体重超常的人完全可以是一个非常健康的人，而非肥胖者。

人们往往将体内脂肪量与人体体重的比例作为界定肥胖的依据，并将肥胖分为两种：正常性肥胖和病理性肥胖。根据有关学者的调查统计，男性体内的脂肪量超过其体重的 25%，女性体内的脂肪量超过其体重的 30%，即属于病理性肥胖。

2. 肥胖的成因

引起肥胖的原因有很多，既有先天遗传的因素，也有后天不良生活习惯方面的因素。尤其是随着年龄的增加，个体因活动量减少，体能消耗降低，大量脂肪堆积于体内，从而形成肥胖。

男性肥胖呈局部性，也就是说过剩的脂肪一般堆积于腹部、臀部等身体重心的周围；女性肥胖呈周身性，也就是说过剩的脂肪会比较均匀地分布于全身。

（二）肥胖的分级及危害

1. 肥胖的分级

科学家根据人体身高的不同值拟订了相应的理想体重值，或称标准体重值。当然所谓的标准体重也并不是绝对的。例如，我国所测定的标准体重数据，较之国际标准体重值就约轻 5%。我国将肥胖分为三种：① 轻度肥胖，体重超过标准体重25% ～ 34%；② 中度肥胖，体重超过标准体重 35% ～ 49%；③ 重度肥胖，体重超过标准体重 50%。

2. 肥胖的危害

肥胖者患冠心病的概率比普通人要高出 5 倍；肥胖者患糖尿病的概率是普通人的4 倍；肥胖者死于心血管疾病的人数比同龄组普通人多 62%。肥胖还会引发脂肪肝、胰腺炎、痛风、变形性关节炎等疾病。

二、科学减肥

（一）减肥并不等于减体重

众所周知，肥胖有百弊而无一利。越来越多的肥胖者开始意识到减肥的必要性，但是减肥绝不是仅仅减体重这么简单。一般来说，身体健壮、肌肉发达的人，虽然可能只有少量的脂肪，但同样也有较高的体重；反之，一个肌肉和骨骼都不发达的人，即使脂肪量超标，却仍有可能维持标准体重。减肥的目的应是减去过多的脂肪，而不是减少肌肉。也就是说，减肥并不是单纯地减体重。

（二）不利于健康的减肥方法

1. 过度节食减肥

有些人减肥的意愿一时强烈，开始节食减肥，一天只摄入很少的食物，以期一个月内减掉 8 公斤甚至更多的体重。尽管这种快速减肥的成功案例不少，但这一方法并不值得鼓励。原因是这些人经过一时强力节食的减肥并达到目标后，意志容易松懈，意志消退后，体重便迅速回升。因此，盲目追求低热量而忽略营养均衡的减肥是万万不可取的。人体细胞需要足够的营养才能维持正常的新陈代谢。过度节食减肥不仅极易出现反弹，还会损害身体健康。

2. 腹泻减肥

腹泻也能实现减轻一定体重的目标，其原理与节食相似，即摄入的食物及营养未被吸收即被排出体外。腹泻减肥的害处却是显而易见的。腹泻排掉的是养分和大量的水分。时间久了，腹泻会导致机体营养不良、消化系统功能紊乱。

3. 脱水减肥

很多减肥失败的人都尝试过高温瑜伽或蒸桑拿，以大量出汗的方式使体重下降，还有的人尝试喝含利尿剂的茶，以期利用脱水使体重暂时降低。这些脱水减肥方法都会对血脂、血糖的代谢产生不良影响，而且这些减肥方法只是减去身体的水分，减少体重秤上的体重数字而已。这种改变只是暂时的。只要减肥者及时补充水分，其体重很快就重新增加了。

4. 代餐减肥

不少代餐产品的热量远低于减肥建议的最低热量标准，不适合大多数重度肥胖或轻度肥胖的人群。长期热量不足，尤其是缺乏充足的碳水化合物，容易使人出现血糖不稳定、反应迟钝等不良反应。另外，并不是所有的代餐产品都能提供丰富的营养素。例如，果蔬汁缺乏蛋白质、脂肪、大部分 B 族维生素、钙、铁等多种营养素。代餐产品以含脂肪为大忌，但缺少脂肪会影响维生素 A、维生素 D、维生素 E、维生素 K 等的吸收。长期采用代餐减肥会导致人体营养不良，免疫功能下降等。

5. 药物减肥

减肥药物主要分两类。一类是含有食欲抑制剂的减肥药，主要作用于神经中枢以抑制食欲，从而起到减肥的作用，但是此类药物可造成血压升高、心率加快等。另一类是含有神经类药物的减肥药，其作用于大脑神经。虽然这类药物不抑制食欲，而是让人体不吸收营养物质，加快新陈代谢，从而减少热量吸收并脂肪消耗，但是长期服用者会出现脑卒中、心脏病、脑神经损伤、记忆力减退、精神状态失常等严重后果，其潜在的危险性远远大于肥胖的危害。

（三）科学的减肥方法

目前，调整饮食并结合适量运动是世界公认的防治肥胖最经济、有效、无副作用的方法之一，也是科学减肥的最佳方案。

研究表明，适量运动，尤其是有氧运动，是最有效、最健康的控制体重的方法。有氧运动是以有氧代谢为主的耐力性运动，它可以提高人体的新陈代谢，促进能量的消耗，避免机体过剩的能量转化为脂肪积聚，同时也可以使机体已积聚的脂肪得以分解。

科学减肥提倡进行有大肌肉群参与的中、低强度运动。男、女中等强度运动消耗的能量分别为 20～29 千焦/分和 14～21 千焦/分；男、女低强度运动消耗的能量分别为 8～19 千焦/分和 6～13 千焦/分。

与一般健身运动相比，减肥的运动时间应相对延长。锻炼者可由小运动量开始，每日安排 30 分钟时间运动，待身体适应后再将运动量逐步增加至应达到的目标。每天可进行 60 分钟甚至更长时间的运动，时间不一定连续，也可将多次运动的时间累加，每次运动总消耗的热量至少应达 1250 千焦。对于一个重度肥胖者来说，走路可能都是很大的负担，因此这类人群在选择运动种类时，要量力而行，以身体能承受的负荷为标准，逐渐加大运动量，以免心肺无法承受相应的负荷，或导致肌肉、关节损伤。表 3-4-1 中列举了几种能消耗 1250 千焦能量的运动种类，仅供参考。

表 3-4-1　消耗 1250 千焦能量的运动

运动种类	运动时间
慢 跑	40～50 分钟
骑自行车	60～75 分钟
快走或使用跑步机（6 千米/时）	40～50 分钟
游 泳	30～40 分钟
上下楼梯	2000 级（不计时间）
跳 绳	30～40 分钟
有氧健身操	40～50 分钟

锻炼者可在空腹时进行运动，此时运动所消耗的热量主要由脂肪氧化分解提供，适宜在早晨或下午进行锻炼。尽量坚持每天锻炼，若无法做到每天锻炼，每周应进行 4～5 天锻炼才能达到一定的减肥效果。

肥胖是一种慢性疾病，需要长期治疗，因此，预防显得尤为重要。合理地进行饮食调整和坚持运动对预防肥胖较为有效。尤其是将膳食控制、运动控制与行为矫正相结合，可以成为最有效的预防肥胖的措施之一，其中，运动控制发挥着十分重要的作用。

第四章

体育保健

第一节　体育锻炼的自我监控

》》一、知晓自己的体能和健康状况

在开始体育锻炼前，锻炼者有必要了解自己的体能水平，以通过一定的方法和手段改善体能，享受体育锻炼带来的益处，从而树立坚持体育锻炼的信心。

体育锻炼需要锻炼者身体承受一定的负荷，而具有一定负荷的运动有可能存在安全隐患。因此，在准备参与体育锻炼前，锻炼者很有必要了解自己的健康状况。锻炼者如果身患疾病（如高血压、心脏病、糖尿病等），则需要在咨询过医生或体育保健专家后，才可科学地进行体育锻炼。否则体育锻炼不仅无益于健康，还可能造成生命危险。健康状况自评量表（表4-1-1）能使锻炼者清楚地了解自己的健康状况；疾病史自评量表（表4-1-2）可使锻炼者清楚地了解自己的疾病史；适合健康状况运动量的自评量表（表4-1-3）则可以帮助锻炼者选择最适合自己运动量的运动形式。

表4-1-1　健康状况自评量表

1. 在运动时或运动后，你是否有胸部疼痛或受压的感觉？
2. 在爬楼梯、迎冷风行走或从事任何体育活动时，你是否有胸部不适感？
3. 你的心脏是否曾经不规则地跳动、悸动或期前收缩？
4. 在无明显原因的情况下，你是否曾经有过心律突然加快或减慢的经历？
5. 你是否有规律地服用过药物？
6. 医生是否曾经告诉过你，你的心脏有问题？
7. 你是否有诸如哮喘等呼吸系统疾病，或者在从事轻微的体力活动时是否呼吸短促？
8. 你是否有关节或背部的疾患，从而使你在运动时感到疼痛？
9. 你是否存在以下心脏病的隐患：
　（1）高血压；
　（2）血液中胆固醇含量过高；
　（3）超过标准体重的30%以上；

（4）长期吸烟；

（5）近亲（父母亲、兄弟姐妹等）在55岁以前有心脏病史。

资料来源：季浏.体育与健康[M].上海：华东师范大学出版社，2000.

注：锻炼者如果对表内任何一个问题做出了肯定的回答，那么在实施一项锻炼计划之前应进行全面的体检。

表4-1-2　疾病史自评量表

疾病类型	是	否
冠心病	□	□
胸　痛	□	□
肩和颌痛	□	□
心律不齐	□	□
高血压	□	□
呼吸短促	□	□
心脏病遗传史	□	□
风湿病	□	□
高胆固醇	□	□
哮喘病	□	□
慢性咳嗽	□	□
糖尿病	□	□
镰状细胞贫血症	□	□
头晕目眩或意识模糊	□	□
痉　挛	□	□
严重头痛	□	□
肥胖症	□	□
关节炎	□	□
骨头、关节或肌肉严重受损	□	□
背下部疼痛	□	□

资料来源：季浏.体育与健康[M].上海：华东师范大学出版社，2000.

注：锻炼者如果对表内任何一个问题回答了"是"，则应该在正式参与体育锻炼前咨询医生。

表4-1-3　适合健康状况运动量的自评量表

	是	否
1. 医生曾说过，你的心脏有问题，但你仍从事医生并未向你推荐过的体育活动吗？	□	□
2. 当你进行体育锻炼时，你感到胸痛吗？	□	□
3. 在上一个月中，你不从事体育锻炼时胸痛吗？	□	□
4. 你因眩晕而昏倒过吗？	□	□

	是	否
5. 在体育锻炼时，你的骨头或关节有问题吗？	☐	☐
6. 医生为你的血压或心脏问题开过药方吗？	☐	☐

资料来源：季浏. 体育与健康[M]. 上海：华东师范大学出版社，2000.

注：锻炼者如果对一个或几个问题回答了"是"，则须询问医生是否可以增加运动量；锻炼者如果对所有问题的回答都是"否"，则完全可以增加运动量，但应遵循循序渐进的原则。此外应注意的是，锻炼者如果暂时身体不适或有疾病（如感冒或发烧），则须停止体育锻炼，直到身体完全恢复后再开始锻炼。

锻炼者如果在表 4-1-3 中的回答都是"否"，就请在开始进行大强度的运动（特别是竞技性运动项目）前，进一步回答以下 5 个问题（表 4-1-4）。锻炼者如果对一个问题回答"是"，则须咨询医生，以确定能否进行大强度的运动。

表 4-1-4　适合大强度运动的自评量表

	是	否
1. 你计划参加一个有组织的运动队吗？	☐	☐
2. 你曾经在身体接触的运动中由于冲撞而昏倒过吗？	☐	☐
3. 由于以前肌肉受伤，你现在活动时还痛吗？	☐	☐
4. 由于以前背部受伤，你现在活动时还痛吗？	☐	☐
5. 在体育活动时，你有其他不健康的症状吗？	☐	☐

资料来源：季浏. 体育与健康[M]. 上海：华东师范大学出版社，2000.

注：锻炼者如果对一个或几个问题回答了"是"，则须询问医生是否可以增加运动量；锻炼者如果对所有问题的回答都是"否"，则完全可以增加运动量，但应遵循循序渐进的原则。此外应注意的是，锻炼者如果暂时身体不适或有疾病（如感冒或发烧），则须停止体育锻炼，直到身体完全恢复后再开始锻炼。

二、运动强度的监控

锻炼者一般采用心率监控运动强度，心率可以帮助锻炼者了解和控制体育锻炼过程中的运动强度，可以准确地告诉锻炼者该运动强度是需要增加还是需要减少。为了了解体育锻炼的运动强度是否合理，锻炼者应当准确地测量运动中的心率。测量运动中心率的方法是在运动结束后的 5 秒内开始测量，测量 10 秒内的心跳次数，然后乘以 6，作为运动中 1 分钟的心跳次数。

靶心率是指能获得最佳效果并能确保安全的运动心率，也称运动适宜心率。在体育锻炼中锻炼者常用它来调节运动负荷。下列公式可以帮助锻炼者计算靶心率：靶心率=（最大心率×60%）至（最大心率×80%）。其下限为体育锻炼的有效界限，上限为安全界限（成年人靶心率的上限为最大心率的80%）。靶心率为锻炼者提供了运动时安全有效的运动心率范围，锻炼者可根据靶心率调节自己进行体育锻炼时的运动负荷。

》 三、体育锻炼过程中的监控

在体育锻炼的过程中，锻炼者一定要注意一些危险信号。如果发生以下任何一种情况，即使只发生了一次，锻炼者也要停止锻炼，并咨询医生。① 感觉心跳不正常，包括不规则的心跳、心脏快速跳动、心悸，或者在正常心跳之后出现很慢的心率（这可能发生在运动中或运动后）；② 胸、手臂或喉咙感到疼痛或有压力（这可能在运动中或运动后发生）；③ 眩晕、神志迷乱、出冷汗、目光呆滞、面色苍白、忧郁或者昏厥，在这种情况下，锻炼者要停止运动，平躺，并抬高两脚，或者坐下，弯腰，屈腿，将头部放在两腿之间直到症状消失。

出现长期的快速心跳，可能发生在靶心率接近训练安全界线上端时和运动后5 ~ 10分钟内。要改变这种状况，可以把靶心率保持在训练安全界线的下端，并且逐渐增加运动量。当症状仍不消失时，锻炼者应咨询医生。

》 四、对体育锻炼环境的监控

锻炼者在阳光下锻炼身体，会受到太阳辐射到地球上的光线、紫外线和红外线的照射。这些射线虽然对人体的健康有积极的影响，但是也对人体存在不良影响。

（一）太阳射线对体育锻炼的不良影响

锻炼者进行体育锻炼时，如果皮肤过度暴露在强烈的阳光下，则会对机体产生很大的伤害。紫外线可使局部皮肤毛细血管扩张充血，使表皮细胞坏死，导致皮肤发红、水肿，甚至出现红斑；过量的紫外线照射还可引起光照性皮炎、眼炎、白内障、头痛、头晕、体温升高、精神异常等症状。此外，过量的紫外线照射还可能诱发皮肤癌。

过强的红外线照射对机体也有害，它可使局部组织温度过高，甚至发生烧伤。当头部受强烈的阳光照射时，其中的红外线可使脑组织的温度上升，进而引起全身机能失调。因此，锻炼者要尽量避免在强烈的阳光下进行体育锻炼，同时还应选择在反射率较低的场地进行体育锻炼。

（二）热环境中的体育锻炼

只有当体温恒定在37℃左右时，机体才能维持正常的生理活动。体温波动范围过大会对人体造成伤害。运动时，体内产生的热量会大幅度增加，特别是剧烈运动时产生的热量可比平时增加100倍以上。体内产生的大量热量，如果蓄积在体内会使体温升高，从而引起一系列的机能失调，甚至休克，并且热环境不利于体内热量向外散发。因此，锻炼者在热环境中进行体育锻炼时，必须采取防暑措施，避开酷热；穿有孔隙的服装，便于空气流动带走身体多余的热量，以浅色或白色的服装为宜；在阳光照射的环境中进行体育锻炼时，应佩戴有孔的遮阳帽；在阴凉处休息；在运动中和运动后应及时补充水分；注意观察身体状态的变化，锻炼者身体如果出现不适症状，应停止运动，否则就有患热辐射疾病的危险。

（三）寒冷环境中的体育锻炼

在寒冷环境中进行体育锻炼所采取的保护措施，其主要目的是保持体温和防止冻伤，因此锻炼者要注意对手、脚、鼻子、耳朵等部位的保暖。运动着装应是重量轻且多层的服装，而不是单层且厚重的服装；贴身衣物须透气性强。锻炼者在寒冷多风的环境中进行体育锻炼，应尽量保持身体干燥，以保持热量。另外，在寒冷环境中，肌肉的黏滞性增大、伸展性和弹性减弱、工作能力下降，更容易引起运动损伤。为了避免寒冷环境给体育锻炼带来的不利影响，锻炼者在体育锻炼前一定要做好准备活动并延长准备活动的时间，以保障体温的进一步升高；除此之外，不要张大嘴巴呼吸，避免冷空气直接刺激喉咙而引起呼吸道感染、喉痛、咳嗽等。

（四）避免在空气污染的环境中进行体育锻炼

空气中的二氧化硫、一氧化碳、花粉、可吸入颗粒物等是危害人体健康的重要污染物，在这种空气中进行体育锻炼可导致锻炼者胸腔发闷、咳嗽、头痛、眩晕、视力下降等，严重的还可导致支气管哮喘。在遇到沙尘暴、空气中可吸入颗粒物较多或雾霾天气时，锻炼者应停止户外锻炼，这是因为空气中可吸入颗粒物和雾霾中含有许多危害人体健康的物质。

第二节　运动中常见的生理反应及处置方法

》　一、肌肉酸痛

原因：肌肉酸痛大多数是由平时缺乏体育锻炼或运动量过大引起的。

预防与处置：准备活动要充分，运动量应由小逐渐增大；在一个阶段的锻炼中，锻炼者也要遵循循序渐进原则。每次锻炼后及时做好整理活动。如果仍然有肌肉酸痛现象，则锻炼者可采取局部按摩、热敷等手段，以促进气血流通，缓解乳酸堆积产生的肌肉酸痛。

》　二、运动中腹痛

原因：运动中腹痛大多数发生在中长跑时。主要原因是准备活动不充分，运动刚开始时过于剧烈，内脏、器官功能尚未达到运动状态，致使脏腑功能失调，从而引起腹痛；也有因运动前吃得过饱、饮水过多或腹部受凉，引起胃肠痉挛而导致腹痛；少数因运动时间过长或过于剧烈，使下腔静脉压力上升，引起血液回流受阻，或者因肝脾淤血，膈肌运动异常，致使两肋胀痛而引起腹痛。

预防与处置：做好准备活动，要循序渐进地增加运动负荷，并注意呼吸自然，切忌闭气。如果已产生腹痛，则锻炼者可适当放慢跑速，并做深呼吸，揉按疼痛部位或弯腰走一段，均可缓解腹痛。腹痛严重者，要停止运动。如果疼痛仍不减轻，则锻炼者应及时就医。

》》三、肌肉痉挛

原因：肌肉突然猛力收缩或用力不均匀，或者受到过冷水（或气温）的刺激，或者收缩与放松不协调等都会引起肌肉痉挛。

预防与处置：在运动前对容易发生痉挛的部位做好准备活动，并适当按摩。在运动间歇要注意保暖。如果已产生肌肉痉挛，锻炼者或救护人员应立即对其痉挛部位做强制性牵拉或按摩。

》》四、运动性昏厥

原因：突然进入激烈运动状态（如疾跑、冲刺），或者在极度疲劳的情况下继续勉强进行体育锻炼，或者久蹲后骤然站起，或者在空腹状态下进行体育锻炼而出现低血糖等，都可引起运动性昏厥。

预防与处置：锻炼者在平时应经常参加体育锻炼，以增强体质。运动时要控制运动负荷，防止过度疲劳。一旦出现运动性昏厥，患者应立即平卧，使脚高于头部。由救护人员从小腿向大腿和心脏方向的按摩，也可点按其人中穴、合谷穴。如果患者发生了呼吸障碍，则救护人员应立即对其进行人工呼吸，并尽快拨打急救电话。

》》五、"极点"和"第二次呼吸"

原因：在剧烈运动时，下肢回血量减少，大脑氧债不断积累，达到一定程度时就会出现胸闷、呼吸急促、下肢沉重、动作不协调，甚至恶心、呕吐等现象。这就是运动生理学中所称的"极点"。

预防与处置：锻炼者在平时应加强体育锻炼，以不断提高机体对运动负荷的适应力，可延缓"极点"出现的时间，减轻症状。当"极点"出现后，锻炼者应适当减小运动负荷，并做深呼吸，这样可使上述反应逐渐缓解或消失。随后，动作将重新变得轻松、协调，运动能力恢复，这种现象称为"第二次呼吸"。"极点"是运动中常见的生理现象，因此锻炼者不必疑虑和恐惧。

第三节 运动损伤的预防与处置

》》一、运动损伤发生的原因

（一）运动损伤发生的潜在原因

运动损伤发生的原因，因锻炼人群的不同而有所差异。但是运动损伤发生的潜在因素是相同的，即运动损伤的发生与某些身体部位的解剖生理弱点和运动技术要求密切相关。因此，锻炼者与教师应熟悉人体各部位的解剖生理弱点和运动技术要求，以避免运动损伤的发生。

（二）运动损伤发生的直接原因

1. 思想重视不够

运动损伤的发生，常与锻炼者对预防运动损伤的认识不足、思想上麻痹大意和缺乏预防知识有关。

2. 缺乏合理的准备活动

准备活动的目的是进一步提高中枢神经系统的兴奋性，增强各器官、系统的功能，使人体从相对的静止状态过渡到紧张的活动状态，从而增强人体对体育锻炼的适应性，预防运动损伤。缺乏准备活动或准备活动不合理，是运动损伤产生的首位或第二位原因。

3. 运动负荷（尤其是局部生理负荷）过大

锻炼者或教师在安排运动负荷时，没有充分考虑锻炼者的生理特点，使运动负荷超过了锻炼者可以承受的生理负荷，尤其是局部生理负荷过大所引起细微损伤的积累而发生的劳损，这是专项训练中造成慢性运动损伤的主要原因。

4. 技术动作错误

错误的技术动作违反了人体解剖结构的功能特点和运动力学原理而造成运动损伤，这是初参加体育锻炼的锻炼者或学习新动作时发生运动损伤的主要原因。例如，锻炼者在做前滚翻时，因头部位置不正确而引起的颈部扭伤；排球传接球时，因手型不正确而引起的手指挫伤；投掷铅球时，在上臂外展90°、屈肘90°（甚至是肘低于肩）的错误姿势下出手，引起的肩臂肌肉拉伤，甚至发生肱骨骨折等。

5. 场地、设备和服装存在缺陷

运动场地不平，有小碎石或杂物；跑道太硬或太滑；沙坑未掘松或有小碎石，坑沿高出地面，踏跳板与地面不平齐；器械缺乏维护或年久失修，表面不光滑、有裂缝；器械安装不牢固或安放位置不妥当，器械的高低、大小或重量不符合锻炼者的年龄、性别特点；锻炼者缺乏必要的防护用具（如护腕、护踝、护腰等）；锻炼者运动时的服装或鞋袜不符合体育锻炼的卫生要求等。

6. 组织方法不当

锻炼者人数过多，锻炼者缺乏保护和自我保护意识；教师缺乏正确的示范和耐心细致的指导；比赛日程安排不当，比赛场地和时间任意更改，允许患病或体质较弱的人参加比赛；参赛者动作粗暴或违反规则，故意犯规等。

7. 不良气候条件的影响

气温过高易引起疲劳和中暑；气温过低易导致冻伤；肌肉僵硬和身体协调性降低易引起肌肉、韧带损伤；潮湿高热易引起大量出汗，导致肌肉痉挛或虚脱；光线不足、能见度低，影响视力，使锻炼者反应迟钝，导致运动损伤的发生。

》》 二、运动损伤的预防

运动损伤的预防可从以下几个方面进行。

（1）锻炼者应加强安全意识，提高预防运动损伤的意识，克服麻痹大意思想。

（2）做有针对性的准备活动，尤其要加强易伤部位的准备活动。

（3）教师要遵循教学规律，特别是对于技术较难和容易致伤的环节，应事先做好准备，合理安排运动负荷，对于不同的锻炼者应区别对待，切忌急于求成。

（4）锻炼者应加强相互保护和帮助，提高自我保护能力，如摔倒时立即屈肘、低头、团身，以肩背着地，顺势滚动，而不要直臂撑地。

（5）锻炼者或教师应加强医务监督，使锻炼者善于把握自己运动前后的生理变化。患有慢性病者要定期体检，并在医生和体育教师的指导下进行体育锻炼。

（6）重视器材、场地的安全和卫生，应经常对器材场地进行检查和维修。另外，锻炼者的服装、鞋袜要符合体育锻炼的卫生要求。

》》三、常见运动损伤的处置

（一）开放性软组织损伤

1. 擦 伤

擦伤是锻炼者在运动时，因摔倒或皮肤受器械摩擦致伤。擦伤后，皮肤出血或有组织液渗出。

对于小面积擦伤，用碘伏涂抹伤口即可；对于大面积擦伤，应先用生理盐水洗净伤口，再用碘伏消毒，必要时用消毒纱布覆盖包扎。

2. 撕裂伤

撕裂伤是锻炼者在剧烈运动时突然受到强烈撞击，造成皮肤或皮下组织撕裂。撕裂伤分为开放伤和闭合伤。

常见的撕裂伤有眉际撕裂、跟腱撕裂伤等。对于轻度开放伤，用碘伏涂抹即可；若裂口较大，则需止血和缝合，必要时须注射破伤风抗毒素。

3. 刺 伤

刺伤是由尖细物刺入人体所致。刺伤的特点是伤口较小、较深，可能伤及深部组织或器官，或者刺入物将异物带入伤口深处，容易引起感染。常见的刺伤有田径运动中被鞋钉、标枪等刺伤。

4. 切 伤

切伤是由锐器切入皮肤所致，如冰刀切伤等。切伤的特点是伤口边缘整齐，多呈直线，出血较多，周围组织创伤较轻。深的切伤会造成大血管、神经、肌腱等组织被切断。

对于较轻的刺伤和切伤，可在洗净伤口后用创可贴覆于伤口；若出血较多，则须在伤口近端用止血带止血，并立即就医。

（二）闭合性损伤

1. 挫 伤

（1）原因：由锻炼者在运动时撞击器械或锻炼者之间相互碰撞造成。

（2）症状：局部疼痛、肿胀、皮下淤血、压痛。内脏器官有损伤时，人体会出现头晕、脸色苍白、心慌气短、出虚汗、四肢发凉、烦躁不安等症状。

（3）处理：刚发生损伤时，患者应采取停止运动、冷敷、加压包扎、抬高伤肢等措施以止痛、止血、减轻肿胀。24小时后可进行热敷、按摩，以促进局部血液循环，加速血肿和组织液的吸收，减轻疼痛。如果怀疑有内脏损伤，则须在做临时性处理后，送医院检查。

2. 肌肉拉伤

（1）原因：肌肉在猛烈收缩，超过它可承受的负荷或突然被拉长超过了它的伸展限度时会被拉伤。准备活动不充分、技术动作不正确、活动过猛、气温太低或场地条件差等容易造成肌肉拉伤。

（2）症状：伤处疼痛、局部肿胀和压痛、肌肉僵硬紧张、伤后肌肉功能减弱或丧失。严重的肌肉拉伤是肌肉撕裂。

（3）处理：轻者应采用停止运动、冷敷、加压包扎、抬高伤肢等措施以止痛、止血、减轻肿胀，还应将受伤肌肉置于放松位置，24小时后做伤处按摩。如果患者的肌纤维受伤严重，则须加压包扎后立即就医。

3. 踝关节扭伤

（1）原因：运动中跳起失去平衡，使踝关节过度内翻或外翻；准备活动不充分、场地不平或踩在他人脚上都容易造成踝关节损伤。

（2）症状：伤处疼痛、肿胀、皮下淤血、活动受限、行动困难。

（3）处理：受伤后患者应立即冷敷、抬高伤肢，检查是否出现关节错位、骨折等情况，在确定没有错位或骨折等问题后可固定伤肢、敷药，24小时后热敷、按摩。若怀疑有骨折、骨裂，则应及时就医。

4. 急性腰扭伤

（1）原因：锻炼者在运动时因腰部受力过重，肌肉收缩不协调，或者脊椎运动超过正常的生理范围而致伤，严重时可发生错位并压迫神经。

（2）症状：腰部疼痛、腰部肌肉痉挛、活动受限，神经受压迫时会出现下肢酸麻，甚至失去知觉。

（3）处理：发生急性腰扭伤后，患者应平卧，一般不应立即扶动。如果疼痛剧烈，则需救护人员用担架将患者送医院诊治。处理后，患者应睡硬板床或在腰后垫一个高度合适的枕头，使其肌肉、韧带处于放松状态，24小时后方可施行按摩、针灸、外敷等治疗。若是轻度腰扭伤，则只需停止运动，稍作休息，等扭伤自行恢复后应加强腰部肌肉的训练。

5. 关节脱位

（1）原因：因外力使关节的完整接连状态被破坏而引起。关节脱位常伴有韧带及关节囊的撕裂，甚至神经损伤。

（2）症状：关节脱位后常出现关节畸形，局部疼痛、肿胀，关节失去正常功能，甚至发生肌肉痉挛等现象。

（3）处理：用夹板固定伤肢。如果没有夹板，救护人员则可将伤肢固定在患者的躯干或健肢上，防止伤肢震动，并及时就医。

6.骨　折

（1）原因：运动中身体受到暴力撞击，易造成骨折。骨折是一种严重的运动损伤，可分为完全性骨折和不完全性骨折。

（2）症状：骨折发生后，伤处立即出现肿胀、皮下淤血、剧烈疼痛等症状，活动时疼痛加剧，肢体失去正常功能，肌肉产生痉挛，骨折部位可能变形，移动时可发出骨摩擦音。严重骨折时，常伴有大出血、神经损伤等症状，开放性骨折还可能导致感染、发烧，甚至休克。

（3）处理：出现休克时，救护人员可点按患者人中穴，同时止血包扎，用夹板或其他代用品固定伤肢，及时送医院检查治疗。

7.脑震荡

（1）原因：头部受到打击或磕碰后导致大脑感受器机能失调，引起意识和机能的一时性障碍。

（2）症状：患者表现为神志不清、脉搏徐缓、肌肉松弛、瞳孔稍大但尚对称、神经反射减弱或消失；清醒后，患者常有头痛、头晕、恶心呕吐感烦躁、注意力不集中、耳鸣、心悸、多汗、失眠、记忆力减退等症状。

（3）处理：当患者头部受到打击或磕碰后，救护人员应立即让患者平卧，冷敷其头部；如果患者昏迷，则按压其人中穴、内关穴、合谷穴等；如果患者呼吸发生障碍，则立即对其进行人工呼吸；如果患者仍然反复出现昏迷或耳、口、鼻出血，瞳孔放大且不对称，则表明病情严重，救护人员应立即拨打120，将其送往医院治疗。运送过程中，救护人员应固定患者头部，避免颠簸。轻度脑震荡者注意休息就可以自愈，无须住院治疗，但要注意保持情绪稳定，减少脑力劳动。在恢复过程中，患者可定期做脑震荡平衡试验，以检查病况进展。脑震荡平衡试验的具体方法：闭目，单腿站立，两臂平举。如果患者能保持平衡，则表明脑震荡已基本治愈。这时患者可适当参加体育锻炼，但要避免做滚翻或旋转性动作。

第五章

职业体能训练

第一节　站立型岗位的职业体能训练

站立型岗位从业人员在体能训练中应以发展下肢和腰腹部力量为主，并配合形体操、健美操等锻炼，以形成合理的站姿和优美的体形。另外，还可考虑开设野外生存训练、攀岩、自行车运动等项目，这对发展下肢、腰腹部的力量，以及改善身体的平衡能力和灵敏素质都具有良好的效果。

》 一、腿部肌肉力量的练习方法

（一）深　蹲

【重点锻炼部位】大腿肌群、臀大肌和腰背肌群。

【起始姿势】两手紧握前平举，脚趾稍向外撇，身体直立。

【动作方法】屈膝下蹲至大腿与地面平行或稍低于平行位置，静止3秒后大腿和臀部用力，两脚蹬地恢复到起始姿势。按规定次数和组数重复练习，练习到一定程度后，可以进行负重练习。（图5-1-1）

【练习要求】在做整个动作的过程中，背部保持平直，上体勿前倾，臀部不要后凸，腰部下塌，动作稳定，腿部接近伸直时，稍用力挺直膝关节。

图 5-1-1

（二）腿屈伸

【重点锻炼部位】股四头肌。

【起始姿势】坐在装有伸腿架的卧推凳上，两脚脚背分别紧贴下托棍的下沿。双手握住卧推凳两侧，上体挺直。

【动作方法】用股四头肌的收缩力慢慢使两腿伸直，保持该静止收缩状态 1～2 秒后慢慢还原。

【练习要求】可以绷直脚背，也可以通过脚跟内旋或者外转体会不同的发力方式。

（三）腿弯举

【重点锻炼部位】股二头肌。

【起始姿势】俯卧于卧推凳上，使膝盖正好抵住凳沿，两腿伸直，脚跟紧贴于上托棍的下沿，两手握住卧推凳的前端。

【动作方法】集中收缩股二头肌，使小腿彻底收紧，保持该静止收缩状态 1～2 秒后慢慢还原。

【练习要求】可以绷直脚背，也可以通过脚跟内旋或者外转来体会不同的受力方式。

（四）踮脚跳跃

【重点锻炼部位】小腿后侧肌群。

【起始姿势】两脚脚尖踮起并拢站立，两手叉腰。

【动作方法】两脚前脚掌起跳，下落时前脚掌先着地，然后全脚掌着地，再踮脚起跳。（图 5-1-2）

【练习要求】原地向上纵跳时膝关节绷直。为提高锻炼者的兴趣，也可以采用脚跟不着地的跳绳代替该练习。

图 5-1-2

》》二、腰腹部肌肉力量的练习方法

（一）搁腿仰卧

【重点锻炼部位】上腹部。

【起始姿势】仰卧于垫子上，两小腿平行置于凳子边缘，两手交叉抱于头后。

【动作方法】慢慢使两肩向膝关节接近，直至肩胛骨离地 3～5 厘米，保持该姿势 1～3 秒后还原。（图 5-1-3）

【练习要求】屈体收腹时，下背部必须紧贴垫子，使腹部有较强的收缩感。

图 5-1-3

（二）直腿上举

【重点锻炼部位】下腹部。

【起始姿势】仰卧于垫子上，两腿并拢伸直，两手放于体侧。

【动作方法】两腿并拢伸直，用腹部的力量将腿慢慢举起，保持躯干与大腿成120°左右夹角，静止 5 ～ 10 秒后还原。（图 5-1-4）

【练习要求】直腿并拢。

图 5-1-4

三、改善身体姿态的练习方法

形体训练是身体姿态训练的一种重要方式，其多为静力性活动和控制能力练习。形体基本素质练习是形体训练最重要的内容之一，可采用单人练习和双人配合练习两种形式。在形体基本素质练习中，最重要的是力量和柔韧素质，它们决定了个体对形体的控制力和个体的形体表现力。形体基本素质练习的主要肌群如下。

（一）颈部肌群

【重点锻炼部位】胸锁乳突肌。

（二）肩部肌群

【重点锻炼部位】三角肌、肱二头肌。

（三）胸部肌群

【重点锻炼部位】胸大肌。

（四）背部肌群

【重点锻炼部位】背阔肌。

（五）腹部肌群

【重点锻炼部位】腹肌。

（六）臀部肌群

【重点锻炼部位】臀大肌。

（七）腿部肌群

【重点锻炼部位】股四头肌。

关于柔韧素质的练习方法，详见本章第二节"伏案型岗位的职业体能训练"。

第二节 伏案型岗位的职业体能训练

一、力量练习方法

由于人体活动都是在身体各部位肌肉牵动着关节和骨骼并克服各种阻力的情况下实现的，因此肌肉是维持各种身体姿势的基础。伏案型岗位职业工作需要较长时间的坐姿，坐位姿势是一种静态姿势，人体处于坐姿时，腰背部肌肉是主要的受力肌，维持该姿势的肌纤维会长时间处于一定的静力性紧张状态。有目的地锻炼坐姿，可增强机体各部位主要受力肌群的肌肉弹性，改善机体组织，促进血液循环，增强新陈代谢，防止或降低机体疲劳。

针对伏案型岗位职业工作对体能的要求，应着力发展以下部位的肌群力量。

（一）颈肩部肌群力量练习

1. 屈伸探肩

【准备姿势】坐立均可，背部挺直，双手叉腰，目视正前方。

【动作方法】头缓缓地向左偏，努力接近左肩，保持 6 ~ 8 秒后还原；以相同的姿势换方向做，然后还原。（图 5-2-1）

【练习要求】动作过程应缓慢进行，以防肌肉、韧带拉伤。

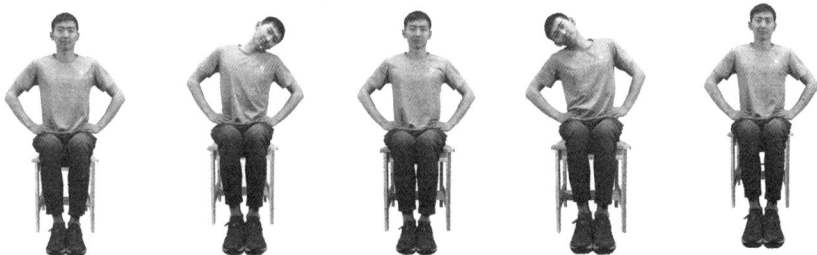

图 5-2-1

2. 摸耳屈伸

【准备姿势】坐立均可，两手自然放于体侧，目视正前方。

【动作方法】右手叉腰，同时将左手侧上举，越过头顶摸右耳，头向左侧倾斜，还原；再用右手以同样的姿势去摸左耳，还原。（图 5-2-2）

【练习要求】动作过程应缓慢进行，以防肌肉、韧带拉伤。

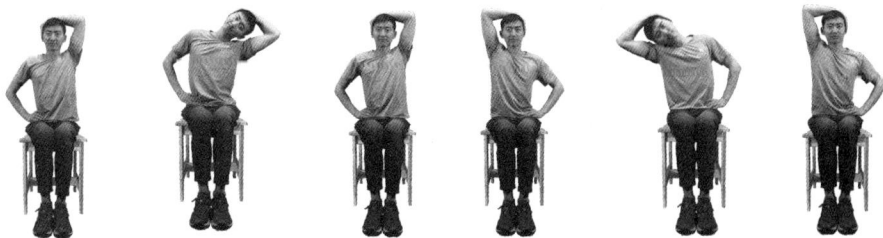

图 5-2-2

3. 手侧压颈屈伸

【准备姿势】坐立均可，背部挺直，目视正前方。

【动作方法】右手叉在右腰间，左手按头的左侧，并用力将头向右侧推压，颈部则用力对抗，不让手轻易压倒，而是逐渐被压倒；然后，头部向上、向左抬起，换左手用力对抗头部，不让其轻易抬起，而是逐渐直立。练习完一侧，换另一侧。（图5-2-3）

【练习要求】不要用过大、过猛的对抗力，前几次用力要小些，后几次再逐渐加大，以避免颈部扭伤。切勿让颈部有任何旋转动作。

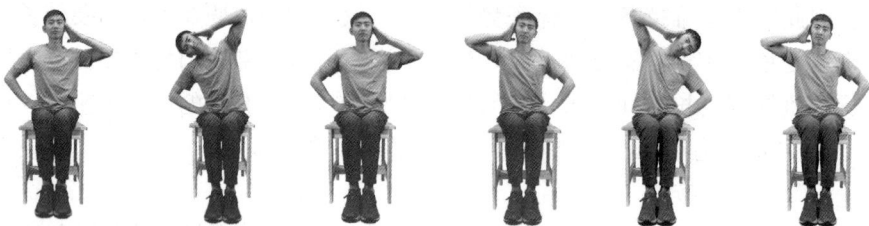

图 5-2-3

4. 双手正压颈屈伸

【准备姿势】坐立均可，背部挺直，目视正前方，两手十指交叉按在脑后。

【动作方法】双手用力压头部，使其向前屈，颈部则用力对抗，不让头部轻易被压倒，而是逐渐被压倒，至下颌触及胸骨；然后，头部向上抬起，换双手用力对抗头部，不让其轻易抬起，而是逐渐抬到原位。（图5-2-4）

【练习要求】头部做屈伸时，身体不要前俯后仰，不要用过大、过猛的对抗力，前几次用力要小些，逐渐加大力度，以避免颈部扭伤。切勿让颈部有任何旋转动作。

图 5-2-4

5. 耸 肩

【准备姿势】坐立均可，背部挺直，两手叉腰，目视正前方。

【动作方法】两肩缓缓向上耸，尽力去触碰耳朵，然后放下。（图5-2-5）

【练习要求】动作过程应缓慢进行，尽最大努力完成动作。

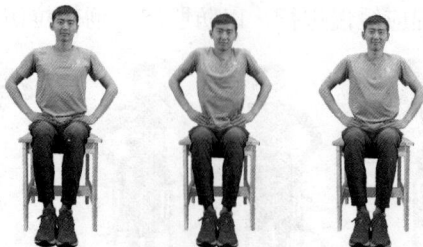

图 5-2-5

6. 肩绕环

【准备姿势】坐立均可，背部挺直，两手叉腰，目视正前方。

【动作方法】两肩后展，以肩关节为中心做绕环动作。（图5-2-6）

【练习要求】两肩充分后展，不要拱背。

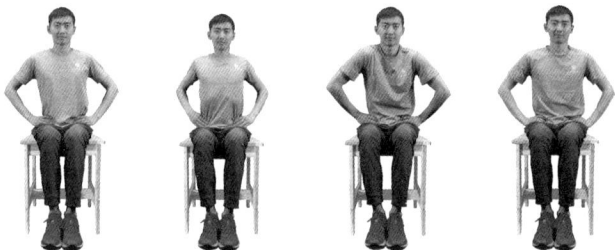

图 5-2-6

（二）腰背部肌群力量练习

1. 徒手练习

（1）体后屈伸。

【准备姿势】俯卧在垫子或凳子上。

【动作方法】以髋部支撑，两脚固定，两臂前举，连续做上体后伸动作。（图5-2-7）

【练习要求】上体后伸时，尽量抬高。前几次的动作幅度应小些，以防腰背部肌肉拉伤。

图 5-2-7

（2）俯卧背腿。

【准备姿势】俯卧在地板或垫子上，两腿并拢伸直。

【动作方法】以髋部支撑，两臂自然伸直置于体侧，连续做两腿向上振起动作。（图5-2-8）

【练习要求】两腿尽量向上振起。前几次的动作幅度应小些，以防腰背肌肉拉伤。

图 5-2-8

2. 器械练习

（1）仰卧过顶举。

【准备姿势】仰卧在地板或垫子上，两腿并拢伸直。

【动作方法】两手重叠握住重物。将重物提起时，两臂伸直，使重量承受在胸部上端后慢慢将重物从头顶向下放，直至两臂能舒适地伸展到头顶的后下方，然后举回到原来的姿势。（图5-2-9）

【练习要求】下放时开始吸气，放至最低点时吸气结束；上举时开始呼气，恢复到原来姿势时呼气结束。

图 5-2-9

（2）哑铃单臂划船运动。

【准备姿势】两脚左右开立，上体前屈，一只手支撑于矮凳上，另一只手提起重物。

【动作方法】吸气，持重物手侧上提至胸部高度，再呼气放下。连续做 8 ~ 12 次后，再换另一只手练习。（图 5-2-10）

【练习要求】动作节奏不宜太快，切勿猛用力。

图 5-2-10

（3）屈体划船运动。

【准备姿势】两手握住一定重量的重物（在办公室内健身时，可以用装满水的水瓶代替），两手分开的距离约与肩同宽，上体前屈，头颈和背部保持平直，两膝稍弯曲以减轻下背部及大腿后侧的压力。

【动作方法】吸气，上拉重物至下腹部，同时身体呈立正姿势；再慢慢放下，回到准备姿势，同时伴随呼气。（图 5-2-11）

【练习要求】动作节奏不宜太快，切勿猛用力。

图 5-2-11

（4）屈体提拉。

【准备姿势】上体前屈，两腿自然开立。

【动作方法】两膝稍弯曲，两手分别握住重物，握距约与肩同宽，两臂伸直，调整好呼吸后，用力慢慢提拉，此时头部和背部须保持平直，至腹部后再放下。（图 5-2-12）

【练习要求】臀部高于肩膀，头、背部保持平直。待身体适应后，重量可逐渐增加。

图 5-2-12

（三）腕部肌群力量练习

1. 屈伸腕动态练习

【准备姿势】取立正姿势，一手持重物，掌心朝上。

【动作方法】一手持重物，另一手微托持重物手的肘关节，并靠于腰部，持重物手以 2 秒/次的频率做屈伸腕运动。（图 5-2-13）

【练习要求】每个动作都要尽量做到最大幅度，动作节奏不宜太快。

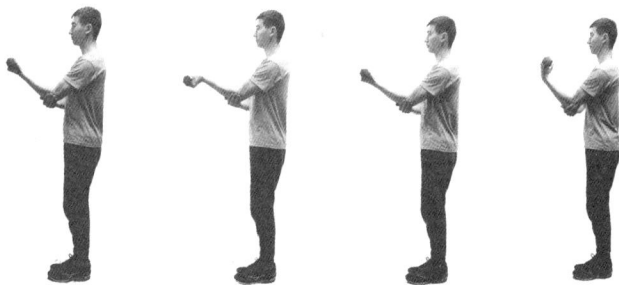

图 5-2-13

2. 屈伸腕静态练习

【准备姿势】取立正姿势，一手持哑铃，掌心朝上。

【动作方法】一手持哑铃，另一手微托持哑铃手的肘关节，并靠于腰部，持哑铃手充分屈腕，保持该动作 15 秒，休息 5 秒后再充分伸腕，保持该动作 15 秒。（图 5-2-14）

【练习要求】每个动作都要尽量做到最大幅度，动作节奏不宜太快。

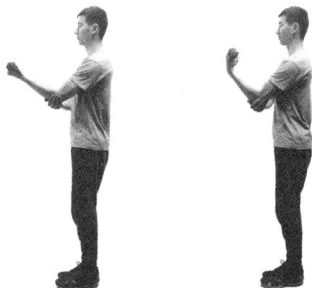

图 5-2-14

3. 8 字绕环

【准备姿势】取立正姿势，可单手持哑铃，也可双手持哑铃，掌心朝上。

【动作方法】持哑铃手做 8 字绕环运动。（图 5-2-15）

【练习要求】每个动作都要尽量做到最大幅度，动作节奏不宜太快。

图 5-2-15

（四）颈、肩、腰、背部肌群的自我放松与相互按摩练习

1. 按揉颈肌

【准备姿势】坐立均可，两眼微闭。

【动作方法】两手十指交叉放于颈后两侧，自下而上用掌根按揉颈肌。（图 5-2-16）

【练习要求】用两拇指的大鱼际按揉颈肌，动作有节奏，可根据个人情况选择按揉的力度。

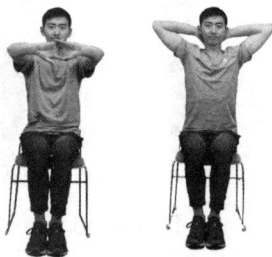

图 5-2-16

2. 穴旋肩

【准备姿势】坐立均可，屈肘，两眼微闭。

【动作方法】两手中指分别点按肩井穴，前后绕环各 4 拍。（图 5-2-17）

【练习要求】找准肩井穴，根据个人情况选择按揉的力度。

图 5-2-17

3. 放松背部肌肉

【准备姿势】两腿直立，与肩同宽。

【动作方法】两手在背后十指交叉握紧，两肩打开，两手尽量向后伸。（图 5-2-18）

【练习要求】两肩尽量打开，动作幅度由小到大。

4. 轻揉腰肌

【准备姿势】坐立均可。

【动作方法】先用两手轻揉腰部肌肉，至腰部有发热感后再以两手掌根推拿腰肌10次，最后握空拳轻轻叩击腰部。（图5-2-19）

【练习要求】推拿、叩击动作力度均匀，由小到大。

图5-2-18　　　　　　　　　　　　　　图5-2-19

二、柔韧素质练习方法

柔韧素质练习对于需要长期静坐的职业人士尤为重要。例如，汽车驾驶员进行柔韧素质练习，有助于提高其关节的灵活性，使其头部转动自如，向后转越过肩部可以尽量向盲区观察，从而有助于其完成停车和倒车等动作。

下面主要介绍发展颈部、肩部和腰背部柔韧素质的方法。

（一）颈部柔韧素质练习

1. 扭转望月

【准备姿势】坐立均可，背部挺直，两手叉腰，目视正前方。

【动作方法】头缓缓地向左后方旋转，目光注视左上方，尽最大努力保持该姿势6～8秒后还原；以相同的姿势换方向做，然后还原。（图5-2-20）

【练习要求】动作过程要缓慢，切勿转体带动上体旋转。

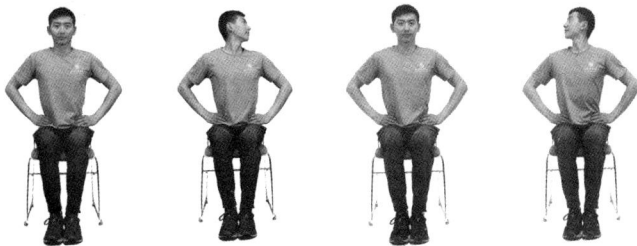

图5-2-20

2. 屈伸探肩

【准备姿势】坐立均可，背部挺直，两手叉腰，目视正前方。

【动作方法】头缓缓地向左倒，努力接近左肩，保持6～8秒后还原；以相同的姿势换方向做，然后还原。（图5-2-21）

【练习要求】动作过程要缓慢，以防肌肉、韧带被拉伤。

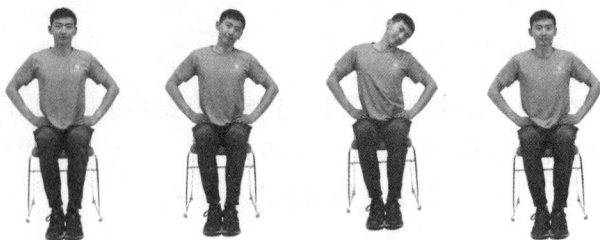

图 5-2-21

3. 米字形弯曲

【准备姿势】坐立均可，背部挺直，两手叉腰，目视正前方。

【动作方法】头部向前弯—复位—向左弯—复位—向后弯—复位—向右弯—复位；然后做左前弯—复位—左后弯—复位—右后弯—复位—右前弯—复位。（图 5-2-22）

【练习要求】动作过程要缓慢，幅度由小到大。

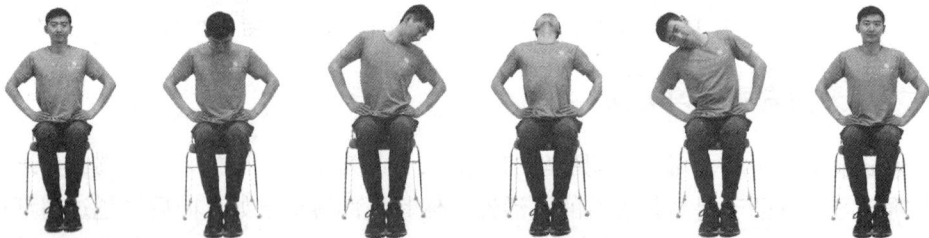

图 5-2-22

4. 前后摆头

【准备姿势】坐立均可，背部挺直，两手叉腰，目视正前方。

【动作方法】缓慢低头，下颌尽量靠近胸骨，以拉伸颈部肌肉，保持 30 秒后还原；头向后伸，保持 30 秒后还原。（图 5-2-23）

【练习要求】动作过程要缓慢，幅度由小到大。

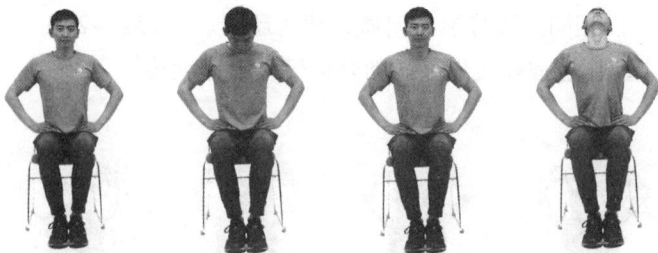

图 5-2-23

（二）肩关节柔韧素质练习

1. 两肩绕环

【准备姿势】坐立均可，背部挺直，目视正前方。

【动作方法】左肩先向前绕环，重复 10 次左右；右肩再向前绕环，重复 10 次左右。（图 5-2-24）

【练习要求】动作过程要缓慢，幅度由小到大。

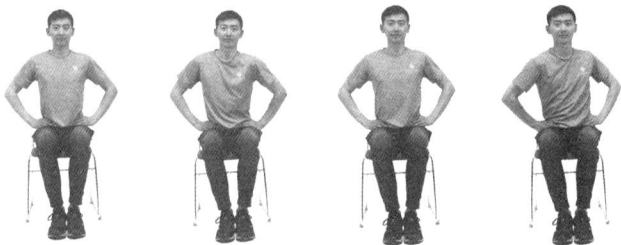

图 5-2-24

2. 拉伸肩膀

【准备姿势】坐立均可，背部挺直。

【动作方法】左手直臂内旋，尽量向上伸，同时右手屈肘反手经头后握住左臂，尽量向右侧拉，保持 6～8 秒后还原；换另一侧手臂拉伸，还原。（图 5-2-25）

【练习要求】动作过程要缓慢，幅度由小到大。

图 5-2-25

3. 体前拉伸

【准备姿势】坐立均可，背部挺直，目视正前方。

【动作方法】身体面对正前方，左臂经体前向异侧平举，右臂屈肘握住左臂，并向内拉引直臂，左手五指尽量伸展，保持 6～8 秒后还原；换另一侧臂拉伸，还原。（图 5-2-26）

【练习要求】动作过程要缓慢，幅度由小到大。

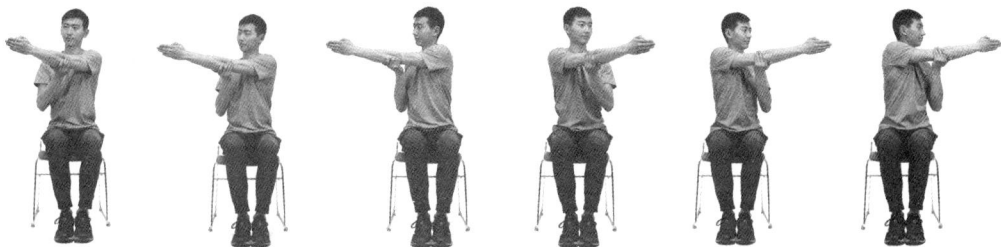

图 5-2-26

4. 肩膀上提

【准备姿势】坐立均可，屈肘。

【动作方法】两手中指分别放松地按于肩膀上，肩部用力向上提，上体充分舒展，在关节可活动的最大范围处静止 20～30 秒后还原，放松。（图 5-2-27）

【练习要求】动作过程要缓慢，幅度由小到大。

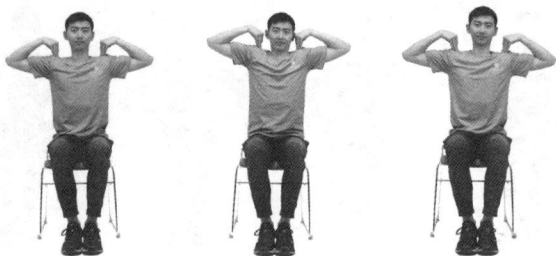

图 5-2-27

（三）腰背部柔韧素质练习

1. 俯　腰

【准备姿势】并步站立，两腿挺膝夹紧，两手十指交叉，两臂伸直上举，手心向上。

【动作方法】上体弯腰前俯，两手手心尽量向下接近地面，两膝保持挺直，髋关节屈紧，腰背部充分伸展，两手直臂分别握住同侧踝关节，使胸部靠近两腿，充分拉伸腰背部，持续一段时间后再放松起立。还可以在两手触地的同时向左侧或右侧转腰，用两手手心触及两脚外侧的地面，以增大腰部伸展时向左右转动的柔韧素质。（图 5-2-28）

【练习要求】动作过程要缓慢，幅度由小到大。

图 5-2-28

2. 甩　腰

【准备姿势】并步站立，上体挺直。

【动作方法】练习时一腿支撑，另一腿向后上方直腿摆动。同时，两臂伸直，随身体向后弯曲做振摆动作，使腰背部被充分压紧，腹部充分伸展。（图 5-2-29）

【练习要求】动作过程要缓慢，幅度由小到大。

图 5-2-29

3.体侧屈

【准备姿势】并步站立，上体挺直。

【动作方法】右手叉腰，左臂伸直，上体尽量向左侧倾斜，保持 6～8 秒后还原，换方向做。（图 5-2-30）

【练习要求】动作过程要缓慢，幅度由小到大，上体不要有扭转动作。

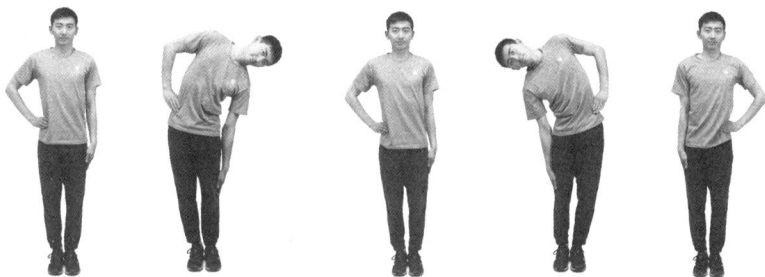

图 5-2-30

4.转　体

【准备姿势】两脚开立，上体挺直。

【动作方法】左臂屈肘，反手经体后放至右侧腰部，向左转体的同时右臂屈肘，右手经体前绕至颈后部。上体尽量向左转，保持 6～8 秒后还原，换方向做。（图 5-2-31）

【练习要求】动作过程要缓慢，幅度由小到大。

图 5-2-31

三、提高心肺功能的练习方法

伏案型岗位职业的工作时间长，且相对固定地保持坐立姿势，易使人身心疲劳。此外，坐姿工作时，人常低头含胸，心肺功能得不到发展。选择运动项目时，应充分考虑锻炼者的职业特点，多选择以有氧代谢为主的运动项目，如健美操、游泳、跳绳、快走、爬山等有大肌肉群参与的运动项目，以弥补运动量的不足，从而达到锻炼心肺功能、矫正体形的目的。

常用的提高心肺功能的练习方法有以下几种。

（一）跳　绳

跳绳是一种比较剧烈的运动，应根据锻炼者的身体状况制订切实可行的目标和计划，并通过一定阶段的系统练习后，再逐渐延长跳绳的时间，增加跳绳的次数。

（二）游　泳

游泳和跑步有很大的相似之处，两者的不同之处是游泳以手臂和腿的运动推动人体在水中前进的同时，还必须消耗一定的能量使身体免于下沉，因此，完成同等距离的运动时，游泳消耗的能量是跑步的4倍多。另外，游泳时，水的浮力还能减轻人体承重关节的负荷，因此，游泳是一种较为安全的体育锻炼方法。

（三）登楼梯

1. 爬楼梯法

弯腰、屈膝、高抬脚，两臂自然摆动，尽可能不抓扶手。每秒爬一级，爬4～5层楼，每次往返2～3趟，每趟之间可稍作休息。开始阶段每次可练习5分钟左右，待身体适应后，可以加快速度，每秒钟爬2级，并增加往返趟数，时间为10分钟左右。

2. 跑楼梯法

先用30～60秒的原地跑作为准备活动，然后采用正常跑步动作跑楼梯。脚步用力均匀，前脚掌着地，先跑2～3层楼，往返80～90级台阶，逐渐跑上4～5层楼。每趟用时3～4分，每次锻炼不超过5趟，时间为15～20分钟，每趟间歇时间不超过2分钟。

（四）有氧舞蹈

有氧舞蹈是一种以锻炼身体为目的、以徒手运动为主、结合舞蹈动作并在音乐伴奏下进行的健身活动。职场人士可根据自己的年龄特点、体能情况和锻炼目的等选择或自编有氧舞蹈进行锻炼。

第三节　综合型岗位的职业体能训练

》 一、增强心肺功能的练习方法

综合型岗位的人在现场作业时，其心肺功能要随着工作强度的改变而适当地调整，以满足工作的需要。据对建筑工地现场技术人员心肺功能的调研发现，有些员工在烈日下工作，会出现因心脏功能无法适应高温环境而出现昏厥的现象，可见，对室外工作人员加强心肺功能的练习是有必要的。具体练习方法详见本章第二节"伏案型岗位的职业体能训练"。

》 二、提高肌肉耐力的练习方法

肌肉耐力是肌肉长时间维持工作的能力。高抬举作业，如手举焊枪、紧固螺丝和打孔等工作，肌肉需要保持较长时间的收缩状态。如果肌肉耐力不好，将导致肌肉供血不足，肌肉的代谢废物不能及时排出，从而引起局部肌肉疲劳，工作效率降低，甚至出现工伤。提高肌肉耐力的锻炼应采用小负荷、重复多次的练习方法。

（一）上肢肌肉耐力练习

1. 侧弯举

【重点锻炼部位】前臂伸肌群，上臂前侧肌群。

【动作要求】双手或单手侧握重物（办公室内可用装满水的矿泉水瓶代替），上臂紧贴体侧，向上弯起至肩前，缓慢下放还原。（图5-3-1）

2. 反握腕弯举

【重点锻炼部位】前臂屈肌群。

【动作要求】坐在凳端，两手掌心向上反握重物，握距与肩同宽，前臂贴放于大腿上，手腕放松。前臂用力将重物向上举起至不能再举时为止，然后放松还原。（图5-3-2）

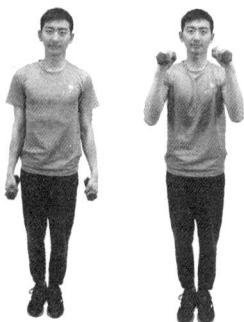
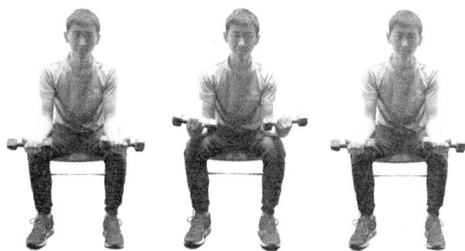

图5-3-1　　　　　　　　　　　图5-3-2

3. 手内旋弯举

【重点锻炼部位】前臂肌群。

【动作要求】坐姿，一手持重物，另一手支撑，持重物手前臂贴于平凳或斜板上，做手的内旋和外转动作。可加大重量快速进行，以提高前臂肌群的力量和灵敏性。（图5-3-3）

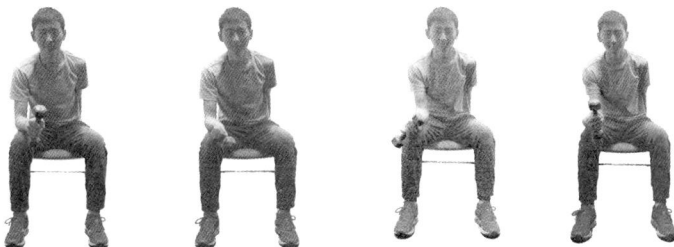

图5-3-3

4. 仰卧后撑

【重点锻炼部位】肱三头肌、胸大肌、三角肌和大圆肌等。

【动作要求】仰卧，两手背后撑在稍高的凳子上，两脚放在较矮的凳子或平地上，身体其他部位挺直、悬空，呼气，两肩放松，两臂慢慢屈肘，身体尽量下沉

（尤其要沉臀），稍停 2～3 秒后吸气，用力伸直两臂，撑起身体还原至起始姿势。
（图 5-3-4）

图 5-3-4

（二）下肢肌肉耐力练习

详见本章第一节"站立型岗位的职业体能训练"。

运动实践篇

第六章

田 径

第一节 田径概述

田径运动是人类通过长期的社会实践发展起来的，是世界上最为普及的体育运动之一，也是历史最悠久的体育运动。国际田径联合会章程对田径运动的表述为田径运动是由田赛、径赛、公路赛、竞走和越野赛组成的运动项目。在田径比赛场中，以时间计算成绩的比赛项目为径赛；以高度和远度计算成绩的比赛项目为田赛。全能运动是由跑、跳跃、投掷的部分项目组成的以评分为办法计算成绩的综合比赛项目。

田径运动起源于人类的生活、生存方式，人们为了获取生活资料，在与大自然的斗争中，不得不走或跑相当长的距离、越过各种障碍、投掷石块和使用各种捕猎工具。随着社会的发展，人们有意识地把走、跑、跳跃和投掷作为练习和比赛形式。后来，这些基本技能逐渐发展和提高并日益走向成熟。

据史料记载，公元前776年，在古希腊奥林匹亚村举行了第1届古代奥林匹克运动会。从那时起，田径运动就被列为正式的比赛项目。1894年，在法国人皮埃尔·德·顾拜旦的倡议下，在巴黎召开了国际体育运动代表大会，成立了国际奥林匹克委员会。1896年，希腊雅典举办了第1届现代奥林匹克运动会（简称"奥运会"）。在第1届现代奥运会上，田径比赛只有男子田径项目的比赛，直到1928年阿姆斯特丹奥运会才增设了女子田径项目。1912年，国际田径联合会在瑞典斯德哥尔摩成立，并拟订了《田径竞赛规则》。国际田径联合会的成立，对田径运动的发展起了积极的推动作用。

20世纪初，外籍传教士将现代田径运动引入中国，但当时只在教会创办的学校之间开展田径比赛，后来逐渐普及到全国的学校。在1932年洛杉矶奥运会上，田径选手刘长春成为第一个参加奥运会比赛的中国人。中华人民共和国成立后，田径运动在国内得到迅速普及，技术水平提高很快。在2004年雅典奥运会上，刘翔以12秒91平世界纪录的成绩获得了男子110米栏的金牌，这是中国男子运动员在奥运会上夺得的第1枚田径金牌，翻开了中国田径历史新的一页。在此届奥运会上，邢慧娜也在女子1500米跑比赛中获得了金牌。2006年，在瑞士洛桑田径超级大奖赛上，刘翔以12秒88的成绩打破了12秒91的110米栏世界纪录，为中国田径运动竖起了一座新的丰碑。在 2015 年世界田径锦标赛上，刘虹获得了女子 20 公里竞走的金牌。2018 年，在国际田联世界田径挑战赛马德里站上，苏炳添以 9 秒 91 的成绩追平了亚洲纪录，获得了男子 100 米跑的冠军。

第二节　田径基本技术

》 一、跑

（一）短　跑

短跑包括 100 米跑、200 米跑、400 米跑等项目。

1. 100 米跑

（1）起跑（图 6-2-1）。《田径竞赛规则》规定，短跑比赛的运动员必须采用蹲踞式起跑，以及使用起跑器，要按发令员的口令完成起跑动作。起跑器的安装方式主要有普通式和拉长式两种，运动员应根据个人的身高、体形、身体素质、技术水平等来选择起跑器的安装方式。

图 6-2-1

起跑技术包括"各就位""预备"和鸣枪三个阶段。

听到"各就位"口令后，运动员走到起跑器前，俯身，两手撑地，两脚依次蹬在起跑器的抵足板上，脚尖应触及地面，后腿膝关节触地，接着两臂收回到起跑线后撑地，两臂伸直，两手间距离比肩稍宽，四指并拢与拇指呈八字形，颈部自然放松，注意听"预备"口令。

听到"预备"口令后，运动员逐渐抬起臀部和后膝，臀部要稍高于肩部，肩部稍超出起跑线，重心落在两臂和前腿之间。两脚紧贴起跑器抵足板，集中注意力听枪声。

听到枪声后，两脚快速用力后蹬起跑器，同时两手迅速推离地面，两臂屈肘并积极、有力地前后摆动，在后腿快速蹬离起跑器后迅速屈膝向前上方摆出，同时前腿快速、有力地蹬伸。

（2）起跑后的加速跑。起跑后的加速跑段是从蹬离起跑器到途中跑之间的一个跑段，一般为 30 米左右，运动员在此跑段的任务是尽快加速达到自己的最高速度。

起跑后第一步约三脚半长，第二步约为四脚至四脚半长，之后步伐逐渐增大，直至达到途中跑的步长。腿蹬离起跑器后，身体处于较大的前倾姿势，为了避免身体向

100 米跑

前摔倒,要积极加快腿的蹬伸和臂的摆动,保持身体的平衡。最初几步,两脚内侧着地点并非在一条直线上,随着速度的加快,两脚内侧着地点逐渐趋于一条直线上。

(3)途中跑。途中跑在整个短跑中是距离最长的,其主要的任务是在较长距离内继续保持最高速度。途中跑的动作特点是前脚掌落在身体重心投影点的前面,脚触地后,膝关节微屈,足踵下沉,使身体重心很快地移过垂直阶段;接着后腿的髋关节、膝关节、踝关节依次迅速伸展,完成快速、有力地后蹬。后蹬的角度约为 50°,后蹬方向要正。随着前腿的落地动作,摆动腿的大腿迅速前摆,小腿随惯性向大腿靠拢。蹬地脚蹬地时,大腿积极向前上方摆动,并把同侧髋一起带出。落地前,大腿要迅速并积极地下压,这时小腿由于惯性自然前伸,接着前脚掌迅速而有弹性地向下、向后做扒地动作。

途中跑时,头要正对前方,平视前方,上体保持正直或微向前倾。以肩关节为轴,两臂轻松而有力地向前摆动。前摆时,手不超过身体中线,高度不超过下颌;后摆时,肘关节要稍微向外。摆臂动作应以自然协调为原则。

(4)终点跑。终点跑是全程跑的最后一个跑段,要求运动员在离终点线 15～20 米处时,尽力加快两臂摆动的速度和力量,保持上体前倾角度,当离终点线有一步距离时,上体急速前倾,两臂后摆,用胸部或肩部冲向终点线,跑过终点线后逐渐减速。

2. 200 米跑和 400 米跑

200 米跑和 400 米跑有一半以上的跑段,运动员是在弯道上进行的。以下讲解弯道跑和直道跑。

(1)弯道起跑和起跑后的加速跑。为了便于弯道起跑后能有一段直线距离进行加速跑,应将起跑器安装在弯道跑道的右侧,起跑器对着弯道的切线方向。弯道起跑后,运动员前几步应沿着内侧分道线的切线跑进。与直道起跑后的加速跑相比,弯道起跑后,运动员加速跑的距离应适当缩短,上体抬起较早。在进入弯道时,运动员应尽可能地沿着跑道内侧跑,身体及时向内侧倾斜。

(2)弯道跑。运动员从直道进入弯道时,身体应有意识地向内倾斜,加大右侧腿和臂的摆动力量和幅度。右脚用前脚掌的内侧后蹬,左脚用前脚掌的外侧后蹬。两臂摆动时,右臂前摆稍向左前方,后摆时,肘关节稍偏向右后方;左臂稍离躯干做前后摆动。从弯道跑进直道时,身体应在弯道跑的最后几步,逐渐减小内倾角度,自然地跑几步,然后准备进入直道,按直道途中跑技术跑进。

(二)中长跑

中长跑包括 800 米跑、1500 米跑、3000 米障碍跑、5000 米跑、10000 米跑等。

1. 起跑和起跑后的加速跑

中长跑采用站立式起跑,当运动员听到"各就位"的口令后,走到起跑线后,通常力量较大的脚在前,前后脚距离约为一脚长,左右脚距离约为半脚长,后脚脚掌触地,目视起跑线前 5～10 米,两臂一前一后,身体保持稳定,集中注意力听枪声。当听到枪声后,两脚迅速用力蹬地,两臂配合腿部动作快速、有力地摆动,身体迅速向前冲出,在短时间内达到较快的跑速,然后进入匀速、有节奏的途中跑。

200 米跑和
400 米跑

中长跑

2. 途中跑

途中跑是中长跑段中距离最长的跑段，也是中长跑的主要跑段。中长跑跑速比短跑慢，动作速度和用力程度相对较小，除了因战术需要而改变跑的节奏外，一般多采用匀速跑，跑时要做到技术合理、速度均匀、节奏感强、全身动作协调有力。

3. 终点跑

终点跑是运动员竭尽全力进行中长跑的最后一段距离的冲刺跑。在运动员实力接近的条件下，终点跑的速度将决定比赛的结果。

开始终点冲刺的时机要根据比赛项目、训练水平、战术要求、临场情况等决定。一般情况下，800 米跑在最后 200～300 米，1500 米跑在最后 300～400 米，5000 米跑及以上的赛跑可以在最后 400 米或稍长的距离开始加速，长距离跑的冲刺距离可更长些。速度占优势的运动员可采取紧跟战术，在进入最后直道时，再开始最后冲刺超越对手。

4. 中长跑的呼吸

运动员跑中长跑时，应注意呼吸的节奏。呼吸应自然且有一定的深度，一般是跑两三步吸气，再跑两三步呼气。随着跑速的提高，呼吸频率也相应加快。中长跑时，由于运动强度大、竞争激烈，为了提高呼吸效率，运动员可半张口与鼻子同时呼吸，以最大限度地满足机体对氧的需求。

》 二、跳

（一）跳 高

随着跳高技术的发展，在正式比赛中已经比较普遍采用背越式跳高技术（图 6-2-2）。背越式跳高技术由助跑、起跳、过杆和落地组成。

图 6-2-2

1. 助 跑

一般助跑分为前段直线跑和后段弧线跑。助跑开始阶段采用直线助跑，运动员用前脚掌着地，富有弹性地跑；提高重心，步幅均匀，不断加速；进入弧线跑阶段时，前脚掌沿弧线落地，外侧摆动腿有弹性地蹬地，上体逐渐向弧线内侧倾斜。助跑的节奏要快，特别是助跑最后两步，髋关节前送幅度要大，迈步时，上体保持较垂直的姿势，摆动腿要积极、充分地后蹬，起跳腿快速前伸，髋部自然前送。助跑时，两臂应积极、有力地前后摆动，弧线跑时外侧手臂摆动幅度应大于内侧手臂的摆动幅度。

背越式跳高

2. 起 跳

起跳腿以大腿带动小腿积极下压着地，起跳脚脚跟外侧先着地，脚尖朝向弧线的切线方向。随着身体由内倾转为垂直，运动员迅速地完成缓冲和蹬伸动作，顺势向上跳起。

摆动腿蹬离地面以后，运动员以髋部发力加速向前摆动大腿，同时以膝关节领先，屈膝折叠大小腿，当摆动腿摆过起跳腿前方后应向里转，而小腿和脚要稍外展。摆动腿沿着助跑弧线的延伸方向加速上摆，直至减速制动。两臂的摆动要与摆动腿的摆动协调配合。

3. 过 杆

当起跳腿蹬离地面结束起跳以后，身体应保持伸展的姿势向上腾起，同时在摆动腿和同侧臂的带动下，围绕身体纵轴旋转，使身体转向背对横杆。当头和肩越过横杆以后，运动员及时地仰头、倒肩和展体，并利用身体向上的速度，收腿挺髋，形成身体的背弓姿势。这时两腿屈膝稍后收，两臂置于体侧。当身体重心移过横杆时，运动员则应含胸收腹，控制上体继续下旋，同时以髋部发力，带动大腿和小腿加速向后上方甩腿，使整个身体跃过横杆。

4. 落 地

落地要保持屈髋伸膝的姿势下落，最后以上背部或背部先落于海绵垫上。落在海绵垫上后要进行缓冲控制，防止受伤。

（二）跳 远

跳远技术由助跑、起跳、腾空和落地组成。（图6-2-3）

图6-2-3

跳 远

1. 助 跑

助跑是为了获得理想的水平速度，并为准确地踏板和快速、有力地起跳所做的准备。助跑的距离与运动员的年龄、运动水平和发挥速度的能力有关，助跑的距离一般为28～50米。助跑过程中，运动员应注意对身体重心和节奏的控制，最后一步达到助跑的最高速度。

2. 起 跳

在助跑的倒数第二步摆动腿着地后，膝关节迅速前移，上体正直，起跳腿自然积极地前摆。在起跳腿的大腿前摆时，抬腿要比短跑时低些，并积极主动下压，用全脚

掌踏上起跳板，然后屈膝缓冲，身体重心稍降低。当身体重心移至起跳腿支点的垂直部位时，起跳腿迅速用力地蹬伸，使髋关节、膝关节、踝关节迅速伸直，上体挺起，摆动腿的大腿积极向前上方摆动至水平位置，小腿自然下垂，完成起跳动作。

起跳腿蹬伸充分的同侧臂屈肘向前上方摆起，异侧臂屈肘向侧摆起，当两臂肘关节摆至略低于肩或与肩同高时，突停，使身体借助摆臂的惯性提肩、拔腰、挺胸、顶头，帮助身体重心上升，增大起跳作用。

3. 腾 空

起跳腾空后的空中动作主要有挺身式、蹲踞式和走步式，以下介绍挺身式。

起跳腾空后，摆动腿的大腿积极下放，小腿随之向下、向后方摆动，留在体后的起跳腿向摆动腿靠拢；当达到腾空最高点时，身体充分伸展，形成挺胸展髋姿势；两臂上举、后摆，然后收腹团身。

4. 落 地

落地前，上体不要过分前倾，大腿要尽量上举靠近胸部。将要落地时，小腿积极前伸，两脚接触沙面后，迅速屈膝缓冲，两臂积极向前挥摆，臀部前移，上体前倾，使身体重心迅速移过支撑面。为了避免落地时身体后坐，可采用以下两种落地姿势：① 前倒姿势，即当脚跟着地后，前脚掌下压，两腿屈膝前跪，身体移过支撑点后继续向前移动，并向前倒下；② 侧倒姿势，即当脚跟着地后，一腿紧张支撑，另一腿放松，身体向放松腿的前侧方倒下。

》 三、投 掷

投掷包括推铅球、掷铁饼、掷标枪等。下面以推铅球为例。

在竞技体育比赛中，推铅球技术目前主要分为两种：背向滑步推铅球和背向旋转推铅球。在本节中介绍背向滑步推铅球技术。背向滑步推铅球技术由握球和持球，预备姿势，滑步，最后用力，维持身体平衡组成。

（一）握球和持球

五指稍微分开，将球放在食指、中指、无名指指根处，拇指和小指扶在球的两侧，手腕后伸。握好球后，将球放在锁骨窝处，贴于颈部，手臂屈肘向外，掌心向内。（图6-2-4）

握 球　　持 球

图 6-2-4

（二）预备姿势

持球后，站在投掷圈的后部，背对投掷方向，右脚在前，贴近投掷圈，身体重心落在右脚脚掌，左脚在后，以脚尖自然点地。身体从正直姿势开始向前屈体，待身体与地面平行时，屈膝下蹲，形成团身动作。

（三）滑 步

预备姿势完成后，臀部带动身体重心略向投掷方向移动，使其移离身体的支撑点（右脚），以便于滑步和避免身体重心起伏过大；接着，左腿以大腿带动小腿迅速向抵

原地推铅球

背向滑步推铅球

趾板方向摆出并外旋，右腿积极蹬伸，及时拉收并内旋，两腿摆蹬协调配合，推动身体向投掷方向快速移动。

（四）最后用力

滑步结束后，左脚脚掌内侧着地支撑，重心落在右腿上，屈膝，左脚脚尖与右脚跟在一条直线上，肩轴和髋轴呈扭紧状态。右腿积极蹬转，推动右髋向投掷方向转动，左臂由胸前向投掷方向牵引摆动，身体重心逐渐移至左腿，左膝被动微屈，左臂由上向身体左侧靠压制动，右臂向投掷方向转动，用力推球。铅球快离手时，手腕、手指向外拨球。

（五）维持身体平衡

铅球离手后，两腿交换，降低重心以维持身体平衡。

第三节 田径竞赛规则简介

一、径赛项目规则简介

（1）400米跑及400米跑以下的各径赛项目（包括4×200米、异程接力和4×400米接力的第一棒）规定采用蹲距式起跑和使用起跑器。400米跑以上的各个径赛项目（除了4×200米、异程接力和4×400米），所有的起跑都应为站立姿势。在"各就位"或"预备"口令发出后，所有运动员均应立即做好最后的起跑姿势，不得延误。除了全能项目之外，任何起跑犯规负有责任的运动员将被取消该项目的比赛资格。

在全能比赛中，对第一次起跑犯规负有责任的一名或多名运动员应给予警告。每项比赛只允许一次起跑犯规而运动员不被取消资格，之后每次起跑犯规的一名或多名运动员均将被取消该项目的比赛资格。

（2）在分道跑的比赛中，运动员应自始至终在自己的分道内跑进。运动员发生下列情况之一，如果未从中获得实际利益且未推挤或阻挡其他运动员以致阻碍了他人进程，不应取消其比赛资格：① 运动员被他人推、挤，被迫踏或跑出自己的分道，或踏在实际分道线和突沿上或其内侧；② 在直道上踏在分道线上、在障碍赛水池的变更道的直道上的任何部位踏在分道线上或跑出分道，或者在弯道上踏在或跑出自己分道的外侧分道线。

（3）跨栏跑。如果运动员直接或间接撞倒或使另一分道的栏架发生明显偏移，将被取消资格。运动员应跨越每一个栏架，如果没有做到将被取消比赛资格。此外，如果出现下列情况，运动员也将被取消比赛资格：① 在过栏瞬间，其脚或腿在栏架两侧外（任意一边）低于栏顶水平面；② 裁判长认为运动员有意撞倒任一栏架。

（4）接力赛跑。完全在体育场内举行的所有接力赛跑必须使用接力棒，运动员必须手持接力棒跑完全程。不允许运动员戴手套或在手上放置某种材料或物质以便更好地抓握接力棒。如发生掉棒，必须由掉棒运动员捡起。允许掉棒运动员离开自己的分道捡棒，但不得因此缩短比赛距离。必须在接力区内交接接力棒，在接力区外传接棒将被取消比赛资格。运动员在接棒之前和/或传棒之后，应留在各自分道或接力区内，保持自己的位置直到跑道畅通，以免阻挡其他运动员。在比赛过程中，任何运动员手拿或捡拾其他接力队的接力棒时，该接力队将被取消资格，其他接力队将不受惩罚，除非从中获得利益。接力队的每名队员只能跑一棒。

》》 二、田赛项目规则简介

（1）跳高。运动员必须用单脚起跳。 如出现下列情况之一者，应判为试跳失败：① 试跳后，由于运动员的试跳动作，致使横杆未能留在两边的横杆托上；② 在越过横杆之前，运动员身体的任何部位触及横杆后沿（靠近助跑道）垂直面以前的（在两个立柱之间或之外的）地面或落地区。如果运动员在试跳中一只脚触及落地区，而裁判员认为他并未从中获得利益，则不应因此原因判该次试跳失败。③ 运动员助跑后未起跳，触及横杆或两立柱垂面以前的地面或落地区。

（2）跳远。如出现下列情况，应判为试跳失败：① 在起跳过程中，无论是助跑后未起跳还是仅做跳跃动作，运动员身体任何部位触及起跳线之前的地面（包括橡皮泥显示板的任何部分）；② 从起跳板两端之外起跳，无论是否超过起跳线的延长线；③ 在助跑或试跳中采用任何空翻姿势；④ 起跳后，在第一次触及落地区之前，运动员触及了助跑道、助跑道以外地面或落地区以外地面；⑤ 在落地过程中触及落地区边沿或落地区以外地面，而落地区外的触地点较落地区内的最近触地点更靠近起跳线；⑥ 当运动员离开落地区时，其脚在落地区边线或边线外地面的第一触地点，应比在沙坑内的最近触地点离起跳线更远（该最近触地点可能因为失去平衡而留下的完全在落地区内的痕迹，或运动员向回走时留下的距起跳线较落地点近的痕迹）。应该注意的是，该第一触地过程，被认为开始离开落地区。

以下情况不应判试跳失败：① 运动员在任何位置跑出助跑道白色标志线；② 运动员在抵达起跳板之前起跳；③ 运动员的脚或鞋的一部分触及起跳板任何一端之外、起跳线之前的地面；④ 运动员在落地过程中其身体的任何部位（任何附着于身体上的物品）触及了落地区之外的地面。

（3）三级跳远。三级跳远的三跳顺序是一次单足跳、一次跨步跳和一次跳跃。单足跳时应用起跳腿落地，跨步跳时用另一条腿（摆动腿）落地，然后完成跳跃动作。运动员在跳跃中摆动腿触地不应视为试跳失败。

（4）推铅球。只能用单手从肩部将铅球推出。当运动员进入投掷圈内开始试掷时，铅球要抵住或贴近颈部或下颌，在推球过程中持球手不得降到此部位以下，不得将铅球置于肩轴线后方。

第七章

足 球

第一节 足球概述

古代足球运动起源于中国，现代足球运动的发源地是英国。1863 年英国成立了世界上第一个足球协会——英格兰足球总会，人们把这一天作为现代足球的诞生日。1904年，国际足球联合会在法国巴黎成立，总部设在瑞士的苏黎世。从 1912 年第 5 届奥运会开始，足球被列为奥运会的正式比赛项目。1930 年举办了第 1 届世界足球锦标赛。经过 100 多年的发展，足球运动已成为人们喜爱的体育项目，被誉为"世界第一运动"。

经常参加足球运动能有效地提高身体素质，增强人体各器官、系统的机能。同时，足球运动还能培养人的勇敢顽强、机智果断、坚忍不拔、勇于克服困难的意志品质和遵守纪律、团结协作的团队精神。

第二节 足球基本技术

足球技术是运动员在足球比赛中所采用的合理动作的总称，包括颠球、踢球、停球、运球、运球过人、头顶球、抢截球、假动作和掷界外球等。

》 一、颠 球

颠球是指运动员用身体的各个有效部位连续地触击球，并加以控制，尽量使球不落地的技术动作。颠球是运动员用来熟悉球性的一种练习手段，以增强对球的弹性、重量、旋转及触球部位、击球时用力轻重的感觉。

颠球包括双脚脚背颠球、双脚内侧与外侧颠球、大腿颠球、头部颠球，以及各个部位连续颠球等。

（一）双脚脚背颠球

脚向前上方摆动，用脚背击球，击球时踝关节固定，击球的下部；两脚可交替击

双脚脚背颠球

球，也可一只脚支撑，另一只脚连续击球。击球时用力均匀，将球始终控制在身体周围。（图7-2-1）

（二）双脚内侧与外侧颠球

抬腿屈膝，脚的内侧或外侧向上摆动，击球的下部，两脚内侧或外侧交替击球。（图7-2-2）

（三）大腿颠球

抬腿屈膝，用大腿的中前部位向上击球的下部，两腿交替击球。（图7-2-3）

（四）头部颠球

两脚开立，膝关节微屈，用前额连续顶球的下部。颠球时，两眼注视球。（图7-2-4）

双脚内侧与外侧颠球

大腿颠球

头部颠球

| 图 7-2-1 | 图 7-2-2 | 图 7-2-3 | 图 7-2-4 |

（五）各个部位连续颠球

根据上述单一颠球技术动作要领，身体各部位配合连续颠球，配合的部位越多，颠球难度越大。

二、踢 球

踢球是指运动员有目的地用脚的某一部位将球踢向预定的目标。

踢球的方法很多，动作要领也有所不同，但从技术动作结构上分析，踢球主要由助跑、支撑脚的位置、踢球腿的摆动、脚与球接触的部位和踢球后的随前动作组成。

踢球包括脚内侧踢球（足弓踢球）、脚背正面踢球（正脚背踢球）、脚背内侧踢球（内脚背踢球）、脚背外侧踢球（外脚背踢球）、脚尖踢球、脚跟踢球等。

（一）脚内侧踢球

踢球的助跑路线为直线，支撑脚踏在球的侧方15厘米左右处，脚尖与球的前沿平行，膝关节微屈。在支撑脚落地的同时摆动腿由后向前摆动，在前摆过程中髋关节外展，小腿加速前摆，脚掌平行于地面，脚尖稍翘起，踝关节紧张，用脚内侧部位踢球的后中部。将球踢出以后，身体跟随球移动，髋关节向前送。（图7-2-5）

脚内侧踢球

（二）脚背正面踢球

踢定位球时，直线助跑，最后一步步幅稍大并积极着地，支撑脚踏在球的侧方10～15厘米处，脚尖指向出球方向。膝关节微屈，摆动腿以髋关节为轴，大腿带动小腿迅速前摆。脚背绷直，膝关节紧张，用脚背正面踢球的后中部，踢球腿随之前摆。（图7-2-6）

脚背正面踢球

（三）脚背内侧踢球

踢球时斜线助跑，助跑方向与出球方向约成45°，支撑脚在球的侧后方20～25厘米处，膝关节微屈，在支撑的同时踢球腿已完成后摆，脚尖指向出球方向，身体向支撑腿一侧倾斜。在支撑脚着地的同时踢球腿以髋关节为轴，大腿带动小腿由后向前迅速摆动，触球一瞬间脚背迅速绷直，踝关节紧张，脚尖外转插向球的斜下方，用脚背内侧踢球的后下部，踢球腿随球向斜上方前摆。（图7-2-7）

脚背内侧踢球

（四）脚背外侧踢球

助跑、支撑脚站位和踢球腿摆动均与脚背正面踢球相同，但脚触球时用脚背外侧。此时要求膝关节和脚尖内转，脚背绷直，提膝，踢球后身体随踢球腿的摆动前移。（图7-2-8）

脚背外侧踢球

（五）脚尖踢球

脚尖踢球是用脚尖踢球的一种踢球技术。由于脚尖踢球时出球迅速，运动员在雨天场地泥泞时多使用这种方法踢球。具体方法是用支撑腿跳跃上步，踢球腿屈膝前跨，髋关节尽量前送，两臂上摆协助身体向前，小腿前伸，在踢球脚落地前用脚尖捅球的后中部。（图7-2-9）

脚尖踢球

图7-2-5　　　图7-2-6　　　图7-2-7　　　图7-2-8　　　图7-2-9

（六）脚跟踢球

脚跟踢球是用脚跟踢球的一种踢球技术。球在支撑脚外侧时，踢球脚在支撑脚前面交叉摆到支撑脚外侧，然后用脚跟踢球。球在支撑脚内侧时，踢球脚后摆用脚跟踢球。

脚跟踢球

》》三、停　球

停球是指运动员用身体的合理部位将球停挡在自己控制范围内的一种足球技术动作。停球包括脚内侧停球、脚背外侧停球、胸部停球、脚背正面停球、大腿停球、脚底停球等。

（一）脚内侧停球

1. 脚内侧停地滚球

身体正对来球方向，支撑腿膝关节微屈，停球脚脚尖翘起，膝关节外转，脚内侧正对来球。脚与球接触的一刹那，停球腿稍后撤，以缓冲来球的力量，将球停在体前。（图7-2-10）

图 7-2-10

2. 脚内侧停反弹球

先判断好球的落点，支撑脚要在球落地的侧前方，膝关节弯曲。上体稍前倾对准球的反弹路线，停球腿放松，用脚内侧对准球的反弹角度，推压球的中上部，缓冲球的力量，将球控制好。

3. 脚内侧停空中球

准确判断来球方向、力量和高度，迎球上前。提腿用脚内侧对准来球，触球的一刹那，小腿放松、微撤，缓冲球的力量，将球停在自己的控制范围内。

（二）脚背外侧停球

1. 脚背外侧停地滚球

停球腿提起屈膝，脚内翻使小腿和脚背外侧与地面成锐角，并对着接球后球运行的方向。脚离地面的高度应约等于球的半径，然后大腿向接球后球运行的方向推送，同时身体随球移动。

2. 脚背外侧停反弹球

根据来球的落点及时移动到位，支撑脚站在来球落点的侧后方，除触球部位外，其他环节均与脚背外侧停地滚球相同。

（三）胸部停球

胸部停球既能停高球又能停空中平直球，是足球运动中常见的技术之一。

1. 缩胸停球

缩胸停球主要停齐胸高的平直球。面对来球，两脚前后开立，两臂自然张开，挺胸迎球，在与球接触的一刹那，上体后移，迅速收胸、腹挡压球，缓冲来球力量，将球准确地停在体前。

2. 挺胸停球

挺胸停球主要停高于胸的高空球。面向来球，两臂自然屈肘上举，当球与身体接触时，两脚蹬地，上体稍后仰，胸部向上挺出，将球弹起落在体前。（图7-2-11）

脚内侧
停反弹球

脚内侧
停空中球

脚背外侧
停反弹球

缩胸停球

挺胸停球

（四）脚背正面停球

脚背正面停球主要用于停空中下落的球。面对来球，停球脚提起，用脚背正面迎空中下落的球的底部，踝关节和膝关节放松，接球一刹那脚背下撤，缓冲球的力量，将球准确地停在体前。（图7-2-12）

（五）大腿停球

大腿停球主要用于停高空下落的球或平行于大腿高度的来球。停球时，面对来球，停球腿抬起，以大腿中部对准来球，肌肉放松，当大腿与球接触时，大腿迅速后撤，将球准确地停在体前。（图7-2-13）

大腿停下落球

（六）脚底停球

1.脚底停地滚球

身体正对来球方向，并移动前迎，支撑脚脚尖正对来球方向，膝关节微屈，然后停球腿提起，膝关节微屈，脚略屈，使脚底与地面约小于45°，以前脚掌触球的上部为宜。（图7-2-14）

脚底停反弹球

图 7-2-11　　　　图 7-2-12　　　　图 7-2-13　　　　图 7-2-14

2.脚底停反弹球

根据来球落点，及时前移迎球，支撑脚站在落点侧后方，停球脚脚尖正对来球方向，球落地瞬间，用前脚掌去触球的中上部，微伸膝，用脚掌将球停在体前。

≫ 四、运　球

运球是指运动员在跑动中，用脚间断触球的技术，是控制球能力的集中体现。运球技术包括脚背正面运球、脚内侧运球、脚背外侧运球等。

（一）脚背正面运球

脚背正面运球有利于运动员向前跑动时快速运球。运球时，身体放松，上体前倾，两臂自然摆动，步幅不要太大，运球脚提起时，踝关节弯曲，脚尖下指，向前迈步着地前，用脚背正面向前推拨球。（图7-2-15）

脚背正面运球

脚内侧运球

脚背外侧运球

（二）脚内侧运球

脚内侧运球要求在运球前进时支撑脚始终领先于球，位于球的侧前方，肩部指向运球方向，支撑腿膝关节微屈，重心落于支撑腿上，另一条腿提起屈膝，用脚内侧推球前进。（图7-2-16）

（三）脚背外侧运球

运球时身体保持正常跑动姿势，上体稍前倾，步幅不宜过大，运球腿提起，膝关节稍屈，髋关节前送，提踵，使脚背外侧正对运球方向，在运球脚落地前用脚背外侧推拨球的后中部。（图7-2-17）

图7-2-15 　　　　图7-2-16 　　　　图7-2-17

≫ 五、运球过人

运球过人的方法有拨球、拉球、扣球、挑球、推球、捅球等。

恰当地组合推、拨、挑、扣、拉等动作过人：以单脚或双脚轮流选用推、拨、扣、拉等动作，用组合起来的动作适时地变化运球的方向和速度，使对方难以判断我方过人的方向和时机，或造成对方重心出现错误的变动，运球者抓住其漏洞而超越对方。

运用速度过人：持球者以突然的快速推拨球和快速的奔跑相结合越过对方的阻拦。

**利用变速
运球过人**

≫ 六、头顶球

头顶球是指运动员有目的地用前额将球击向预定目标的技术动作。

（一）原地头顶球

正对来球，两脚前后开立，膝关节稍屈，上体后仰，身体重心落在后脚上，两臂自然张开，并判断球的速度和力量；两脚用力蹬地，上体前摆，收腹，颈部紧张，快速向前甩头，用前额正面顶球的后中部，触球后上体继续随球前摆。（图7-2-18）

原地头顶球

图 7-2-18

（二）跳起顶球

屈膝，重心下降，判断来球方向、速度、力量；向上跳起的同时，收胸、收腹、两臂自然张开；当跳到最高点时，身体呈背弓，快速收腹前摆甩头，用前额正面将球顶出，缓冲落地。

（三）后蹭顶球

后蹭顶球分原地蹭顶和跳起蹭顶，其准备姿势和动作分别与原地顶球和跳起顶球相同。当球运行到身体上空时，挺胸、展腹、仰下颌，身体向后上方伸展，用前额正面靠上的部位用力击球的下部，将球向后上方顶出。

后蹭顶球

》 七、抢截球

抢截球是凭借争夺、堵截、破坏的办法，以延缓和阻拦对方的进攻技术。

（一）正面跨步抢截球

两脚前后开立，两膝微屈，身体重心下降，重心落在两脚之间，面向对方。对方运球前进，当脚触球即将着地或刚着地时，支撑脚立即用力蹬地，抢球脚以脚内侧对正球并向球跨出一步，膝关节弯曲。若双方的脚同时触球，则要顺势向上提拉，使球从对方脚背滚过，身体要迅速跟上把球控制住。（图 7-2-19）

（二）正面铲球

两脚前后开立，两膝微屈，身体重心下降，重心落在两脚之间，面向对方。对方运球前进，当脚触球即将着地或刚着地时，一脚立即用力蹬地，另一脚前伸，然后蹬地腿迅速跟上，并以脚跟着地，沿地面前滑铲球。上体要后仰，两臂屈肘，两手手指向前撑地。（图 7-2-20）

（三）侧面合理冲撞抢球

当与对方并肩跑动时，身体重心稍下降，同对方接触一侧的臂要紧贴身体。当对方靠近自己一侧的脚离地时，用肘关节以上部位冲撞对方的相应部位，使对方失去平衡而离开球，然后趁机将球抢至我方。（图 7-2-21）

| 图7-2-19 | 图7-2-20 | 图7-2-21 |

八、假动作

假动作是为了隐蔽自己动作的意图，运用各种动作的假象，迷惑和调动对方，使其产生错误的判断或失去身体的平衡，从而取得时间、位置、距离等有利条件，更好地实现自己真正意图的一种技术。

（一）传球假动作

队员正要传球，如对方迎面跑来抢球，可先摆动右腿向右假踢，使对方向右方堵截，再突然改用其他脚法将球从左前方传出或运球。

（二）停球假动作

在对方紧逼下停球时，可先假装向左方停球，然后突然改变方向。

（三）过人假动作

背靠对方停球时，先向左侧做虚晃动作，使对方向左移动，然后用右脚脚背外侧把球向右轻拨并转身过人。

过人假动作

（四）抢截假动作

作为防守者，当对方运球向自己跑来时，如果防守者能调动进攻者，就可以变被动为主动，而抢截假动作就是达到此目的的一种技术手段。例如，先使用假动作去堵截某一方向，使进攻者不敢从这一方向出球或运球，而从另一方向出球或运球，这正是抢截真动作实施的方向，如此就可将球截获。

由于高速运球较难抢截，稍一错移重心就会被运球者越过，防守者对于向自己高速运球而来的进攻者可采取假动作前扑，当对方看到防守者猛扑时会一拨而过，而防守者假扑后立即转身将运球者拨出的球夺下来。使用这种假动作时应注意距离，离进攻者太远时对方不易上当，而离进攻者太近时易弄巧成拙，反被进攻者突破。

九、掷界外球

掷界外球时接球者不受越位规则的约束，因此掷界外球可用于恢复比赛，并为进攻创造有利条件，尤其是在前场30米内掷界外球时，可将球直接掷向门前，给对方造成很大威胁。

（一）技术动作结构分析

掷界外球的技术动作结构如下。

（1）掷界外球的动作是一个两脚固定的爆发式的平摆运动，需要稳固的支撑。

（2）根据运动员的身高和臂长，掌握合理的掷出角（不超过 45°）。掷出角是影响远度的重要因素，一般球出手早掷出角大，反之则小。

（3）球出手速度快则掷得远，这需要运动员有较强的力量基础和协调用力的能力。

（4）充分利用助跑的初速度，有助于将球掷远。

（二）掷界外球的方法

1. 原地掷界外球

面对出球方向，两脚前后或左右开立，膝关节弯曲，上体后仰呈背弓，重心落在后脚上（左右开立时，重心落在两脚之间），两手自然张开，拇指相对，持球的侧后部，屈肘将球置于头后。

掷球时，后脚用力蹬地，两腿迅速伸直，重心由后脚移到前脚，屈体收腹，同时两臂急速前摆，当球摆至头上时用力甩腕将球掷入场内。掷球时后脚可沿地面向前滑动，但两脚均不得离地或踏入场地（但允许踏在线上）。（图 7-2-22）

图 7-2-22

2. 助跑掷界外球

两手持球于胸前，在助跑迈出最后一步时，上体后仰呈背弓，同时将球上举至头后。掷球时的动作与原地掷界外球动作相同。

原地掷界外球

助跑掷界外球

第三节 足球基本战术

在足球比赛攻守过程中采取的个人行动和集体配合，被称为足球的基本战术。足球战术可分为进攻战术和防守战术两大类。进攻战术和防守战术中都包含个人战术和集体战术。

一、比赛阵型

比赛阵型是指在比赛场上队员的基本位置排列，是本队攻守力量分配和队员分工的形式。选择阵型要以本队队员的特长、体能和技术水平的特点为依据。

人们根据队员的职责和排列的层次把阵型分为后卫线、前卫线和前锋线。阵型的人数排列原则是从后卫向前锋排列，守门员不计算在内。

目前，世界上普遍采用的阵型有"4-3-3""4-4-2""4-1-2-3""3-5-2"等。在以上阵型中，除"4-4-2"阵型以防守为主，反击为辅外，其他阵型均以进攻为主，尤以"3-5-2"阵型最突出进攻。

二、进攻战术

（一）个人进攻战术

个人进攻战术包括摆脱、跑位、带球过人等。个人进攻战术指的是在对方紧逼防守的情况下，采取有效措施，摆脱自己的对手，跑到有利的位置传球或接应控球队员巧妙的传球，以达到进攻的目的。

（二）局部进攻战术

局部进攻战术是指两人或两人以上的战术配合行动。此战术可以丰富和完善全队的进攻战术，是实施全队战术的基础。

两人的局部配合是集体配合的基础。常用的两人配合有以下几种。

（1）斜传直插二过一：⑦横传给⑨，⑨斜线传球，⑦直线插入接球；⑥斜线传球给⑩的斜传直插。（图7-3-1）

（2）直传斜插二过一：⑦横传给⑨后立即斜线插上接⑨的直传；⑩运球过人后传给⑧再斜线插上接⑧的直传。（图7-3-2）

（3）反切二过一：⑦回撤接⑨的传球，如防守方跟上紧逼时，⑦回传给⑨并转身切入，接⑨传至防守方身后空当的球。（图7-3-3）

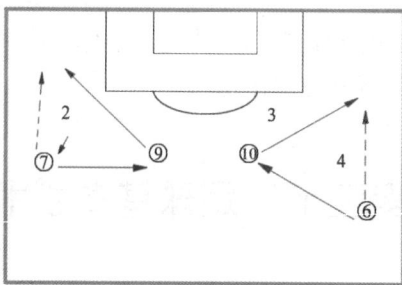

图7-3-1

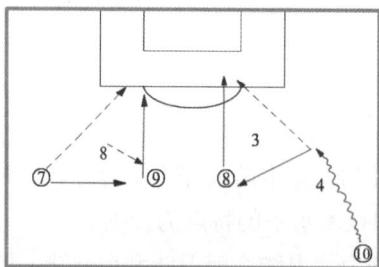

图7-3-2

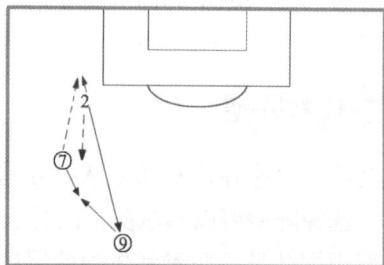

图7-3-3

（三）集体进攻战术

1.边路进攻

边路进攻主要是通过边锋、交叉到边上的中锋或直接插上的前卫、边后卫，运用个人带球突破或传球配合，突破防守方防线传中（外围传中、下底传中、切底迂回传中），最后由中锋包抄射门。

2. 中路进攻

中路进攻能直接威胁球门，但中路防守队员密集，中路进攻不易突破。因此要通过中锋、内切的边锋或插上的前卫间的配合，或个人带球过人等方法突破防守方防线。

3. 转移进攻

当一侧进攻受阻，另一侧进攻有利时，要及时快速地转移进攻方向。转移进攻多通过有效而准确的中长距离传球来实现，以拉开对方的一边防守，达到声东击西的进攻目的。

4. 快速反击

在防御中积极拼抢，一旦我方得球，乘对方立足未稳时，快速传球，形成以多打少的局面，达到射门得分的目的。

》》三、防守战术

（一）个人防守战术

个人防守战术是局部防守和集体防守的基础，包括堵（迎面堵、贴身堵）、抢（迎面抢、侧面抢、侧后铲）、断等技术的运用。此外，选位和盯人也是重要的个人防守战术。

（二）集体防守战术

集体防守战术有全攻全守的全场防守、半场防守、紧逼防守等，也有与盯人结合的区域防守、密集防守等防守战术。不论采用哪种战术都要考虑我方的特长，还要针对对方的进攻技术，采用有效的防守战术，破坏对方的进攻。

（三）造越位战术

造越位战术是指防守队员主动制造对方越位，以破坏对方的进攻节奏和攻势的一种做法，是由守转攻的一种战术。

第四节　足球竞赛规则简介

》》一、比赛场地

足球比赛场地地面可采用天然草皮或人造草坪覆盖。边线外要有大于 1.5 米的草皮边缘，在中线的两侧还要各配置一个距边线至少 5 米的带顶棚的替补席。广告牌与比赛场地线的距离不得小于 4 米，离球门线后不少于 5 米，至角旗处不得少于 3 米。（图 7-4-1）

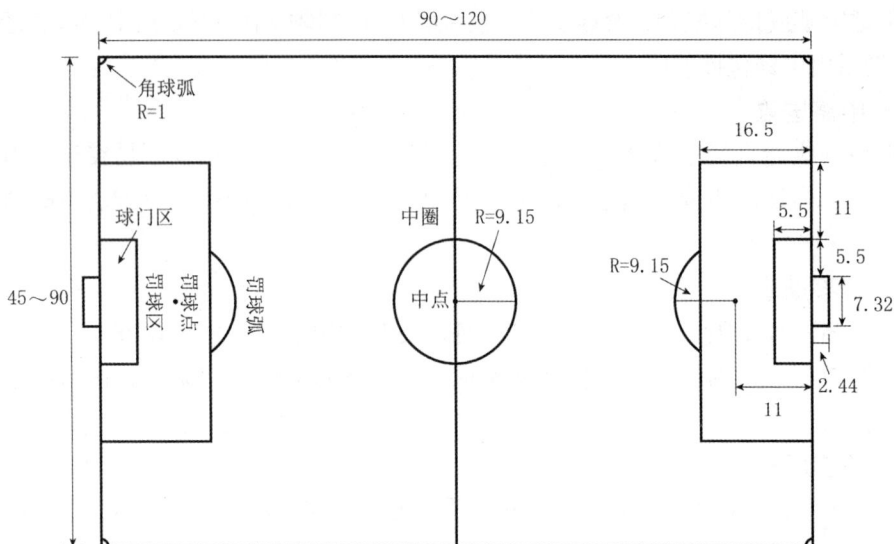

图 7-4-1

单位：米

》》 二、竞赛规则简介

（一）比赛时间

正式的国际足球比赛每场为 90 分钟，分为上、下两个半场，每半场 45 分钟（竞赛规程对比赛时间另有规定除外），中间休息不得超过 15 分钟。伤停补时一般为 1～6 分钟。若比赛为平局，需要决出胜负，则进行加时赛。加时赛上、下半场时长相等且均不超过 15 分钟。

（二）比赛开始

比赛开场前，用投币的方式来选定场地或开球权。上、下半场开始比赛及进一球后的继续比赛，都在中圈开球。开球时双方队员应站在本方半场内，裁判员发出信号后由开球队一名队员将球向前踢并移动时，比赛开始。下半场双方互换场地。

（三）计胜方法

凡球的整体从门柱间及横梁下越过球门线，而此前攻进球的球队未违反竞赛规则，即为有效进球。

（四）队员人数

正式比赛场上每队 11 人，不足 7 人时不得开赛。在场上死球时方可替换队员，被换下的队员不得再上场比赛。正式比赛中一支队伍有 3 次换人机会。

（五）比赛进行及死球

出现下列三种情况时比赛仍继续进行：①球从门柱、横梁或角旗杆弹回场内；②球从当时在场内的裁判员或边裁的身上弹落于场内；③队员似有犯规现象而并未判罚前。

下列情况比赛成死球：①当球无论在场上还是空中全部越过端线或边线时；②当比赛已被裁判鸣哨停止时。

（六）越 位

1. 越位位置

（1）队员处于越位位置本身并不构成犯规。

（2）队员处于越位位置：头、躯干或脚的任何部分在对方半场（不含中线）；头、躯干或脚的任何部分较球和最后第二名对方队员更接近于对方球门线。

（3）队员不处于越位位置：队员齐平于最后第二名对方队员；队员齐平于最后两名对方队员。

2. 越位犯规

处于越位位置的队员，在队友处理或触及球的一瞬间，以下列方式参与到现实比赛时才被判为越位犯规。

（1）干扰比赛：处理或者触及队友传来或触到的球。

（2）干扰对方：通过明显阻挡对方视线来阻止对方触球或可能的触球；与对方争抢球；明显试图去处理距离自己很近的球且此行为影响到对方；做出明显的动作来明确的影响对方处理球的能力。

（3）通过触球或者干扰对方来获得利益：球从球门柱或横梁弹回，或从对方队员身上弹回或变向；球经对方队员有意识救球而弹回或变向。

（七）犯规与不正当行为

1. 判罚直接任意球的情况

球员推、拉扯、冲撞对方队员；为了得到对球的控制而抢截对方队员时，于触球前先触及对方队员；向对方队员吐唾沫；故意手球（不包括守门员在本方罚球区内）；踢或企图踢、绊摔或企图绊摔、打或企图打对方队员；跳向对方队员等。

2. 判罚间接任意球的情况

球员以危险方式比赛；无身体接触的前提下阻碍对方队员行进；阻挡对方守门员踢球，当守门员从手中发球时踢或者企图踢球；守门员在本方罚球区内用手控制球超过6秒；守门员在发出球之后未经其他队员触及球，再次用手触及球；守门员用手触及同队队员故意踢来的球；守门员用手触及同队队员直接掷入的界外球。

3. 出示黄牌警告的情况

队员擅自进出比赛场地；持续违反规则者；用语言或行动对裁判员的判罚表示不满者；有不正当行为者。

4. 出示红牌罚令出场的情况

有暴力行为或严重犯规者；用粗言秽语进行辱骂者；经警告后仍坚持其不正当行为者。

第八章

篮 球

第一节　篮球概述

　　篮球运动的发源地在美国，它是由体育教师詹姆斯·奈史密斯于 1891 年发明的。1892 年，奈史密斯组织举行了该校教师队和学生队的一场篮球对抗赛，这场比赛被认为是篮球史上最早的正式比赛，并由此产生了最早的 13 条比赛规则。

　　篮球运动自诞生的那天起，就显示出强大的生命力，并很快在美国开展，进而在世界各国开展起来。现代篮球运动于 1895 年传入我国。1904 年，篮球运动第 1 次在奥运会上进行了表演赛。1932 年，国际业余篮球联合会（现已更名为国际篮球联合会，简称国际篮联）在日内瓦成立并统一了篮球规则。在 1936 年柏林奥运会上，男子篮球被列为正式的比赛项目（女子篮球于 1976 年被列为正式比赛项目）。1989 年，国际篮联通过了职业球员可以参加世界大赛的决议，这一重大的改革将篮球运动推向了一个新的发展阶段。

第二节　篮球基本技术

一、基本姿势和移动

（一）基本姿势

两脚左右开立，膝关节微屈，手臂一前一侧或手臂在身体两侧。（图 8-2-1）

图 8-2-1

（二）移 动

（1）起动。

（2）跑：变向跑、变速跑、侧身跑、后退跑。

（3）急停：跨步急停、跳步急停。

（4）滑步：前滑步、后滑步、侧滑步。

（5）转身：前转身、后转身。

（6）跳：单脚起跳、双脚起跳。

二、传接球技术

准确、及时、隐蔽、多变的传接球技术能直接助攻得分，也是队员之间联系的纽带。

（一）传球技术

1. 胸前传球

双手胸前传球：两脚前后开立，双手持球于胸前；两臂发力前伸，手腕、手指拨球，将球传出。（图8-2-2）

单手胸前传球：双手持球于胸前，在传球时，双手将球引至右肩，右手手腕稍向后伸，手心向前，左手扶球的侧下部。出球时，右臂短促前伸，手腕急促向前抖翻，同时食指、中指、无名指用力弹拨，将球平直地向前传出。

2. 击地传球

双手击地传球：双手持球于胸前，抖腕，手指用力拨球。（图8-2-3）

单手击地传球：单手持球，然后将球传出，球经过地面反弹传到队友手中。单手击地传球稳定性低，但可以躲避防守队员在球运行过程中的阻截。

图 8-2-2

图 8-2-3

3. 双手头上传球

双手头上传球的持球手法与双手胸前传球相同。双手举球于头上，两肘微屈。传球时，两肘和手心向前。近距离传球时，前臂前伸、外翻的同时，拇指、食指、中指用力向前拨球。传远距离球时要加大蹬地力量，以收腹带动前臂迅速前摆，手腕、手指用力拨球，全身协调用力，将球传出。

4. 单手肩上传球

右手持球于右肩上，蹬地转体，摆臂、拨指，将球从肩上抛出。（图8-2-4）

起 动

变向跑

跨步急停

双手胸前传球

双手击地传球

双手头上传球

5. 单手体侧传球

右手持球于身体右侧；向前摆臂、扣腕、拨指，将球从体侧抛出。（图 8-2-5）

图 8-2-4 图 8-2-5

（二）接球技术

两臂前伸，两手呈半球状迎向来球；球入手后，迅速屈肘缓冲；缓冲后，两手持球于胸前。（图 8-2-6）

图 8-2-6

▶▶ 三、运球技术

熟练地掌握运球技术是摆脱防守、调整自己在球场上的位置、完成全队战术配合的必备条件之一。

（1）高运球和低运球：高运球时，虎口向前，手按拍球的后上方，手指柔和地随球上引，手臂自如屈伸控球，球反弹至胸腹间高度；低运球时，按拍球的动作应短促有力，球反弹至膝下高度，身体协调，保护好球。（图 8-2-7）

（2）体前变向运球：屈膝降重心，右手迅速将球按拍向地面；换手后，迅速运球推进。（图 8-2-8）

高运球

低运球

体前变向
运球

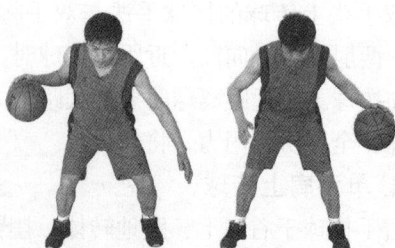

图 8-2-7 图 8-2-8

（3）背后运球：当运球者运球受阻时，向右后拉球，然后迅速向左侧前方按拍球，当球在左侧地面向上弹起时，左手接反弹球向前推进。（图8-2-9）

背后运球

图 8-2-9

（4）转身运球：当防守方封堵运球者右侧路线时，运球者迅速上左脚，微屈膝，重心移至左脚，并以左脚前脚掌为轴向后转身，右手将球拉到身体后侧方，并按拍球使其落在身体的外侧方，然后换左手运球，加速超越防守。

转身运球

》 四、持球突破

持球突破是摆脱防守、获得进攻机会的重要手段。

（1）交叉步突破：两脚左右开立，降低身体重心，持球于胸腹间；向左做假动作后，左脚迅速向防守者左侧跨出；右脚离地前，右手将球按拍至左脚右前方；然后右手运球，左手护球，迅速超越防守。（图8-2-10）

交叉步突破

图 8-2-10

（2）同侧步突破：两脚左右开立，降低身体重心，持球于胸腹间；假动作要逼真，右脚上步，快速转体、探肩，护好球；紧贴防守队员，放球要快；右手运球，左手护球，迅速超越防守。（图8-2-11）

同侧步突破

图 8-2-11

五、投篮技术

比分是衡量比赛胜负的唯一标准。只有掌握了正确的投篮技术，才能提高命中率、多得分，从而取得比赛的胜利。

（1）原地双手胸前投篮：两膝微屈，双手持球于胸前；两脚蹬地，同时两臂上伸，扣腕、拨指出球。（图8-2-12）

（2）原地单手肩上投篮：两脚左右开立，两膝微屈；两臂屈肘，右手手腕后伸，托球于右肩前上方，左手扶球；右臂向上伸展，右手扣腕、拨指将球投出。（图8-2-13）

（3）行进间单手高手投篮：右脚跨一大步的同时双手接球；接球后，左脚迅速向前跨一小步，起跳、腾空、球上举，扣腕、拨指，球出手。（图8-2-14）

图 8-2-12

图 8-2-13

图 8-2-14

（4）行进间单手低手投篮：右脚跨一大步的同时双手接球；接球后，左脚迅速向前跨一小步，起跳、腾空、手心朝上托球上举，手指上挑出球。（图8-2-15）

（5）原地跳起单手肩上投篮：两脚左右开立，两膝微屈，两臂屈肘；两脚蹬地跳起，同时右手托球，左手扶球，举球于右肩上方；伸臂、扣腕，手指拨球，球出手。（图8-2-16）

图 8-2-15

图 8-2-16

（6）急停跳投：先向前跨出一大步，用全脚掌抵住地面，迅速屈膝，同时身体稍向后倾，转移重心，减缓向前的冲力，然后连贯地跨出第二步。脚着地时，脚尖稍向内

原地双手胸前投篮

原地单手肩上投篮

行进间单手低手投篮

原地跳起单手肩上投篮

转，用前脚掌内侧蹬地，两膝弯曲，身体侧转（右脚跨出第一步，身体右转），微向前倾，身体重心落在两脚之间，两臂自然张开，协助维持身体平衡。垂直向上起跳，起跳与举球、出手动作应协调一致，在接近起跳最高点时出球。

六、防守基本技术

（一）防守有球队员

站在对方与球篮之间适当的位置上，如果对方善于投篮，则防守时多采用两脚前后开立、前脚同侧手臂向前方伸出的防守姿势；如果对方善于持球突破，则防守时多采用两脚左右开立、两臂向两侧伸展的平步防守姿势。防守中，应随时根据持球队员动作的变化，及时调整防守位置并变换动作。除了上述防守外，还应抓住时机，上挑或打掉持球队员手中的球。（图 8-2-17）

图 8-2-17

抢球：依据抢球时的动作形式，分为拉抢和转抢。

打球：依据持球者持球的状态，分为打持球、打运球、打投篮的球（盖帽）。

断球：依据断球者的移动路线和球的运行路线，分为横断球、纵断球；也可以分为封断球（贴近持球者断其传球）和抢断球（贴近接球者断其接球）。

（二）防守无球队员

站在对方与球篮之间偏向有球一侧的位置，对方移动时，积极运用滑步随其移动，始终与对方保持一定的距离，防止对方摆脱。

七、篮板球技术

（一）抢进攻篮板球

根据自己在场上所处的位置及时判断出球的反弹方向，快速起动，摆脱防守，抢占有利的位置。采用单脚或双脚起跳，腾空后，身体和手臂充分伸展，及时调整身体重心；球入手后，根据所处位置选择投篮或将球传出。

（二）抢防守篮板球

攻方投篮时，防守队员应根据自己与进攻队员之间的不同距离采用不同的挡人方法；然后根据球反弹的方向，及时转身，抢占有利位置，跳起用单手或双手迅速将球抢下来；落地后，根据场上情况，或运球推进，或将球传给同伴。

急停跳投

防守有球队员

防守无球队员

抢进攻篮板球

抢防守篮板球

第三节　篮球基本战术

》》 一、篮球进攻战术基础配合

篮球进攻战术基础配合是指进攻时两三人之间有组织、有目的的协同行动，包括传切配合、策应配合、突分配合、掩护配合。全队完整的进攻配合必须建立在基础配合之上。熟练地掌握两三人之间的传切、策应、突分、掩护等基础战术配合及其变化，是提高全队进攻战术配合质量的重要保证。

（一）传切配合

传切配合包括一传一切和空切配合。

（1）一传一切：④传球给⑤后利用速度和假动作摆脱④的防守，切入篮下接⑤的回传球上篮；⑤接球前，用假动作摆脱防守，接球后做投篮或突破的动作吸引⑤的防守，并及时将球传给切入的④上篮。（图8-3-1）

（2）空切配合：④传球给上提接球的⑤，⑤接球后以假动作吸引⑤的防守；此时另一侧的⑥做假动作摆脱⑥进行空切，篮下接⑤的传球上篮，⑤去冲抢篮板球。（图8-3-2）

传切配合

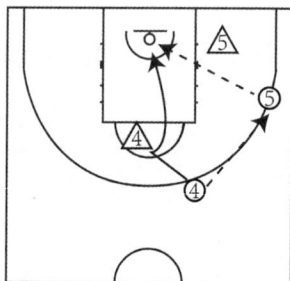 

图8-3-1　　　　　　　　　　　图8-3-2

（二）策应配合

策应配合是内线队员背对或侧对球篮接球，并作为进攻的枢纽，与同伴的切入、急停跳投等技术相结合，以摆脱防守，传给外线同伴投篮的一种配合形式。

（1）④传球给插上策应的⑤，④用假动作摆脱④的防守并插入篮下要球，⑤可视情况将球回传给④或自己运球进攻篮下，或转身跳投。（图8-3-3）

（2）④传球给插上策应的⑤后，切入篮下要球或抢篮板球，⑤接球后准备进攻⑤，⑥此时去补防④，⑤将球传给出现更好机会的⑥进行投篮。（图8-3-4）

策应配合

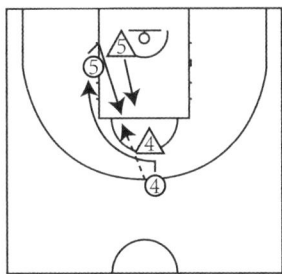
图 8-3-3

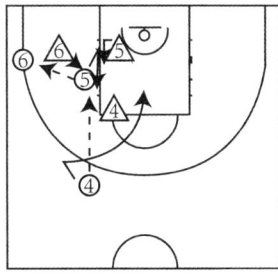
图 8-3-4

突分配合

（三）突分配合

进攻队员持球或运球突破，遇到对方协防时，及时将球传给插入防守空隙地带接应的同伴，这种在突破中根据情况及时传球的配合叫突分配合。突分配合主要用于对方采用缩小盯人和松动盯人防守战术，而我方外围投篮又不准的情况。

（1）④运球突破△4的防守，△5上移补防；④将球传给插入篮下的⑤，⑤立即投篮，如遇△5的回防，由于⑤已抢占篮下有利位置，应该强攻。（图 8-3-5）

（2）④传球给⑤，⑤突破△5进入篮下，△6进行补防；⑤可将球传给从不同方向插入的⑥，⑥接到⑤的分球后立即投篮，如遇到△6的回防，则争取强攻。（图 8-3-6）

图 8-3-5

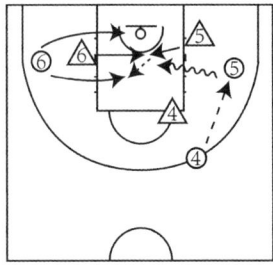
图 8-3-6

掩护配合

（四）掩护配合

掩护是进攻队员利用合理的技术动作，用自己的身体挡住同伴防守队员的移动路线，使防守同伴的队员被阻挡，同伴借此摆脱防守，从而创造有效进攻的配合。根据掩护者的不同位置和掩护方向，掩护可分为前掩护、侧掩护和后掩护。（图 8-3-7）

前掩护

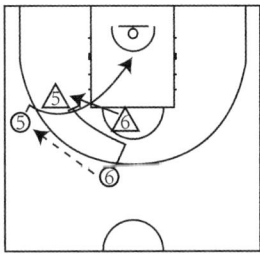
侧掩护

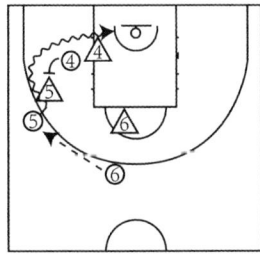
后掩护

图 8-3-7

（1）前掩护。⑥传球给⑤，先向左做要球的假动作，然后快速向篮下插去，如 △6 也随之插向篮下，则利用 △4 和④做掩护，到限制区外接球；⑤接到⑥传球后，见⑥从限制区内跑出要球，则传球给⑥，这时⑥借④的前掩护接球跳投。

（2）侧掩护。⑥传球给⑤，先向右做假动作，然后向左插去，到 △5 左侧停住，给⑤做侧掩护，⑤借⑥的掩护快速从 △5 的左侧运球上篮。

（3）后掩护。⑥传球给⑤，④提上给⑤做后掩护，⑤借④的掩护从 △5 右侧运球上篮。

》 二、篮球防守战术基础配合

（一）"关门"配合

"关门"配合是临近的两个队员靠拢，协同防守突破的配合。

当⑤从正面突破时，△4 与 △5 或 △5 与 △6 进行"关门"配合。（图8-3-8）

（二）挤过配合

挤过配合是破坏掩护配合的积极有效的方法之一，是防守队员从两名进攻队员之间挤过去，继续防守自己的防守方的配合方法。

④传球给⑤后，跑去给⑥做掩护，△4 发现后要及时地提醒同伴 △6，△6 在④临近的瞬间，迅速抢在④之前继续防守⑥。（图8-3-9）

（三）穿过配合

穿过配合是破坏掩护配合的积极有效的方法之一，是防守队员从自己的同伴与进攻队员之间穿过去，继续防守自己的防守方的配合方法。

⑤传球给⑥后去给④做掩护，△5 要提醒同伴，并离⑤远一点。当⑤掩护到位前一刹那，△4 主动后撤一步，从⑤和 △5 中间穿过，继续防守④。（图8-3-10）

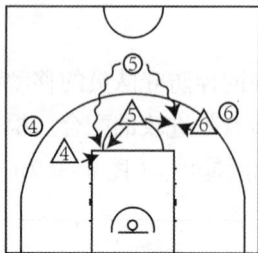
图8-3-8

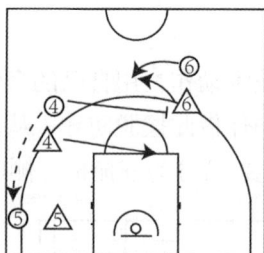
图8-3-9

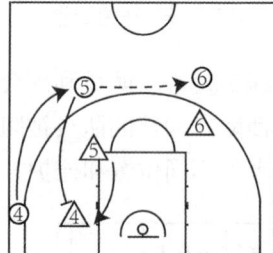
图8-3-10

（四）交换配合

交换配合是为了破坏进攻队员的掩护配合，防守队员及时地相互呼应、交换自己的防守方的一种方法。

⑤去给④做掩护，△5 要主动发出信号，及时封堵④向篮下突破的路线，此时 △4 应及时调整自己的防守位置，防止⑤向篮下空切。（图8-3-11）

"关门"配合

交换配合

（五）夹击配合

夹击配合是两名防守队员同时封堵或围夹持球队员，迫使其违例或失误的配合方法。

④向端线突破时，△封堵端线，△迅速协助夹击，封堵其传球路线。（图8-3-12）

（六）补防配合

补防配合是防守队员在同伴漏防时，及时放弃自己的防守方，去补防已摆脱或突破同伴的进攻队员。

⑤突破△时，△及时移动去补防⑤。（图8-3-13）

补防配合

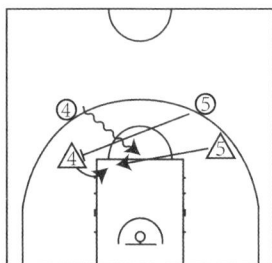 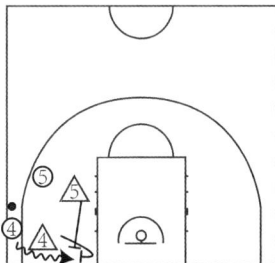 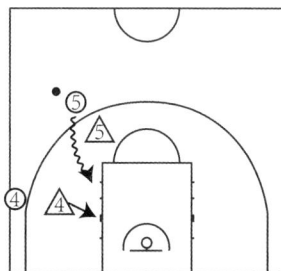

图8-3-11   图8-3-12   图8-3-13

第四节　篮球竞赛规则简介

》 一、比赛场地

国际篮联的正式比赛所规定的篮球场地的长为28米，宽为15米，场地的丈量是从界线的内沿量起，场地总面积为420平方米。（图8-4-1）

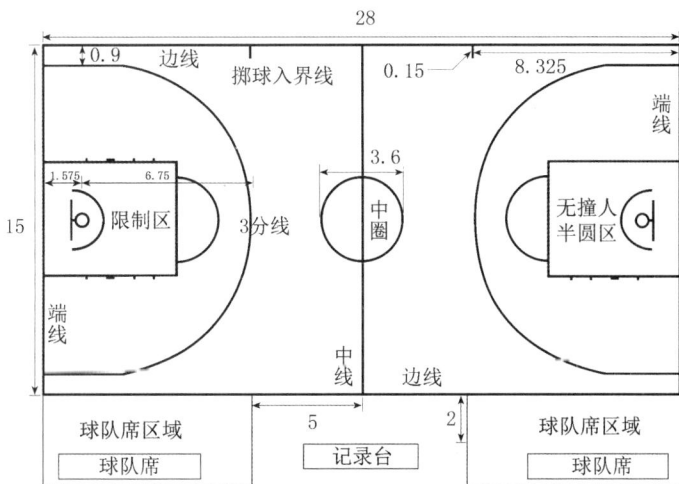

单位：米

图8-4-1

》 二、竞赛规则简介

（一）比赛时间

正式比赛由 4 节组成，每节 10 分钟。在第 1 节和第 2 节（上半时）之间，第 3 节和第 4 节（下半时）之间，以及每一次决胜期之间应有 2 分钟的比赛休息时间。半场比赛休息时间为 15 分钟。如果在第 4 节时间终了时比分相同，需要进行一个或多个 5 分钟的决胜期延续比赛，直至决出胜负。

（二）暂　停

每队在 4 节比赛中共可请求 5 次暂停。其中，上半时的任何时间可准予 2 次暂停；下半时每队可准予 3 次暂停，但最后 2 分钟最多 2 次暂停。每一决胜期的任何时间可准予 1 次暂停，未使用的暂停不得用在下一个决胜期。

（三）替换队员

在宣判争球、犯规时，请求暂停被允许时，队员受伤或其他原因裁判员中断比赛时，双方可替换队员，在一次替换机会中替换队员的人数不限。一位替补队员有权要求替换，他应亲自到记录台用手势请求替换，然后在指定的替换位置上等待替换机会，替换应以最快的速度完成。

（四）违　例

违例是违反规则的行为。发生违例时应将球判给对方在就近的界线外掷界外球。下列情况应判违例。

（1）两次运球、带球跑、脚踢球、拳击球。

（2）控球队的队员在对方限制区内停留超过 3 秒。

（3）持球队员被严密防守，持球后在 5 秒内没有传球、运球或投篮。

（4）进攻队从后场控球开始，在 8 秒内没有使球进入前场。

（5）控球队的队员在前场使球回后场。

（6）进攻队在场上从控球开始，在 24 秒内没有出手投篮。

（7）跳球时，球未到最高点，跳球队员触球或离开自己的位置；球未被拍击前，非跳球队员进入跳球圈。

（8）掷界外球时，掷球的队员跑进场地或球离手前消耗时间超过 5 秒；在球触及另一队员前，掷界外球的队员在场内与球接触。

（9）罚球时罚球队员踩踏罚球线；罚球队员在 5 秒内未出手投篮；非罚球队员触及罚球区或干扰罚球队员。

（五）犯　规

犯规是违反规则、含有非法身体接触和违反体育运动精神的举止。队员每次犯规都应进行登记，并按相关规则进行处罚。

（1）侵人犯规：无论在活球或死球的情况下，与对方队员发生非法的身体接触，是侵人犯规。队员伸展臂、肩、髋或过分使身体弯曲，用不正当的姿势来阻挡、阻挠、推人、绊人或用粗野的动作发生的身体接触都属于侵人犯规。

罚则：如果在发生侵人犯规时被侵犯队员未做投篮动作，判被侵犯队掷界外球。如果被侵犯队员有投篮动作，投中得分有效，再判给1次罚球；投2分球未中，判给2次罚球；投3分球未中，判给3次罚球。

（2）双方犯规：两名非同队的队员大约同时互相发生犯规的情况。

罚则：双方犯规后球权属于犯规发生前持球的一方。如果双方犯规的同时有投篮，投中得分有效，对方在端线掷界外球。

（3）技术犯规：场上或球队席上的球队成员的违反体育运动精神的行为或违例，是技术犯规。在球成活球前，与对方队员发生非法的身体接触，也可判为技术犯规。

罚则：被侵犯方罚1次球之后，由技术犯规发生前的控球队在界线外掷界外球。

（4）违反体育运动精神的犯规：一名队员不是在规则的精神和意图的范围内以合法的方式试图去直接抢球，发生的身体接触犯规属于违反体育运动精神的犯规。

罚则：被侵犯方罚球之后在该队前场的掷球入界线处掷界外球。

（5）取消比赛资格的犯规：凡属十分恶劣的不道德行为（包括队员、替补队员、教练员或随从人员任何恶劣的违反体育运动精神的行为）属于取消比赛资格的犯规。

罚则：犯规者被取消比赛资格，并不能停留在队伍的替补席和场地内，被侵犯方罚球之后在该队前场的掷球入界线处掷界外球。

（6）队员全场犯规累计达5次，必须自动退出比赛。

（7）在一节比赛中某队全队累计犯规达到4次时，随后发生的对未做投篮动作的队员的侵人犯规应被判2次罚球。在决胜期内犯规次数应在第4节结束时犯规总次数的基础上进行累计。

第九章

气排球

第一节　气排球概述

气排球是起源于我国的一项群众性排球活动。1984 年，呼和浩特铁路局集宁分局为了开展老年人体育活动，在没有规则限制的情况下，组织离退休职工用气球在排球场上击打。由于气球过轻且易爆，他们将两个气球套在一起打，最后又改用儿童软塑球。随后，他们又参照 6 人制排球规则制订了简单的比赛规则，并将这种活动形式取名为气排球运动。

气排球运动是一项集运动、休闲、娱乐于一体的群众性体育项目，作为一项新的体育项目，其不仅受到老年朋友的青睐，而且越来越多的青少年也参与到气排球运动中来。气排球运动由于运动适量、不激烈，男女都可以混合进场参与，适合各个年龄阶段的人。

第二节　气排球基本技术

气排球技术是运动员在比赛规则允许的情况下采用的各种合理的击球动作和配合动作的总称。它是气排球运动的基础和重要的组成部分。

气排球技术有两种，一种是无球技术，包括准备姿势、移动步法、起跳，以及各种掩护动作等；另一种是有球技术，包括发球、垫（捧）球、传球、扣球和拦网等。

》 一、准备姿势与移动步法

准备姿势要合理，判断要准确，起动要迅速，移动步法要灵活，制动要有力。

（一）准备姿势

两脚左右分开，稍比肩宽；一脚在前，两脚脚尖稍内收，两膝弯曲，身体呈半蹲。脚跟稍提起，身体重心稍前倾，两臂放松，自然弯曲，两手置于胸前。身体适当放松，目视来球，两脚始终保持微动。（图 9-2-1）

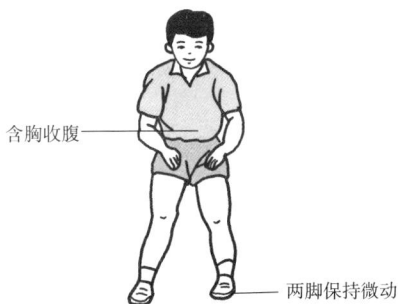

含胸收腹

两脚保持微动

图 9-2-1

（二）移动步法

气排球的移动步法主要包括如下几种。

（1）滑步：当来球距离身体较近、弧线较高时，可采用滑步。

（2）交叉步：当来球距离身体 2 米左右时，可使用交叉步。

（3）跨步：当来球较低且距离身体较近时，可采用跨步。

（4）跑步：采用跑步移动时，两臂要配合摆动，应根据来球的方向，边跑边转身。

（5）综合步法：将以上各种步法结合起来综合运用。

二、发　球

发球是指队员在发球区内自己抛球，用一只手将球从球网上空两标志杆内击入对方场区的技术动作。发球是比赛的开始，它既能直接得分，又能破坏对方的战术配合。

按照发出球的特点，发球主要分发飘球和发旋转球。发飘球主要有正面上手发飘球、勾手发飘球和跳发飘球；发旋转球主要有正面上手发球、正面下手发球、侧面下手发球、勾手大力发球、跳发球、侧旋球和高吊球等。下面介绍气排球最基本、最常见的三种发球方式（以右手发球为例）。

（一）正面上手发球

面对球网，两脚前后开立，左脚在前，左手持球于胸前。发球时，将球向右肩前上方抛至高于击球点约 30 厘米处；同时右臂伸肘向后上方举起，挺胸展腹，上体稍右转。当球下落至约一臂高度时，利用蹬地转体和收腹动作带动右臂向前挥动，用手掌击球的后半部。

（二）正面下手发球

面对球网，两脚前后开立，两膝微屈，上体稍向前倾，左手持球于腹前。发球时，将球抛至体前右侧，离手约 20 厘米处，同时右臂伸直后摆。击球时，以肩为轴先向后再向前挥臂，在腰腹右侧用手掌击球的后下部；同时右脚蹬地，重心随之前移。

（三）侧面下手发球

身体侧对球网，左肩在前，两脚开立，两膝微屈，上体稍前倾，重心在两脚之间。

发　球

发球时，将球在身前正前方上抛约30厘米，同时右臂摆至侧下方。击球时，右脚蹬地左转，带动右臂前摆并用手掌或虎口击球的后下部，重心移至左脚，身体随之面向球网。

三、垫球

垫球是在全身协调用力的基础上通过手臂的迎击动作，使来球从垫击面上反弹出去的一项击球技术，常用于接发球、接扣球、接吊球、接拦回球等，也是保证本方进攻的基础。垫球时，必须有正确的准备姿势、合理的击球手型、正确的击球点和合理的击球动作，以及调整手臂与地面适宜的用力角度，才能取得良好的垫球效果。按动作要领，垫球可分为正面双手垫球、体侧垫球、跨步垫球、前扑垫球、肘滑垫球、滚翻垫球、鱼跃垫球、侧卧垫球、单臂滑行铲球、单手垫球和挡球等。

（一）垫球的准备姿势

垫球时应根据不同情况采用相应的准备姿势。初学垫球时，由于是垫击一般的轻球，故可采取一般的准备姿势。一般准备姿势为上体稍前倾，两脚开立，两脚间的距离稍宽于肩；两臂微屈，置于腹前，两肘稍内收，目视来球。

（二）击球手型、击球点和击球动作

1. 击球手型

（1）叠指法：两手手指上下相叠，两拇指对齐平行靠压在上面一手的中指第二指节上，掌根紧靠，两臂伸直相夹，注意手掌部分不能相叠。

（2）包拳法：两手抱拳互握，两拇指平行放于上面，两掌根和两前臂外旋紧靠，手腕屈，使前臂形成一个垫击平面。

（3）捧捞法：两手手掌自然打开，两掌相距约10厘米，从而形成一个球窝状的垫击平面。

2. 击球点

正面双手垫球的击球点，一般应尽量保持在腹前约一臂距离的位置，用两前臂桡骨内侧所构成的垫击平面击球。

3. 击球动作

（1）插：及时移动取位，降低重心，两臂前伸插至球下，使两前臂的垫击平面对准来球，并初步取好手臂的角度。

（2）夹：两手掌根紧靠，手臂夹紧，手腕屈，用平整而稳定的垫击平面迎击球。

（3）提：用下肢蹬地、提肩、顶肘、屈腕的动作去迎击来球，身体重心随球前移，两臂在全身协调动作的配合下伴送球。

（三）常用的垫球技术

1. 正面双手垫球

垫球时，两臂伸直夹紧插入球的下部，用前臂形成的垫击平面触球，并利用蹬地、抬肩和身体的协调动作将球垫起。

2. 体侧垫球

右肩微向下倾斜，用两臂在左后方向前截住球，用两前臂击球的后下部将球垫出。

3. 跨步垫球

当来球较低、离人较远时，要看准来球，及时向前侧跨一大步，两臂前伸，用前臂击球的后下部。跨步垫球要做到"一插快、二夹紧、三抬臂"。

》四、传　球

传球

传球有多种方法。其中，正面双手传球是最基本的传球方法，也是比赛中被运用最为广泛的方法之一。只有在掌握正面双手传球的基础上，队员才能进一步掌握并运用其他传球技术。

（一）准备姿势

两脚左右开立，与肩同宽。一脚在前，后脚脚跟稍提起，两膝微屈，身体稍前倾，两臂屈肘抬起，肘部下垂，两手张开成近似传球的手型，置于脸前。

（二）击球点

传球时，为了便于观察来球的情况，看清手和传球的目标，便于对准来球并控制传球方向与落点，击球点应在额前上方约一球距离处。击球点应合适，击球点过高或过低，都会影响传球手对球的作用力，也会影响手型的正确性。

（三）手型及触球部位

传球时，手型应该是手腕伸，两手手指自然张开，围成半球形，拇指指尖相对成近似一字形。传球时，以拇指的指腹或内侧触及球的下部或后中下部；食指的全部和中指的二、三指节触球的后上部，无名指和小指触球的两侧。当手指触及球时，以两手的拇指、食指和中指随来球的压力及无名指和小指的协助控制传球的方向。

（四）传球动作和用力

当来球接近额前上方时开始蹬地、伸膝和伸臂，两手张开向额前上方迎击球，球触手的瞬间，手指和手腕应保持适当的紧张。传球时主要以蹬地、伸髋和伸臂的协调动作以及手指、手腕的弹力将球传出。

》五、扣　球

扣球

扣球是气排球运动技术中攻击性最强的一项技术，是比赛得分的重要手段。扣球成功与否与一传和二传的质量好坏密切相关，因此在提高扣球技术水平的同时，必须加强对一传和二传的训练，才能使攻防技术和战术水平得到全面提高。

扣球由队员通过合理的助跑起跳在空中快速挥臂击球而完成，是进攻中积极有效的方法，也是衡量一支球队的进攻实力和在比赛中能否夺取胜利的重要因素之一。（图 9-2-2）

图 9-2-2

（一）准备姿势

扣球助跑前采用稍蹲姿势，两臂自然下垂，站在进攻限制线后约 2 米处，面向来球，观察来球，做好向各个方向助跑起跳的准备。

（二）助　跑

助跑的方向、速度和步数由二传来球的方向、速度和弧度决定。助跑时，可采用一步、两步或三步助跑——左脚先向前迈出一步，右脚随后跨出一大步；支撑点在身体重心之前，并以脚跟先着地，两臂由体前经体侧摆至身体后下方。上体前倾，重心前移，着地的右脚跟过渡到脚掌，左脚随即在右脚的前方着地，身体重心下降，两膝弯曲，上体稍向右转准备起跳。助跑总的要求是连贯、轻松、自然，由慢到快，由小到大。只要脚一动，就要有相应的手臂协同动作。

（三）起　跳

在助跑跨出最后一步，后脚在并上踏地制动的同时，两臂自后积极向前摆动，随着两脚蹬地向上起跳，两臂也配合起跳有力地向上摆动。

（四）空中击球

起跳后，挺胸展腹，上体稍右转，右肩向上方抬起，身体呈反弓形。挥臂时，迅速转体、收腹发力，依次带动肩关节、肘关节和腕关节成鞭甩动作向前上方呈弧形挥动，在右肩前上方的最高点击球。击球时，提肩、伸臂，五指微张呈勺形，以全掌包满球，击球的后中部，利用手腕的甩压动作，使球向后下方成上旋飞行。

（五）落　地

在空中完成击球后，身体自然下落，尽量使两脚的前脚掌先着地，以缓冲身体与地面的撞击力。落地后，身体要保持平衡。

》 六、拦　网

拦网是气排球运动基本技术之一，是比赛的第一道防线，是得分和获得发球权的重要手段，也是反攻的重要环节。拦网水平的高低直接影响比赛的胜负。拦网由准备姿势、移动、起跳、空中击球和落地衔接而成。成功的拦网能直接拦死对方的进攻，使我方由被动转变为主动，并能削弱对方进攻的锐气，给对方造成较大的心理压力。

拦网分单人拦网和集体拦网，其中，单人拦网是集体拦网的基础。单人拦网的基本动作如图 9-2-3 所示。

图 9-2-3

（一）准备姿势

队员面对球网，两脚左右开立，约与肩同宽，距网 30～40 厘米。两膝微屈，两臂屈肘置于胸前。

（二）移　动

常用的移动步法有一步、并步、交叉步、跑步等。无论采用哪种移动步法，队员都要做好制动动作，以保证向上起跳时，不会触网或冲撞同队队员。

（三）起　跳

原地起跳时，两腿屈膝，重心降低，随即用力蹬地，两臂以肩发力，在体侧近身处做画弧前后摆动，以帮助身体迅速跳起。移动后的起跳动作与原地起跳相同，但要注意制动，并使移动与起跳动作紧密衔接。

（四）空中动作

队员在起跳时，两手从额前沿球网向上方伸出，两臂伸直保持平行，两肩上提。拦网时，两臂应伸过球网接近球。两手自然张开，屈指、屈腕呈半球状。当手触球时，两手要突然紧张，手腕下压盖在球的前上方。

（五）落　地

拦球后，要做含胸动作，以保持身体平衡。手臂先前后摆或上举，从网上收回至本方上空，再屈肘向下收臂，以免触网。与此同时，屈膝缓冲，两脚落地，随即转身面向后场，准备接应来球或做下一个动作。

第三节 气排球基本战术

一、发球战术

发球战术如下。

（1）二传站位中间时，发球至对方二传手背后。

（2）二传站位靠两边时，发球至离对方二传最远的位置。

（3）发球至对方空位（如马蹄心、两名队员的中间等）。

（4）发球给对方接球水平较差的队员。

（5）对方站位较靠前时，发球至后场；反之，发球至前场。

（6）发球至进攻能力较弱的主攻手位置。

（7）主攻手进攻能力差不多，但身高不齐时，发球给身材较高的主攻手一方。

（8）发球至对方4号位和5号位的左手位（直线球）。

（9）发球至对方1号位的方向（斜线球）。

（10）直跑跳发和侧跑跳发。

二、拦网战术

拦网战术如下。

（1）球在对方场地时，前排3名队员要随时在网前做好拦网准备。

（2）前排中间位置队员随时与左边或右边队员做好拦截从对方左边或右边方向进攻的球，另一名队员做拦网或救球准备。

三、后排队员的卡位战术

后排队员的卡位战术有拦网卡位、防守卡位等。

当我方3名前排队员拦网时，后排一名队员要卡在对方进攻来球的直线位置，另一名队员要卡在斜线位置，并随时准备将对方吊向离自己位置最近的球救起。

四、进攻战术

进攻战术如下。

（1）把球打至对方最弱、最难接或空当的位置。

（2）向对方身高最矮的拦网队员处扣球。

（3）球在我方场地时，除留二传守在网前外，其余4名队员都要在进攻线外做好随时起动准备扣球。

（4）快打快攻（短平快）是类似排球的打法，须提前起跳并有其他队员做掩护性进攻，这是目前是最具杀伤力和较完美的进攻之一。

（5）从现位置进攻，发现对方拦网队员已做好充分准备时，可变线、直线或斜线；向拦网队员的手上部轻打，由我方保护队员将球救起，重新组织进攻。

（6）球在我方场地，但已经无法组织进攻时可将球打回至对方空位；将球打回至对方后场；将球打回至离对方主攻手距离最远的位置；将球打高击回至对方场地；将球打回至对方进攻能力较弱的一侧；以有力的平推回给对方。

第四节　气排球竞赛规则简介

一、比赛场地和用球

（一）比赛场地

气排球的比赛场地包括比赛场区和无障碍区。一般气排球的比赛场区为长 12 米、宽 6 米的长方形。其四周至少有 2 ～ 3 米宽的无障碍区，从地面向上至少有 7 米高的无障碍空间。场地地面必须平坦，不得有任何可能造成伤害队员的隐患，也不得在粗糙或易滑的地面上进行比赛。

（二）比赛用球

1. 球　体

气排球的球体是圆形的，一般由柔软的高密度合成革材质制成。

2. 颜　色

一般气排球的颜色为彩色。

3. 圆　周

一般气排球的圆周为 72 ～ 78 厘米。

4. 重　量

一般气排球的重量为 120 ～ 140 克。

二、竞赛规则简介

（一）计分方法

比赛采用每球得分制，即胜 1 球得 1 分。

1. 胜一场

比赛采用二局两胜制，胜两局的队为胜一场。当平局时，进行决胜局（第三局）的比赛。

2. 胜一局

第 1 局、第 2 局先得 21 分同时至少超过对方 2 分者为胜一局，当比分为 20 ∶ 20 时，比赛继续进行至某队领先 2 分为胜一局。决胜局，先得 15 分同时至少超过对方 2

气排球
竞赛规则

分者获胜，当比分为14：14时，比赛继续进行至某队领先2分为胜一局。决胜局到8分时，双方交换场地进行比赛，比赛按照交换时的阵容继续进行。

3.得1分

球成功地落在对方场区、对方犯规或者受到判罚时，均可得1分。

4.弃权与阵容不完整

（1）某队被召唤后拒绝比赛时，则宣布该队为弃权。对方以每局21：0的比分和2：0的比局获胜。

（2）某队无正当理由而未准时到达比赛场地时，则宣布该队为弃权。

（3）某队被宣布一局或一场比赛阵容不完整时，则其输掉该局或该场比赛，判给对方胜该局或该场比赛所必要的分数和局数；阵容不完整的队保留其所得的分数和局数。

（二）队员场上位置

1.四人制比赛队员位置

靠近球网2号位（右）、3号位（左）两名队员为前排队员，1号位（右）、4号位（左）两名队员为后排队员。1号位队员与2号位队员同列，3号位队员与4号位队员同列。（图9-4-1）

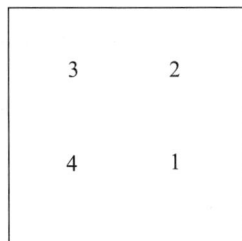

图 9-4-1

2.五人制比赛队员位置

靠近球网2号位（右）、3号位（中）、4号位（左）三名队员为前排队员，1号位（右）、5号位（左）两名队员为后排队员。1号位队员与2号位队员同列，4号位队员与5号位队员同列。（图9-4-2）

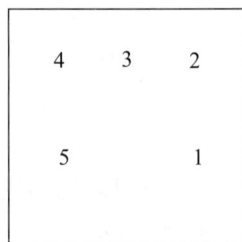

图 9-4-2

3.轮　转

轮转次序、发球次序及队员位置的确定均以位置表为依据。某队得1分，同时得发球权后，所有队员必须按顺时针方向轮转一个位置，由2号位队员轮转至1号位发球。如某队因对方被判罚而得1分，本方获得该分后也必须轮转一个位置，原该得分该轮的发球队员不再发球，轮转至下一轮发球队员发球。

（三）动作和犯规

1.发　球

（1）队员发球的次序按位置表上的顺序进行。一局中首先发球之后，当胜一球时，必须轮转发球，由2号位（前排右）队员轮换至1号位发球。

（2）发球队员必须在第一裁判员鸣哨后8秒内将球击出。发球时，球被抛起或持球手撤离后，必须在球落地前，用一只手或手臂将球击出。球可在手中移动，可用手拍球。

（3）发球队员将球抛起，未触及发球队员而落地，允许再次发球，但时间连续，计算在8秒内。

（4）发球队员在裁判员允许发球鸣哨的同时或之前发球，则重新发球。

（5）发球队员在发球击球时，不得踏及端线和发球区以外的地面。跳发球起跳时，两脚不得踏及或超越跳发球限制线。起跳空中击球后，两脚可以落在任何位置。

（6）当发球队发球次序错误或者没有遵守"发球的执行"的规定时，应判发球犯规进行换发球，即使对方位置错误。

（7）球被发出后，出现以下情况仍被判为发球犯规：① 球触及发球队队员或球的整体没有从过网区通过球网的垂直面；② 界外球；③ 球越过发球掩护的个人或集体。

2. 击　球

（1）每队最多击球3次（拦网的触球除外），无论是主动击球或被动触及，均作为该队的一次击球。一名队员不得连续击球两次。

（2）击球时球可以触及身体的任何部位，但必须是一次发力，一个动作。

（3）队员可采用各种动作将球击出。如果队员把球接住或把球顺势缓冲至停留后再将球送出，则判违例犯规。

（4）本队两名或3名队员同时击球，如果只有其中一名队员触球，则只计一次，触到球的队员不能再次击球。

（5）双方队员在球网上沿将球按住则判双方犯规，该球应重新进行。

（6）如果一个队连续击球4次（拦网除外），则应判4次击球犯规。

3. 触　网

（1）比赛进行中，队员身体的任何部位触及球网时，应判触网犯规。

（2）因球击入球网而使网触及队员时，不算触网犯规。

4. 拦　网

（1）对方进攻时前排3名队员可以进行单人拦网或集体拦网。球可迅速而连续触及一名或多名拦网队员，拦网后的队员仍可击球。

（2）拦网时，球可以触及拦网队员的手及身体的任何部位。

（3）允许拦网队员将手或手臂伸过球网进行拦网，但不得干扰对方击球。

（4）拦网的触球不算作球队3次击球中的一次击球。

（5）后排两名队员不可到网前进行拦网，如果参与拦网并起到拦网作用时，则判犯规。

（6）不得拦对方的发球。

5. 进攻性击球

（1）除发球和拦网外，所有直接击向对方的球即为进攻性击球。

（2）任何队员在后场区可以对任何高度的球做进攻性击球。

（四）比赛间断

正常的比赛间断有暂停和换人。

1. 暂　停

每次暂停时间为30秒。暂停时，比赛队员必须离开比赛场区到球队席附近的无障碍区。

2. 换　人

换人必须在换人区内进行。换人由教练员或场上队长请求；换人时，场外替换队员要做好上场的准备。

（五）局间休息与交换场区

1. 局间休息

第一局结束后休息 2 分钟，决胜局开始前休息 3 分钟。

2. 交换场区

第一局结束后，比赛队交换场区。决胜局中某队获得 8 分时，双方交换场区，不休息，队员在原来的位置继续比赛。如果没能及时交换场区，应在此错误被发现时立即进行交换场区，保留交换场区时双方已得的比分。

（六）不良行为及其判罚

对于队员轻微的不良行为，第一裁判员可对其进行口头警告或出示黄牌，警告该队其行为已经接近被处罚的程度。给予处罚的不良行为可划分为以下三种。

1. 粗鲁行为

粗鲁行为是指违背道德准则或文明举止的行为。裁判员应出示红牌，判对方得 1 分并发球。

2. 冒犯行为

冒犯行为是指诽谤、侮辱的言语或形态，或任何轻蔑的表示。裁判员应出示红牌加黄牌（同持一手），取消其该局的比赛资格，无其他判罚。被判罚的球队成员必须坐在本方球队席上。如果被判罚的是教练员，则其失去该局的指挥权利。

3. 侵犯行为

侵犯行为是指人身攻击、侵犯或威吓的行为。裁判员应出示红牌加黄牌（两手分持），取消其该场的比赛资格，并令其离开比赛控制区，无其他判罚。

第十章

手 球

第一节　手球概述

　　手球是综合橄榄球和足球的特点而发展起来的一种运动项目。手球运动在 20 世纪初曾作为游戏流行于欧洲。1917 年，德国柏林一名体育教员 M. 海泽尔为女性设计了一种与现代手球相似的集体游戏。1919 年后，柏林另一名体育教员 K. 舍伦茨进一步将其改进为男女皆宜的运动，他制定的比赛规则也开始被一些国家采用，因此他被公认为现代手球运动的奠基人。之后的很长一段时间里，世界上的手球比赛主要是在室外进行的 11 人制比赛。1936 年的第 11 届奥运会上，手球被列为比赛项目，后因手球的竞赛规则不健全而被取消。20 世纪 60 年代，在室内进行的 7 人制手球比赛发展迅速，逐渐取代了 11 人制手球比赛。自 1972 年的第 20 届奥运会开始，7 人制男子手球项目再次被列为正式比赛项目；自 1976 年的第 21 届奥运会起，女子 7 人制手球项目也被列为正式比赛项目。世界手球运动由国际手球联合会负责管理。国际手球联合会于 1946 年在丹麦首都哥本哈根成立，创办国有丹麦、荷兰、挪威、波兰、芬兰、法国、瑞士和瑞典，总部设在瑞士巴塞尔。

第二节　手球基本技术

》 一、基本移动技术

（一）基本站立姿势

　　两脚平行或前后开立，两脚间距与肩同宽（或略宽），脚跟微微提起，两膝微屈，身体重心落在两脚之间；上体稍前倾，微含胸收腹，两臂微屈置于体侧或腹前，目视前方。（图 10-2-1）

图 10-2-1

（二）起　动

球员在起动时，以后脚或异侧脚的脚掌短促而有力地蹬地，同时上体迅速前倾或侧转，两臂协调摆动，两脚连续交替蹬地，充分利用蹬地的反作用力在最短的距离内将速度发挥出来。（图 10-2-2）

图 10-2-2

（三）急　停

跨步急停：球员先向前跨出一大步，用全脚掌抵住地面，迅速屈膝降低重心，同时身体稍后仰，以减缓向前的冲力，然后连贯地跨出第二步，重心移至后腿。脚着地时，脚尖稍向内转，用前脚掌内侧蹬地，两膝弯曲，身体侧转，上体微前倾，重心落在两脚之间，两臂自然张开，协助维持身体平衡。

（四）侧身跑

球员在跑动时，其上体应自然地向有球方向扭转，两臂弯曲自然摆动，两手随时准备接球。在侧身跑时，脚尖朝向跑动方向，目视球，做到既保持跑速，又注意观察场上的情况。（图 10-2-3）

图 10-2-3

（五）跳步急停

球员在做跳步急停时应采用单脚或双脚起跳（起跳高度不宜过高），上体稍后仰，两脚同时平行（间距略比肩宽）落地。落地时，两膝弯曲，用全脚掌着地，保持身体平衡。（图10-2-4）

图 10-2-4

二、传接球技术

（一）持 球

1. 双手持球

两手手指自然张开，两拇指相对，呈八字形或交叉式，用指根以上部位接触球体的两侧。需握紧球时，两手手指的最后一个指关节一起用力握球。（图10-2-5）

图 10-2-5

2. 单手持球

持球手的五指自然张开，用指根以上部位触球，并用五指的最后一个指关节合力将球牢固地握住。（图10-2-6）

图 10-2-6

（二）传球技术

1. 单手肩上传球

球员在传球时，两脚前后开立，间距稍宽于肩，两膝微屈，上体侧对或斜对传球方向。右手持球由左手护送引至肩上，前臂与上臂、上臂与躯干形成两个90°的夹角。传球出手时，在右脚蹬地的同时转体，带动上臂、前臂迅速挥甩，屈腕前扣，最后通过食指、中指、无名指的弹拨下压动作将球传出。（图10-2-7）

图 10-2-7

2. 单手体侧传球

两脚开立，两膝微屈，将球置于体侧，持球手臂的肘关节稍低于球。传球时，右脚向右跨步的同时将球移至身体右侧。出球的一刹那，持球手的拇指朝下（右手虎口朝下），屈腕，手心朝向右侧。出球时，前臂向右侧挥甩摆动，用手腕、手指的力量将球传出。（图10-2-8）

图 10-2-8

3. 单手胸前（推）传球

持球于胸腹前，传球时手腕稍屈，手心朝向传球方向，迅速伸前臂并挥甩，屈腕，食指、中指、无名指用力弹拨球，将球平直地向前或向两侧传出。（图10-2-9）

图 10-2-9

（三）接球技术

球员做好准备姿势，目视来球，伸出两臂迎球，手腕稍上翻，两拇指相对，呈八字形，其他手指向前上方自然张开，手掌呈勺形，两手掌合成一个比球体稍大的半球形。球员应用两手的指根以上部位触球，两拇指正对来球的球心。当手指触球时，用力握住球，两臂顺势屈臂后引，以缓冲来球的力量，并衔接下一个动作。（图10-2-10）

图 10-2-10

三、运球技术

（一）原地运球

运球手五指自然张开，手心朝下并空出，用指根以上部位控制球。运球时，前臂以肘关节为轴下摆、上抬，手指、手腕用力按拍球的上部。（图 10-2-11）

图 10-2-11

（二）行进间运球

行进间运球一般采用直线运球，其主要运用于个人快速推进。运球方法与原地运球相似，只是手接触球的部位是球的后中上部，球的落点是体侧前方。按拍球的力量和速度取决于跑动的速度。跑动速度快，则需要急速、快节奏地按拍球，球的落点也较远。（图 10-2-12）

图 10-2-12

四、射门技术

（一）单手肩上射门

球员持球于体侧或肩上，保持上体直立，以左肩侧对球门，两脚前后开立，右脚脚尖与左脚脚跟在一条线上，两脚间距稍宽于肩，两膝微屈，重心落于后脚，右肘稍高于肩，前臂与上臂的夹角保持在90°。射门发力时，右脚积极配合支撑地面，左脚短促有力蹬地，以向左转体，收腹，重心前移，带动手臂向前下方猛烈挥甩；屈腕，食指、中指、无名指做扣压拨球的动作，并将力量集中作用于球，使球加速离手，掷向球门。（图10-2-13）

图10-2-13

（二）跑动射门

球员持球向前跑动，在右脚着地支撑的同时，向右转体侧对球门，并将球引至肩上。射门发力时，左脚前伸随摆，并以转体、收腹动作带动手臂挥甩将球掷出。

（三）单脚向上跳起射门

球员在移动过程中，右脚跨出的同时，两手接球；落地后，左脚跨一步后起跳。起跳前，重心下降，左脚脚尖侧对球门，上体稍前倾，左肩侧对球门，左脚用力蹬地向上跳起，右腿弯曲摆动上抬，提腰展体。在起跳的同时，右手持球由下向后上方画弧引至头上，伸腕，身体腾空至最高点，利用短暂停顿观察守门员后，以向左急促转体和收腹的力量带动前臂短促地伸臂挥甩，屈腕，食指、中指、无名指的指尖用力拨压球，将球平直地向前、向两侧或经地面反弹后掷出。（图10-2-14）

图10-2-14

（四）单脚跳起体侧射门

球员在移动过程中，右脚跨出的同时，两手接球；落地后，左脚向前上方跨步起跳。起跳前，重心下降，上体稍前倾，左肩侧对球门，左脚用力蹬地向前上方跳起，右腿弯曲摆动上抬，提腰展体。在起跳的同时，右手持球引至身体右侧，使球与右肩持平，伸腕，身体腾空至最高点，利用短暂停顿观察守门员后，以向左急促转体的力量带动前臂沿水平方向伸臂挥甩，屈腕，食指、中指、无名指的指尖用力拨压球，将球平直地向前掷出。落地时，起跳脚先着地，摆动脚后落地。（图10-2-15）

图 10-2-15

五、防守技术

防守技术包括移动技术、顶贴、封球等。

（一）移动技术

1. 横滑步

两脚左右开立，向左滑步时，左脚向左迈出的同时，右脚蹬地滑动，跟随左脚移动，并保持屈膝姿势以降低重心。上体微前倾，两臂张开，抬头注视对方。滑步时，注意保持身体平衡，重心不要上下起伏，两脚不要交叉，重心始终保持在两脚之间。（图 10-2-16）

图 10-2-16

2. 前滑步

两脚前后开立，向前滑步时，以后脚脚掌内侧向后蹬地，前脚向前跨出一步；着地的同时，后脚紧跟着向前滑动，保持两脚前后开立的姿势。注意屈膝，降低重心。（图 10-2-17）

图 10-2-17

3. 后滑步

两脚前后开立，向后滑步时，以前脚脚掌内侧向前蹬地，后脚向后跨出一步；着地的同时，后脚紧跟着向后滑动，保持两脚前后开立的姿势。注意屈膝，降低重心。

（二）顶 贴

球员在顶贴防守时，两脚分开，前后斜步站立，并向斜前方上步，堵截对方投掷臂移动的路线，上体与对方保持平行对峙，两脚包围对方的起跳脚，用躯干抢先堵截对方的起跳方向和突破移动路线，两臂弯曲置于体前。当球员逼近对方（左手持球队员）时，立即用左臂顶住持球者的右肩，同时紧压持球者的投掷臂，并伺机拨打球。（图10-2-18）

图 10-2-18

（三）封　球

球员在封球的基本站立姿势中应保持稍高的身体重心，紧盯球，躯干对正进攻者的投掷臂，两臂向上伸展，手心朝前对准来球，用前臂和手心接触球，手指自然张开，并紧张用力。当手触到球时，手腕做扣压动作。如对方跳起射门，则应随之起跳封球。（图10-2-19）

图 10-2-19

》 六、突破技术

（一）上一步接球后同侧持球突破

球员以右脚跨出，在空中接球，左脚落地后支撑（第一步）；左脚脚掌内侧蹬碾地，右脚向右侧斜前方跨出一大步（第二步），上体右转，将球置于体侧或肩上；左脚紧接着向前跨步（第三步），侧身，探肩，起跳射门。（图10-2-20）

图 10-2-20

（二）上一步接球后交叉步异侧突破

球员以右脚跨出，在空中接球，左脚落地后支撑（第一步）；右脚脚掌内侧蹬碾地，向左侧斜前方做前交叉跨步（第二步），上体左转，右肩前探，将球置于左侧；左脚紧接着向前跨步（第三步），向右转身，探肩，起跳射门。（图 10-2-21）

图 10-2-21

（三）跳步接球后同侧持球突破

球员以右脚跨出，在空中接球，两脚落地后支撑（第一步）；左脚脚掌内侧蹬碾地，右脚向右侧斜前方跨步（第二步），上体右转，将球置于体侧或肩上；左脚紧接着向前跨步（第三步），侧身，探肩，起跳射门。（图 10-2-22）

图 10-2-22

▶ 七、守门员技术

守门员技术是指守门员为了夺回球权或阻止对方的射门行动而采取的策略、技巧和行动方法。守门员是全队防守的最后一道防线，是全队防守的关键队员。守门员若能成功地挡住球，则本方不仅能获得球权，还能获得发球和快攻的机会。

第三节　手球基本战术

▶ 一、进攻战术

进攻战术包括传切配合和交叉换位配合。

（一）传切配合

传切配合包括直切、斜切、横切等，是指进攻队员将球传出后，以变向、变速跑结合身体假动作摆脱对方，快速切向球门区，接同伴及时回传来的球进行进攻的配合方法。（图 10-3-1）

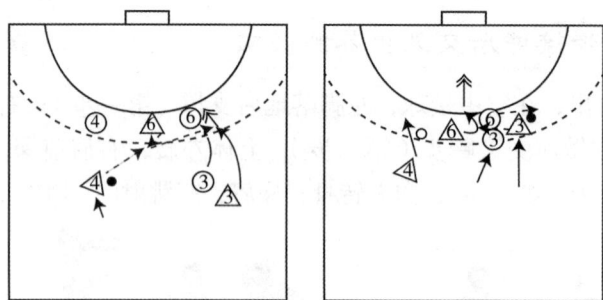

图 10-3-1

（二）交叉换位配合

在手球比赛中，交叉换位配合被应用得最多。交叉换位是指靠近的两名队员向防线做交叉跑动互换位置，借以摆脱防守获得突破攻击的机会的配合方法。

交叉换位配合时，进攻方要对对方防线施加冲击力，迫使防守方不停地调整防守位置，并使其在防守上产生错觉或移动不及时。进攻方在进行交叉换位时，第一个人斜线移动时要有突破攻击动作，以带动对方跟防，拉空位置，给同伴创造攻击机会。无球队员在交叉换位时要随时准备接球进攻。进攻方在进行交叉换位配合时，最好采用托抛球或甩传球的方法传球。（图 10-3-2）

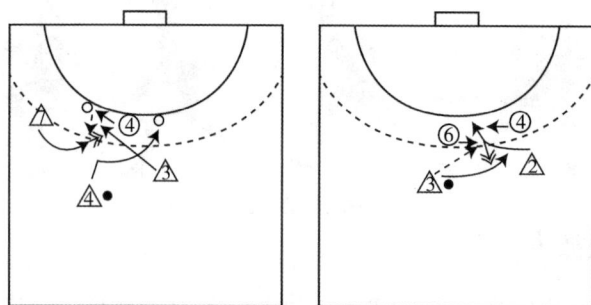

图 10-3-2

二、防守战术

防守战术有交叉防守配合、关门夹击配合、补漏协防配合等。球队对防守战术的运用是否得当，主要取决于个人防守能力和全队协调防守的意识。

（一）交叉防守配合

交叉防守配合是指防守队员之间相互交换自己的防守对象的配合方法。防守方应注意观察进攻队员的行动，换防时积极、果断、相互呼应、动作一致；调整自己的位置，堵住进攻队员的移动路线。

（二）关门夹击配合

关门夹击配合是指邻近的两名防守队员协同防守突破队员的配合方法。当进攻队员突破对位的防守队员时，邻近突破一侧的防守队员必须迅速滑步向同伴靠拢，像两扇门一样关起来，堵住突破队员的前进路线。协同配合的两名防守队员的腿部应靠近，肩部尽量靠拢，以免突破队员从中挤过。关门时，防守队员的手臂不要有附加动作。

（三）补漏协防配合

当某防守队员出击盯防持球的进攻队员而被对方突破时，后面的邻近防守队员就应积极补位防守，以弥补本方的防线缺口。当对方持球队员已突破同伴时，邻近的防守队员要积极地补防，动作要迅速、果断。补防时，其他防守队员要注意观察突破队员的分球意图，并及时抢占有利位置。

三、攻防阵型

手球比赛中，攻防转换速度较快，每个队在进攻与防守时应根据本队的特点采用不同的进攻、防守阵型。目前，阵地战是手球比赛中的主要攻防方式。

手球比赛中常用的进攻阵型有"6-0"阵型、"5-1"阵型、"4-2"阵型等，防守阵型也有"6-0"阵型、"5-1"阵型、"4-2"阵型。阵地战的原则是快速传球转移，积极交叉换位，迫使对方防守移动造成间隙，以切入射门。总之，攻防阵型要根据本队特点、战术需要和对方球队情况进行有针对性的安排。

第四节 手球竞赛规则简介

一、比赛通则

（一）比赛方法

一队最多7人上场比赛（至少5人上场才能比赛），场上必须自始至终有1名守门员；一般替补队员为7人，但需依比赛主办方的最终规程确定。16岁及以上年龄级别球队的比赛时间均为两个30分钟，中场休息通常为10分钟。

（二）得　分

利用合理的动作将球射入对方的球门中，并在裁判员判定鸣哨后，视为得1分。

（三）进行方式

在比赛开始前，由裁判员利用掷硬币（或其他可以判定的物体）组织双方队长进行挑边，首先猜中的队可以选择优先进攻或防守，后者则可以挑选场地。

（四）暂　停

在正常的比赛时间内，每队每半时可以有1次1分钟的暂停。决胜期没有暂停。

（五）换　人

球队可以在不通知裁判员和记录台的情况下随时进行换人，但必须在本方场区的换人区换人，且必须遵守"先下后上"的基本原则。

》》 二、违 例

违例即违反规则。罚则是将球判给对方队员在邻近发生违例的地点掷任意球。

（1）带球走步：当持活球时，队员迈腿走过 3 步以上或在做分球动作之前动作不连贯，即可视为带球走步。

（2）非法运球：运球结束后，除非失去控球权后又重新控制球，否则持球队员不得再次运球；若再次运球，则将被视为非法运球。

（3）持球 3 秒违例：在外界没有给予很大压力的情况下，持球队员在原地持球超过 3 秒时（球不出手），将被视为 3 秒违例。

（4）越区进攻违例：球门区是守门员活动的区域（在 4 米限制线后），无论是防守队员还是进攻队员都不可随意踩踏；如果进攻队员利用球门区内的区域进行移动，则将被视为越区进攻违例。

（5）带球撞人违例：持球队员进攻时，持球突破对方防线，利用不合理动作将防守队员撞倒，则被视为带球撞人违例。

（6）消极比赛：进攻队在组织进攻时，总是在外线传接球，迟迟没有发动进攻的意图，裁判员可视双方的具体情况给予消极比赛处理。

》》 三、犯 规

犯规是对规则的违反，包括对对方队员的非法身体接触和（或）违反体育道德的举止。对犯规者视具体情况给予口头警告、黄牌警告、罚下场 2 分钟、红牌罚出场等处罚。

（1）侵人犯规：队员在侧面或后面对对方队员进行推、拉、抱的肢体接触，视犯规的严重性给予该队员处罚（严重者可以直接被红牌罚出场）。

（2）违反体育道德的犯规：根据裁判员的判断，队员在比赛中蓄意对持球或不持球的对方队员造成的侵人犯规，为违反体育道德的犯规。

（3）取消比赛资格的犯规：队员动作恶劣或对人造成伤害，应判取消其比赛资格的犯规。

第十一章

乒乓球

第一节　乒乓球概述

乒乓球运动起源于英国，由网球运动派生而来。19世纪末期，英国的大学生在室内以桌为台、书为网、酒瓶软木塞为球，在桌上推来挡去，演示网球赛的场景，形成了"桌上网球"游戏。1890年前后，英格兰著名越野跑运动员吉布从美国带回了空心塑料球，代替了软木塞。1891年，英国的巴克斯特申请了乒乓球商业专利。1904年，上海一家文具店老板从日本买回了10套乒乓球器材，把乒乓球引入了中国。

目前，世界乒乓球重大赛事有世界乒乓球锦标赛、世界杯乒乓球赛（埃文斯杯赛）、奥运会乒乓球赛、国际乒乓球联合会乒乓球职业巡回赛等。除此之外，在亚洲范围内还有亚洲运动会乒乓球赛、亚洲乒乓球锦标赛等。国内赛事主要是全国运动会乒乓球赛，它代表了我国乒乓球最高水平的较量。

根据乒乓球运动的发展规律可以预见，乒乓球运动中的各种打法将不断出现和完善，技术将更加成熟，运动员们会在积极主动、加快速度、加强旋转、加大力量等方面更加努力。技术打法向快速方向发展是总趋势中的一个重要方面，要求速度与旋转更好地结合；弧圈球技术和反弧圈球技术将在相互牵制、相互斗争的矛盾中发展提高；力争主动，先发制人，争取前三板发挥出个人技术特长，是各种类型打法发展的另一个趋势。采用削攻打法的运动员要合理运用进攻技术，利用两面不同性能的球拍打出旋转变化，伺机抢攻；推攻和两面攻打法的运动员，除要加快进攻速度外，还要进一步增强反手攻球的威力，力争更加全面地掌握技术。

总括起来，世界乒乓球技术将朝着"更加积极主动、特长突出、技术全面、战术变化多样"的方向发展。世界男队的打法是在追求技术全面的基础上，使速度与旋转更好地结合，向更快、更新、更猛的方向发展。

第二节　乒乓球基本技术

一、球拍的选择与握拍法

（一）球拍的选择

初学者一般选择球拍底板弹性适中、没有震感、海绵胶皮厚度为 2～2.5 毫米的反胶拍面的球拍。

（二）握拍法

运动员可根据自己的习惯选择直拍或横拍握拍。

1. 直拍标准握法

用食指的第二关节和拇指的第一关节扣住拍柄与拍面的接合部；用中指第一关节顶在球拍背面，其余手指自然弯曲放在球拍上，形成支点。（图 11-2-1）

2. 横拍标准握法

握拍手虎口正对球拍拍肩，拇指、中指、无名指和小指自然握住拍柄，食指自然伸直贴在拍后。正手攻球时，食指稍向前移动；反手攻球时，拇指稍向前移动。（图 11-2-2）

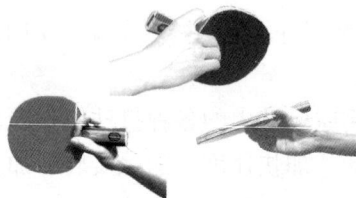
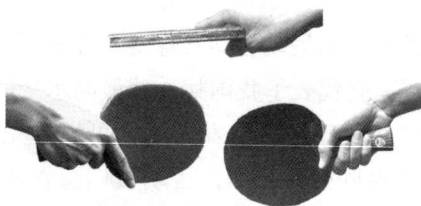

图 11-2-1　　　　　　　　　　　　图 11-2-2

二、基本步法

正确的移动步法是正常发挥乒乓球技术的有效保障，因此，掌握基本的脚步移动方法是初学者的必修课。乒乓球运动的常用步法包括单步、跨步、并步、跳步、交叉步等。

（一）单　步

近距离击球时，以一脚的脚掌为轴，另一脚可向前、后、左、右移动，身体重心随之落到移动脚上，挥拍击球。（图 11-2-3）

直拍标准握法

横拍标准握法

单　步

（二）跨　步

跨步是移动范围较大的平行移动。当来球距离身体较远时，来球方向的异侧脚蹬地，同侧脚横向跨一大步，异侧脚迅速跟上。跨步一般用于借力回击。（图11-2-4）

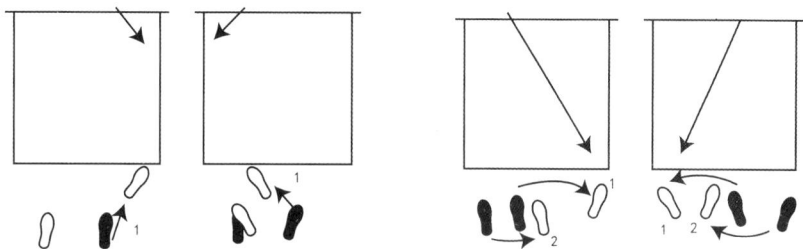

跨　步

图11-2-3　　　　　　　　图11-2-4

（三）并　步

来球方向的异侧脚向同侧脚并步，然后同侧脚再平行移动，迎击来球。（图11-2-5）

并　步

（四）跳　步

以来球方向的异侧脚为主，两脚同时蹬地腾空移动，异侧脚与同侧脚先后落地，随即挥拍击球。（图11-2-6）

跳　步

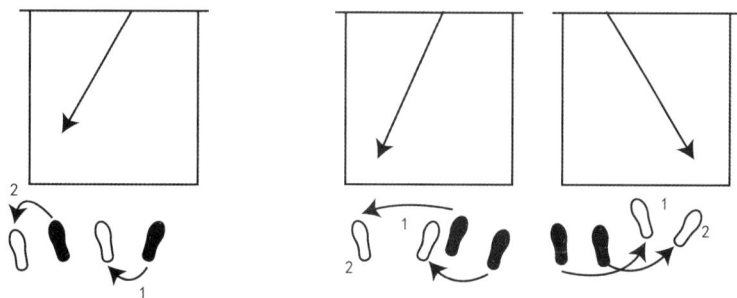

图11-2-5　　　　　　　　图11-2-6

（五）交叉步

来球方向的同侧脚发力，异侧脚迅速在体前平行交叉，横跨一大步，同侧脚迅速跟上落地还原，挥拍击球。（图11-2-7）

交叉步

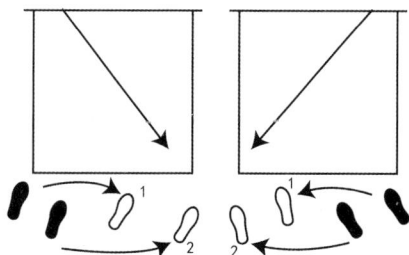

图11-2-7

三、发球与接发球技术

（一）发球技术

发球技术好的球员可以最大限度地合理运用战术，为主动进攻创造条件。发球还可以限制对方的技术发挥，破坏对方的战术运用。

1. 正手发平击球

发球前身体略向右转（以右手握拍为例，下同），手将球向上抛起，同时右臂内旋，使拍面略前倾；当球落至稍高于球网时，快速挥拍击球中部偏上，击出球的第一落点应在对方球台中区。（图11-2-8）

2. 反手发平击球

身体略向左转，左手将球向上抛起，同时右臂外旋，使拍面略前倾；当球下落至稍高于球网时，击球中上部，击出球的第一落点要在对方球台中区。（图11-2-9）

3. 正手发左侧上旋球

身体略向右转，左手将球向上抛起，同时右臂外旋，直握拍手腕做伸，横握拍手腕外展，拍面略向左转；当球落至球网高度时，前臂加速挥摆，手腕发力向左下方挥拍，直握拍手腕做屈，横握拍手腕内收，击球中部并向左上方摩擦。（图11-2-10）

图 11-2-8　　　　　图 11-2-9　　　　　图 11-2-10

4. 正手发左侧下旋球

挥拍前的动作与正手发左侧上旋球基本相同。挥拍击球时，手臂向左前下方挥摆，沉腕，拇指压拍，击球中下部并向左侧下方摩擦。

5. 反手发右侧上旋球

身体略向左转，左手向上抛球时，右臂稍向内旋并向左后方引拍，拍面角度近乎垂直，同时腰部略向左转；当球落至球网高度时，身体各部位协调配合，前臂和手腕同时发力，直握拍手腕做伸，横握拍手腕内收，击球中部并向右侧上方摩擦。（图11-2-11）

6. 反手发右侧下旋球

挥拍前的动作与正手发右侧上旋球相似。挥拍击球时，手腕和前臂较平直，拍面较平，击球中下部并向右侧下方摩擦，触球点略高于网。

7. 正手发下旋球与不转球

正手发下旋加转球时，前臂要在球将至球网高度时加速向左下方发力，右手手腕做屈并内收，用球拍左侧偏下部位击球的中下部，并向底部摩擦。正手发下旋不转球与正手发下旋转球动作大致相同，但要在击球瞬间减小前臂外旋幅度和拍面后仰角

正手发平击球

反手发平击球

正手发左侧
上旋球

正手发左侧
下旋球

反手发右侧
上旋球

反手发右侧
下旋球

度，击球的中部或中下部，略加前推力，且要减少摩擦用力。（图 11-2-12）

图 11-2-11　　　　　图 11-2-12

8. 反手发下旋球与不转球

反手发下旋球与不转球以横握拍运动员使用较多。发转球时，拍面后仰，前臂和手腕发力，击球的中下部并向底部摩擦；发不转球时，拍面稍立，击球中部并稍加向前的推力将球送出。

反手发下旋球与不转球

（二）接发球技术

接发球技术和发球技术在乒乓球运动中同等重要。接发球技术包括以下三个部分。

1. 接发球的站位

根据对方的发球位置和自己的打法特点选择站位。

2. 接发球的判断

首先要熟悉对方发球的基本动作，注意发球方的挥臂动作、手腕动作、触球部位和球拍的移动方向，以此判断球的速度、飞行弧线、落点、旋转强度等。

3. 接发球的方法

常用接发球基本方法为点、拨、带、拉、攻、推、削、搓、摆短、撇侧等，要根据对来球的判断采用不同的接发球方法。

四、进攻性技术

进攻性技术分为攻球技术和弧圈球技术两大类。攻球技术又分为正手快攻、反手攻、侧身正手攻球和台内攻球等；弧圈球技术分为前冲弧圈球、加转弧圈球和侧旋弧圈球等。

（一）攻球技术

1. 正手快攻

运动员站立在近台偏左位置，前臂后引，拍面略前倾，以前臂发力为主，在来球至上升期时触球中上部并向前上方发力，将球击出。击球后，手臂顺势挥动并快速还原。（图 11-2-13）

正手快攻

2. 反手快攻

身体离台约 50 厘米，击球前身体略向左转，上臂、肘关节自然靠近身体，前臂外旋使拍面前倾。击球时，肘关节内收，前臂外旋，快速向右前上方挥击，在上升期击打来球的中上部。（图 11-2-14）

反手快攻

3. 侧身正手攻球

击球前迅速移动脚步使身体成侧身位，左脚在前，重心落在右脚上。击球时注意蹬地、转体、收腹、挥拍的用力顺序，并调整好挥臂角度和手腕动作。（图11-2-15）

4. 台内攻球

在台内击打对方来球，一般采用挑打的方法。（图11-2-16）

（1）横拍正手挑打：击球前，不必后引拍，直接将拍伸向台内，拍面稍立，手腕略外展。在球的高点击球，击球时以手腕发力为主。

（2）直拍正手挑打：站位靠近右前台，向外侧引拍，拍面直立，向球前下方挥拍，击球时再向上挥动，以手腕发力挑打来球。

| 图11-2-13 | 图11-2-14 | 图11-2-15 | 图11-2-16 |

各项攻球技术的比较见表11-2-1。

表11-2-1　各攻球技术比较

技术名称	击球前	击球时间	击球部位	发力（方法、方向）
正手快攻	手臂自然弯曲并内旋，前臂向后引拍	击球高点前期	中上部	前臂快速向左上方挥动，手腕外展
反手快攻	前臂外旋，使拍面略前倾，上臂、肘关节靠近身体	击球上升期	中上部	肘关节内收，前臂加速向右前方发力并外旋
侧身正手攻球	移位转体，身体侧对球台	击球高点前期	中上部	运用下肢和腰腹的力量，控制好挥臂方向和击球角度
台内攻球	直接将拍伸入台内	击球高点期	中上部	以手腕发力为主，向左前方挥拍挑打

（二）弧圈球技术

1. 正手前冲弧圈球

两脚左右开立，稍比肩宽，向后下方引拍，拍面略前倾。挥拍时重心前移，在来球的高点或高点前期击球的后中部，手臂向前发力并向上摩擦球，使球产生强烈上旋。（图11-2-17）

2. 反手前冲弧圈球

两脚左右开立，右脚稍前，重心落在左脚上，收腹含胸，右臂自然弯曲，肘部靠近身体。击球时，球拍向前上方挥动，击球点在腹前，前臂以肘关节为轴快速发力并带动手腕发力，摩擦球的中下部，使球产生强烈的上旋。（图11-2-18）

正手前冲
弧圈球

反手前冲
弧圈球

3. 正手加转弧圈球

两腿屈膝降低重心，收腹含胸。引拍时，身体右转，右肩下沉。击球时，上臂带动前臂，在球的下降期向上、向右前方加力摩擦球的中部或中上部。（图11-2-19）

图11-2-17　　　　　　图11-2-18　　　　　　图11-2-19

4. 反手加转弧圈球

重心落在两脚之间，以肘关节为轴带动前臂发力，转腕动作充分，在球下降期摩擦球的中部或中上部。（图11-2-20）

5. 正手侧旋弧圈球

两脚开立，比肩稍宽。向身后引拍时，身体前倾，拍面略有内扣。击球时，蹬转身体从外侧向前上方加力挥拍，在下降期摩擦球的中外侧。（图11-2-21）

图11-2-20　　　　　　图11-2-21

各项弧圈球技术比较见表11-2-2。

表11-2-2　各项弧圈球技术比较

技术名称	击球前	击球时间	击球部位	发力（方法、方向）
正手前冲弧圈球	降低重心，向后转腰，向后下方引拍	高点或高点前期	后中部	手臂、手腕协调发力，向前上方挥拍
反手前冲弧圈球	降低重心，向后转腰，向后下方引拍	高点或高点前期	中下部	手臂、手腕协调发力，向前上方挥拍
反手加转弧圈球	降低重心，右肩下沉，向后引拍	下降期	中部或中上部	上臂带动前臂向上、向右前方挥拍，发力、摩擦击球
正手侧旋弧圈球	身体前倾，向后侧方引拍，球拍稍内扣	下降期	中外侧部	从外侧向前上方挥拍，使球拍画一横向半弧形

正手加转
弧圈球

正手侧旋
弧圈球

正手快搓

正手慢搓

反手快搓

反手慢搓

五、控制性技术

控制性技术分为搓球技术、削球技术和推挡球技术。

（一）搓球技术

搓球技术包括正手搓球、正手搓左侧旋球、反手搓球、反手搓右侧旋球等，是还击下旋球的一项基本技术。搓球站位靠近台，回球路线短，会给对方造成回球困难。使用搓球技术是为了控制球，利用搓球的落点和旋转变化作为过渡，为自己创造进攻的机会。

1. 正手搓球

拍面稍后仰，向后上方稍引拍，向前下方挥动球拍。快搓的击球时间在球的上升期，慢搓的击球时间在球的下降期，用球拍的下半部摩擦球的中下部，击球时前臂和手腕适当加力。（图 11-2-22）

2. 正手搓左侧旋球

拍面稍后仰，前臂向身体右侧上提。当球进入下降期时，手腕用力向左加速摩擦球的中下部。（图 11-2-23）

3. 反手搓球

手臂自然弯曲，拍面稍后仰，向身体左前上方稍引拍。击球时，持拍手手臂向前下方挥送，快搓的击球时间在球的上升期，慢搓的击球时间在球的下降期，摩擦球的中下部。（图 11-2-24）

4. 反手搓右侧旋球

拍面稍后仰，前臂向身体前左侧方上提。当球进入下降期时，向右摩擦球的中下部。（图 11-2-25）

图 11-2-22　　　　图 11-2-23　　　　图 11-2-24　　　　图 11-2-25

各项搓球技术的比较见表 11-2-3。

表 11-2-3　各项搓球技术比较

技术名称	击球前	击球时间	击球部位	发力（方法、方向）
正手搓球	略向后上方引拍，拍面稍后仰	（快搓）上升期 （慢搓）下降期	中下部	向左前下方用力，手腕适当加力
反手搓球	手臂自然弯曲，拍面稍后仰	（快搓）上升期 （慢搓）下降期	中下部	快速向前下方挥摆
搓侧旋	手臂外旋，拍面稍后仰	下降期	中下部	向异侧方向加速摩擦球

（二）削球技术

削球是一项防守技术，对控制球的落点和旋转质量有很高的要求。现代削球技术还要求运动员能够做到攻削结合，能在进攻中防守，也能在防守中进攻。削球一般用于中、远台的回击，常采用正手削球和反手削球。

1. 正手削球

向后引拍，拍面稍后仰，身体向右转动。击球时，向前下方挥拍。在球的下降期，腰部带动手臂一同发力，在腰侧下方击球的中下部。（图11-2-26）

2. 反手削球

身体略向左转，同时向左上方引拍。击球时，手臂向前下方挥动，同时转腰，在身体侧前方，在球的下降期击球的中下部。（图11-2-27）

正手削加转
弧圈球

反手削加转
弧圈球

图11-2-26　　　　　图11-2-27

各项削球技术的比较见表11-2-4。

表11-2-4　各项削球技术比较

技术名称	击球前	击球时间	击球部位	发力（方法、方向）
正手削球	手臂外旋，拍面稍后仰	下降期	中下部	腰部带动手臂向左前下方发力
反手削球	沉右肩，屈臂向身体左上方引拍	下降期	中下部	腰部带动手臂向右前方发力

（三）推挡球技术

推挡球是我国运动员直拍快攻打法的主要技术，能起到积极防守和由守变攻的作用。其特点是站位近、动作小、速度快、变化多，可分为挡球、快推、加力推、减力挡等。

1. 挡　球

挡球分正手挡球和反手挡球两种，是初学者的入门技术。面对球台，成准备姿势。拍面接近垂直，在球的上升期推击球的中部。前臂和手腕稍加用力，借助来球的反弹力将球挡回。

2. 快　推

快推使用最多的是反手推挡技术。面对球台，左脚稍前，以肩为轴，屈肘，引拍至身前或偏左，拍面略前倾。在球的上升期向侧上方挥拍，前臂快速前伸，推击球的中部偏上方。（图11-2-28）

挡　球

快　推

加力推

减力挡

3. 加力推

以肩为轴，略向后下方引拍，拍面稍前倾。在来球的高点后期时，身体前压，手臂充分向前下方发力，推击球的中上部。注意身体自下而上地协调用力。（图11-2-29）

4. 减力挡

面对球台，以肩为轴，屈肘向体前稍上引拍。在球的上升期推击球的中上部，触球瞬间球拍停止前推或略后收，以减弱击球力量。（图11-2-30）

图 11-2-28   图 11-2-29   图 11-2-30

各项推挡球技术的比较见表11-2-5。

表 11-2-5　各项推挡球技术比较

技术名称	击球前	击球时间	击球部位	发力（方法、方向）
挡　　球	拍面垂直对准来球	上升期	中　部	前臂和手腕轻用力，借力挡球
快　推	手臂自然弯曲，拍面略前倾	上升期	中　部	前臂和手腕向前或略上发力
加力推	持拍手上臂和肘关节靠近身体右侧	上升期	中上部	充分利用身体前压和肘关节的力量
减力推	触球瞬间停止前推或略后收	上升期	中上部	控制好击球瞬间的停拍动作

六、直拍横打技术

直拍横打技术是指使用直握拍的反面击打反手位来球的一项击球技术。球拍背对来球，前倾角度略大，以肘关节为轴，推动手腕关节向前用力击球。（图11-2-31）

图 11-2-31

第三节　乒乓球基本战术

一、战术运用原则

（一）善于观察，善于分析

球员在比赛中必须善于观察战局的变化，分析对方的心理，立即决定对策，果断地给予对方出其不意的攻击。这不仅容易破坏对方的比赛计划，还会给对方在心理上造成很大的压力。

（二）知己知彼，有的放矢

比赛前，运动员不但要对自己的技术做到心中有数，而且必须了解对方的球拍性能，对方的技战术特点，对方的长、短处等情况，以制订正确的比赛计划。在比赛开始阶段，运动员还应注意观察对方的技术特点，摸索对方的战术规律，并迅速制订对自己有利的战术。只有知己知彼，才能百战不殆。

（三）机动灵活，随机应变

战术的制订和运用必须灵活多变，要避免单调呆板。例如，侧身发一个左侧旋球到对方的左角，初试可能效果不错，但对方逐渐适应后，就可改发右角，这样能收到良好的效果。比赛中，除了要在落点方面有变化外，在旋转、力量和速度上亦应灵活，以增加对方的还击难度。

（四）以己之长，制彼之短

每一个球员不论技术水平高低，都各有长处和短处、优点和缺点。例如，有的运动员善于应对快攻型打法，不善于应对削攻型打法；有的运动员可能正手技术较好，反手技术差，或者反手技术好，正手技术差。因此，比赛时，在技术运用上要根据不同情况，尽量发挥自己的特长，抓住对方技术上的弱点进行攻击，使其长处不易施展。

》 二、基本战术

现代乒乓球运动的打法类型很多，任何一种打法都有诸多特定的战术。本节介绍乒乓球运动中常用的基本战术。

（一）推攻战术

推攻战术主要运用正手攻球和反手推挡的速度与力量，并结合落点和节奏变化来压制并调动对方，以争取主动或得分。推攻战术是用左推右攻打法应对攻击型打法的主要战术，具备反手推挡能力的两面攻或攻削结合等运动员时常运用该战术。

【方法】
（1）左推右攻。
（2）推挡侧身攻。
（3）推挡、侧身攻后扑正手。
（4）左推结合反手攻。
（5）左推、反手攻后侧身攻。
（6）左推、反手攻、侧身攻后扑正手。

【注意事项】
（1）推攻要有线路变化、落点变化和节奏变化。这是推攻战术争取主动和创造扣杀机会的主要方法。

（2）推挡一般以压对方反手为主，然后突然变正手，以创造进攻机会。只有对方正手较差时，方可以推对方正手为主。

（3）在推挡中，运动员可突然加力推对方中路，使对方难以用力回击，然后用正手或侧身扣杀。

（4）遇到机会球时，运动员要果断扣杀。这是推攻战术得分的主要手段。

（5）推攻战术要坚持近台，但不能死守近台，要学会近台与中台的转换，掌握对方的节奏。

（6）采用推攻战术应对弧圈类打法，应坚持近台为主，用快攻和加减力推挡控制落点，伺机采用近台反拉或中等力量扣杀弧圈球，然后进入正手连续进攻。

（二）两面攻战术

两面攻战术主要利用正反手攻球技术的速度和力量压制对方，争取主动和创造扣杀机会。两面攻战术是应对攻击型打法的主要战术。

【方法】

（1）攻左扣右（进攻对方左角，寻找机会，猛扣对方右手空当）。

（2）攻打两角，猛扣中路。

【注意事项】

（1）正反手攻球都要有线路上的变化，以制造扣杀机会。

（2）要以压对方反手为主，然后攻击对方正手或中路，以制造扣杀机会。

（3）遇到机会球时要大胆扣杀。

（4）采用两面攻战术，运动员在主动进攻的情况下要坚持站近台，在被动情况下可适当后退，在中近台或中台进行反攻。

（5）采用两面攻战术应对弧圈球打法，运动员应坚持站近台，用快带顶住对方的弧圈球，伺机采用近台反拉或中等力量扣杀弧圈球，然后转入连续进攻。

（三）拉攻战术

拉攻战术是连续运用正手快拉制造进攻机会，然后采用突击或扣杀得分的战术。拉攻战术是运用快攻打法对付削球类打法的主要战术。

【方法】

（1）正手拉后扣杀。

（2）反手拉后扣杀（一般为两面攻球员遇到左侧大角度的削球时所采用）。

【注意事项】

（1）拉、扣的力量要有较大的差别，以使对方措手不及。

（2）拉球要有线路和落点变化（如拉左、右两角，右短左长等）以调动对方，争取和制造进攻机会。

（3）遇到机会球时要大胆扣杀或突击。

（4）采用拉攻战术要有耐心，不要急于求成，击打没有把握的机会球不要用力过猛。

（四）拉、扣、吊结合战术

拉、扣、吊结合战术由快攻战术与放短球组成，是运动员快攻型打法应对削球型打法的常用战术。

【方法】

（1）在拉攻战术的扣杀或突击后放短球（这时，对方站位一般离台较远，故放短球效果最好）。

（2）在拉攻战术中放短球后，结合扣杀或突击（这时，对方站位一般离台很近，故扣杀或突击最容易得分）。

【注意事项】

（1）拉攻中放短球，要在对方站位较远且来球比较靠近球网时采用。这样，放短球的落点容易靠近球网，可增加对方向前移动的距离。

（2）放短球后扣杀时，如果对方靠台极近，可对准对方的身体方向扣杀。这样，对方常常难于让位还击。

（五）搓攻战术

搓攻战术主要运用转、低、快、变的搓球控制对方，以寻找战机，然后采用低突、快拉等战术展开攻势并进入连续攻；在搓球中遇到机会球时进行扣杀，常带有突然性，往往可以直接得分。搓攻战术是乒乓球各种打法不可缺少的辅助战术。

【方法】

（1）正反手搓球结合正手快拉、快点、突击或扣杀。

（2）正反手搓球结合反手快拉、快点、突击或扣杀。

【注意事项】

（1）搓攻战术要尽可能早地起板（在比赛中由搓转攻叫作起板），以争取主动，但不能有急躁情绪，否则，起板容易失误。

（2）在搓球中遇到机会球时要大胆扣杀，这是搓攻战术主要的得分手段。

（3）在搓球中摆短，可使对方不易抢先（或发力）进攻，有利于制造进攻机会，伺机用正反手或侧身进攻。

（六）削中反攻战术

削中反攻战术由削球与攻球组成，常以逼角、加转削球为主，伺机反攻；或以转、低、稳、变的削球，迫使对方在走动中拉攻，以寻找机会，伺机进攻。这种战术有逼、变、凶、攻的特点，是攻、削结合打法的主要战术。

【方法】

（1）正反手削球逼角（即落点逼近对方球台的左角），结合正手攻或侧身攻攻击对方的右侧空当。

（2）正反手削两大角长球，结合正反手（或侧身）反攻。

【注意事项】

（1）正反手削球都要注意旋转强度的变化。在削加转后用与削加转球相似的手法削不转球，使对方拉出高球，以进行反击。

（2）削球时要尽可能压低弧线，以避免对方扣杀或突击。

（3）削球逼角时要适当配合削另一角，从而使对方在走动中击球。

（七）发球抢攻（抢冲）战术

运用发球抢攻（抢冲）战术是以旋转、线路、落点及速度不同的发球来增加对方回击的难度或降低对方回球的质量，然后抢先进攻，以争取主动或直接得分。这是乒乓球所有打法，特别是进攻打法的主要战术和得分手段。

【方法】

（1）发下旋球与不转球抢攻。

（2）发正反手奔球抢攻。

（3）发正反手侧上、下旋球抢攻。

【注意事项】

（1）发球要有线路和落点的变化，以使对方在前、后、左、右移动中接发球。

（2）发球后要有抢攻准备，以不失抢攻机会。

（3）自己发什么球，对方以什么技术回击，运动员在发球前要做到心中有数，以便较好地做抢攻准备。

（4）抢攻要尽可能凶，但又不能过凶，要根据来球的高度和性质使用适当用力，否则会影响击中率。

（八）接发球抢攻（抢冲）战术

接发球抢攻（抢冲）战术以某一单项进攻性强的攻（冲）球技术为主体，可变被动为主动，也是直接得分的战术。这是乒乓球各种打法特别是进攻型打法的主要战术。

【方法】用快点、快攻或中等力量突击，进行接发球抢攻。

【注意事项】

（1）接发球抢攻（抢冲）是在对方主动发球、自己处于被动的接发球地位时所采取的进攻性打法，因此难度较大。接发球抢攻（抢冲）一般不可过凶，要看准来球的旋转方向、旋转强度和高度，采用适当的方法进攻。例如，对方发加转下旋球，接发球抢攻时要采用提拉手法，以免下网；同时，攻球的力量不可过大。

（2）接发球抢攻（抢冲）动作结束后，要立即做好对攻（对冲）或连续攻（冲）的准备，以继续处于主动地位。

（3）接发球抢攻（抢冲）的力量越小，越应注意击球的线路和落点，一般多打在对方反手；若对方反手强而正手弱，则可多打对方正手。

第四节 乒乓球竞赛规则简介

》 一、比赛器材

（一）乒乓球台

乒乓球台长为 2.74 米，宽为 1.525 米，台面离地高度为 76 厘米，比赛台面呈均匀的暗色，无光泽。比赛有效台面应包括球台上面的边缘及四个角，不包括边缘以下的侧面。

（二）球网装置

球网装置包括球网、悬网绳、网柱及将它们固定在球台上的夹钳部分，高度为 15.25 厘米。

（三）球

球呈橙色或白色，直径为 40 毫米，重 2.7 克。

（四）球 拍

球拍的大小、形状或重量不予限制。球拍的底板厚度至少应有 85% 的天然木料。底板的黏合层可以是一层普通的颗粒胶，颗粒向外，连同黏合剂不得超过 2 毫米；也可以是颗粒向里或向外的海绵胶，连同黏合剂不得超过 4 毫米。球拍的两面不论是否有覆盖物，必须无光泽，且一面为鲜红色，另一面为黑色。正胶胶皮必须是由底面平整、正面均匀的蜂窝状胶粒组成的，密度是 1 平方厘米为 10～50 粒。球板必须平整坚固，球拍和拍柄的连接处必须坚固。

比赛开始及比赛过程中，运动员需要更换球拍时，必须向对方和裁判员展示其将要使用的球拍，并允许他们检查。

从击球有效部位来说，完整的球拍还应包括持拍手、手腕及手腕以下的部位。

》 二、竞赛规则简介

（一）决胜方法

团体赛采用五场三胜制，每场比赛采用五局三胜制。单项比赛每场采用七局四胜制。每局比赛先得 11 分的一方为胜方，但打到 10 平后，先得 2 分的一方为胜方；决胜局中，一方先得 5 分时，应交换位置。

（二）选　择

每场比赛开始前，用抽签的方法确定谁先选择。抽签胜方有三种选择权利：① 选择发球或接发球；② 选择方位；③ 可要求对方选择。

（三）赛前练习

在比赛开始前，运动员有权在比赛球台上练习 2 分钟。

（四）合法发球

· 发球时，球应放在非持拍手的手掌上。手掌张开并伸平，球应静止，在发球方的端线之后和比赛台面的水平面之上。

· 发球员须用手把球几乎垂直地向上抛起，不得使球旋转。抛起球的高度至少离开非持拍手 16 厘米。

· 当球从抛起的最高点下降时，发球员方可击球，并使球首先触及本方台区，然后越过或绕过球网装置，再触及接发球员的台区。在双打中，球应先后触及发球员和接发球员的右半区。

· 从发球开始到球被击出，球始终应在比赛台面的水平面之上。

· 击球时，球应在发球方的端线之后，但不能超过发球员身体离端线最远的部分。

· 运动员发球时，有责任让裁判员或副裁判员看清他是否按照合法发球的规定发球。

（五）发球擦网

· 发球擦网落在对方台区，判重新发球。

· 发球擦网出界，判失 1 分。

· 发球擦网对方阻挡，判重新发球。

（六）失 1 分

在一个回合中出现下列情况，应判失 1 分。

· 未能合法发球。

· 未能合法还击。

· 球未出端线而被阻挡。

· 连续两次击球。

· 球连续两次触及本方台区。

· 用不符合规定的拍面击球。

· 球台移动。

· 非持拍手触及比赛台面。

· 运动员穿戴（带）的任何物品触及球网及球网装置。

· 还击时，球碰障碍物。

·双打中，除发球和接发球外，运动员未能按正确的次序击球。

·实行轮换发球法时，发球方发出和还击的球，被接发球方连续13次合法还击。

（七）双　打

·在双打的每一局开始时，先发球的一方应决定由谁先发球，再由对方确定由谁先接发球。

·发球方发2分球（10平后发一分球）后，交换发球时，接发球方的两名队员应交换位置。

·在双打比赛第一局之后的各局中，确定第一个发球员后，第一个接发球员应是前一局发球给他的运动员。

·在双打决胜局中，当一方先得5分时，接发球方应交换接发球次序。

第十二章

羽毛球

第一节　羽毛球概述

　　现代羽毛球运动出现于 19 世纪。大约 1870 年在英国出现了用羽毛、软木塞做的球和穿弦的球拍。1873 年，英国公爵鲍弗特在格拉斯哥郡伯明顿的庄园里进行了一次羽毛球游戏。当时的场地呈葫芦形，在中间狭窄处挂网。从此，羽毛球运动逐渐开展起来。"伯明顿"成了羽毛球的名字。直至 1901 年，场地才改为长方形。

　　1875 年，印度浦那出现了世界上第一部羽毛球运动规则。三年后，英国又制定了更加完善和羽毛球规则。1893 年，世界上第一个正规的羽毛球协会成立，该协会进一步修订了规则，重新规定了场地标准。1899 年，该协会举办了首届全英羽毛球锦标赛。1934 年，由英格兰、加拿大、丹麦、爱尔兰、法国、荷兰、新西兰、苏格兰和威尔士发起成立了国际羽毛球联合会（简称国际羽联），其总部设在伦敦。从此，羽毛球国际比赛日益增多。1978 年，世界羽毛球联合会（简称世界羽联）成立。1981 年 5 月，国际羽联和世界羽联正式合并，仍称为国际羽联。2006 年，国际羽联更名为如今的羽毛球世界联合会。

　　20 世纪 20 年代末至 20 世纪 30 年代中期，羽毛球运动传入中国。在中华人民共和国成立前，国内从未举行过全国性的羽毛球比赛，仅上海、天津、北平、广州开展了这项运动。中华人民共和国成立后，羽毛球项目很快成为我国体育运动的重点项目之一。1986 年、1988 年，我国连续两次获得世界男子羽毛球团体锦标赛和世界女子羽毛球团体锦标赛的冠军，1987 年的世界羽毛球锦标赛和 1988 年的羽毛球世界杯赛的 5 项冠军都被我国羽毛球运动员囊括，这创造了一个国家运动员连续囊括世界级比赛 5 个单项冠军的纪录。

　　在 1987 年北京世界羽毛球锦标赛、2010 年巴黎世界羽毛球锦标赛、2011 年伦敦世界羽毛球锦标赛和 2012 年伦敦奥运会中，我国羽毛球选手包揽了全部 5 个项目的冠军。2015 年 5 月 17 日，在第 14 届苏迪曼杯羽毛球决赛中，中国队成功卫冕，实现苏迪曼杯六连冠。在 2016 年里约奥运会上，中国羽毛球队获得两枚金牌。

第二节　羽毛球基本技术

一、握拍法

握拍是打羽毛球的第一个动作，从开始到完成每一个击球动作，握拍的方式都会有所不同。本书以右手持拍为例，介绍两种握拍法，分别是正手握拍和反手握拍。

（一）正手握拍

右手握住拍杆，使拍面与地面垂直。右手张开，用近似握手的手形，虎口对准拍框，拇指与食指成V字形，五指自然地贴到拍柄上。（图 12-2-1）

（二）反手握拍

右手握住拍杆，使拍框与地面平行。右手拇指上提，顶贴在拍柄的宽棱上，其余四指自然贴靠在拍柄上，留有一定的发力空间。（图 12-2-2）

正手握拍

反手握拍

图 12-2-1

图 12-2-2

二、发球技术

发球既是羽毛球技术中一项很重要的基本技术，也是羽毛球战术的重要组成部分。发球质量的好坏往往直接影响一个比赛回合的主动与被动。羽毛球的发球方法有两种：一种是正手发球，另一种是反手发球。按照发出的球在空中飞行的弧度与落点，发球可分为发后场高远球、发后场平高球、发后场平射球和发网前小球（图 12-2-3）；按照发球方式，发球可分为正手发球和反手发球。

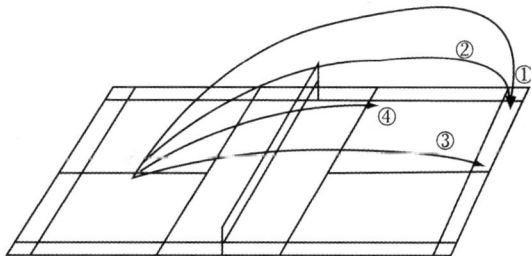

①发高远球；②发平高球；③发平射球；④发网前小球

图 12-2-3

（一）正手发球

正手发球以正手发高远球动作为基础。正手发后场高远球是用正手握拍法，用正拍面将球击得又高又远，使球飞行到对方端线上空后突然改变方向，呈直线下落至端线附近的一种发球。（图 12-2-4）

图 12-2-4

正手发后场高远球的动作要领：

（1）准备发高远球的时候，站在发球场区中线附近，离前发球线 1 米左右处，面对球网，左脚在前，右脚在后，两脚自然分开。

（2）身体自然地微向后仰，右手持拍向右后方侧举，肘部稍弯曲，左手持球（可持球的球托部位）并自然地在胸前弯曲。

（3）发球时，左手将球举在身体的右前方并放下，使球自然下落；同时右手持拍，上臂带动前臂，从右后方向左前上方挥动。在上臂开始挥动时，身体重心由右脚慢慢移向左脚。

（4）当球下落至持拍人手臂向下自然伸直能够触到球的一刹那，握紧球拍，以甩腕的力量向前上方用力鞭打击球。将球击出的同时，持拍手手臂向左上方挥动，击球后，身体重心也由右脚移至左脚，身体微微前倾。

（二）反手发球

除了正手发球之外，还有一种反手发球法。由于动作结构、解剖因素和力量等原因，一般只是通过反手发网前球和平球。反手发球多见于双打比赛中。（图 12-2-5）

图 12-2-5

反手发网前球的动作要领：

（1）站位靠近前发球线，左脚或右脚在前均可，身体重心落在前脚掌上，上体前倾，后脚脚跟提起。右手反握在拍柄稍前部位，肘关节提起，手腕稍前屈，使球拍低于腰部，斜放在小腹前；左手持球在拍面前方。

（2）左手放球的同时，以肘为轴，持拍手前臂内旋，带动展腕由后向前做半弧形回环挥动。

（3）击球时，球拍由后向前推送击球，使球的最高弧线略高于网顶，通过拍面的切削动作使球落到对方场区的前发球线附近。

（4）击球后，以制动动作结束发力，并迅速将握拍姿势调整为正手放松握拍。

三、前场击球技术

前场击球技术包括网前的放球、搓球、推球、勾球、扑球、挑球等。其中，搓球、推球、勾球、扑球属于进攻技术，要求击球前期动作具有一致性，击球刹那间产生突然变化，握拍要灵活，动作要细腻，手腕、手指要灵巧，以控制球的落点。网前球的各种球路如图12-2-6所示。

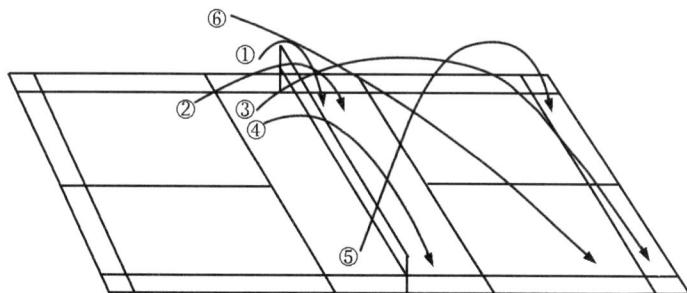

①前场搓球　②放小球　③前场推斜线球
④勾球　⑤挑斜线球　⑥前场扑斜线球

图12-2-6

网前进攻威胁较大，球飞行距离短，落地快，常使对方因措手不及而直接失分；即使不能直接失分，也能迫使对方被动回球，创造下一拍进攻的机会。若网前进攻与中场进攻能紧密地配合起来，则能发挥前后场的连续进攻优势，掌握主动权。

（一）放网前球

放网前球是将网前区域低手位置的来球击至对方网前区域的前场击球技术。放网前球的来球一般处于低手位，击出的球没有旋转和翻滚，落点可以较贴近球网，这样可以创造有利的进攻形势，营造转机。放网前球可分为正手放网前球和反手放网前球。

1. 正手放网前球

正手握拍，以正拍面将网前区域或低手位的来球击至对方网前区域，称为正手放网前球。右脚在前，左脚在后，两脚开立，与肩同宽，右手持拍自然置于胸前，左手自然置于体侧，上体前倾。前臂随步法伸向前上方，手腕外旋引拍。击球时，放松

握拍，拍面几乎成仰面置于球托下，手指、手腕轻轻上抬击球托的底部，使其越网而过。击球后，右脚迅速蹬地回动，同时击球手臂收回至胸前，成接球前的准备姿势，准备回击下一个来球。（图12-2-7）

图 12-2-7

2. 反手放网前球

反手握拍，以反拍面将网前区域或低手位的来球击至对方网前区域，称为反手放网前球。击球前的动作要领同正手放网前球，只是方向相反。反手握拍，反拍面迎球。击球时，主要靠前臂的前伸、外旋与手腕由内收至外展的合力，轻击球托底部将球送过网。击球后，整个动作还原成击球前的准备姿势。（图12-2-8）

图 12-2-8

（二）网前搓球

1. 正手网前搓球

正手握拍，以正拍面将网前位置的来球运用"搓""切"等动作回击到对方网前区域附近的击球方式，称为正手网前搓球。

击球前，前臂稍外旋，手腕由后伸至稍内收闪动。击球时，在正手放网前球动作的基础上，加快挥拍速度，搓切来球的右下部，使球旋转滚动过网。（图12-2-9）

正手搓球

图 12-2-9

2. 反手网前搓球

反手握拍，以反拍面将网前位置的来球运用"搓""切"等动作回击到对方网前区域附近的击球方式，称为反手网前搓球。

击球前，前臂前伸外旋，手腕由内收至外展；搓击球的右侧后底部，使球侧旋滚动过网。另外，也可以是前臂稍伸直，手腕由外展至内收，带动球拍向前切送，搓击球托的后底部，使球下旋滚动过网。

反手搓球

（三）网前勾球

1. 正手勾对角线球

勾球一般采用并步加蹬跨步上网的步法。在步法移动的同时，球拍随前臂向右前上方举起，在前臂前伸的同时，稍有外旋，手腕微后伸，这时将拍柄稍向外捻动，使拇指贴在拍柄的宽面上，食指的第二指节贴在与其相对的另一个宽面上，拍柄不触及掌心。击球时，靠前臂稍内旋并往左拉收，手腕由稍后伸至内收，球拍拨击球托的右侧下部，由手腕和手指控制拍面角度。击球后，球拍回收至胸前。（图12-2-10）

正手勾球

图12-2-10

2. 反手勾对角线球

随着步法移动，手臂向左侧前方平举（注意手臂不要伸直，稍弯即可）。击球时，随着肘部下沉，前臂内收外旋的同时，食指和拇指协调用力捻动拍柄，使拍面拨击球托的左侧后部，将球沿对角线击飞过网。击球后，球拍回收至胸前，为下次来球做积极的准备。

（四）挑 球

1. 正手挑球

准备姿势同正手放网前球。击球前，前臂充分外旋，手腕尽量后伸。击球时，从右下方向右前方至左上方挥拍击球。在此基础上，若球拍向右前上方挥动，则挑出的球是直线高球；若球拍向左前方挥动，则挑出的球是对角线高球。（图12-2-11）

正手挑球

2. 反手挑球

准备姿势同反手放网前球。击球前，右臂向后拉，抬肘引拍。击球时，前臂充分内旋，手腕由屈至后伸闪动挥拍击球。若球拍由左下方向左前上方挥动，则球向直线方向飞行；若球拍由左下方向右前上方挥动，则球向对角线方向飞行。（图12-2-12）

反手挑球

图 12-2-11

图 12-2-12

》》 四、中场击球技术

常见的中场击球技术包括平抽球和接杀球技术。由于中场区域是比赛双方攻守转换的主要地带，双方运动员的距离较近，球在空中滞留的时间较短，因此中场击球技术要求运动员挥拍击球时球拍的预摆幅度相对前场击球要小一些，突出体现一个"快"字。

（一）平抽球

平抽球是把位于身体左右两侧，高度在肩部以下、腰部以上位置的来球，用抽击的方式使球过网，是双打的主要技术之一。这种方式击出的球的飞行路线既平又快。

站位在右场区中部，两脚平行站立，稍宽于肩，身体重心落在两脚之间，微屈膝，收腹，正手握拍举于右肩前。击球前，肘关节前摆，前臂稍向后带外旋，手腕稍外展至后方，引拍至体后。击球时，前臂内旋，手腕伸直闪动，手指抓紧拍柄，球拍由右后方向右前方高速平扫盖击来球。击球后，手臂左摆，左脚向左前方迈一步，右脚跟进一步回到中心位置。（图 12-2-13）

正手平抽球

图 12-2-13

（二）接杀球

接杀球是羽毛球实战中由守转攻的重要环节。运动员掌握较好的接杀球技术，可以从防守反击中得到较好的进攻主动权或直接得分机会。积极有效的接杀球可以化解对方的进攻，达到化被动为主动的目的。接杀球可分为接杀放网前球、接杀挑后场高球、接杀勾对角线球等，每种技术又可分为正手和反手两种击球方法。

两脚开立，与肩同宽，自然站于中场位置，膝关节微微弯曲，身体重心降低，两眼注视对方的击球动作，判断来球的落点，以便采用相应的步法和握拍法，控制好拍面，以切击或挑球动作将球击出。击球后，迅速回位，将球拍置于胸前，准备回击下一个来球。

》》 五、后场击球技术

发球仅是击球的开始，真正激烈的争夺是在发球后的接发球、发球抢攻以及之后的对拉击球上。合理、协调、有效的击球是运动员夺取最后胜利最基本的保证。后场击球包括后场正手击高远球、后场反手击高远球、后场吊球、扣杀球等。（图 12-2-14）

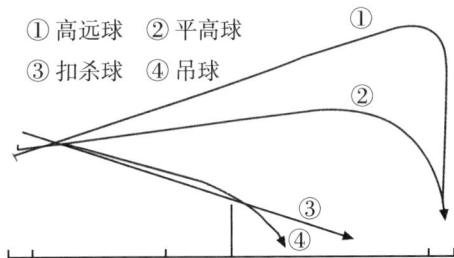

① 高远球　② 平高球
③ 扣杀球　④ 吊球

图 12-2-14

（一）后场正手击高远球

正手握拍，以正拍面在后场击出的高远球称为后场正手击高远球，击球点在右肩前上方。（图 12-2-15）

（1）准备姿势：左脚在前，右脚在后，侧身对网。右手正手握拍屈肘于体侧，上臂与前臂的夹角约为 45°。左手自然上举，保持平衡，两眼注视来球方向。

（2）当球下落到一定高度时，转体，右肘上抬，手臂后伸引拍，以肩为轴做回环动作；前臂充分向后下方摆动并外旋，充分伸展；左臂随转体屈臂向身体左下方下落。

（3）击球时，前臂急速内旋带动手腕加速向前上方挥动，手腕收缩，手指屈指发力，用正拍面将球击出。击球点在右肩的前上方，其高度以持拍手手臂自然伸直能够击到球为宜。

（4）击球后，右手随击球后的惯性向左前下方挥动，顺势收回至体前，成击球前的准备姿势。

图 12-2-15

（二）后场反手击高远球

反手握拍，以反拍拍面在后场击高远球，称为后场反手击高远球。（图 12-2-16）

（1）由中心位置起动后，用后场反手后退步法向来球方向移动，移动到位后，右脚在前，身体背向球网，球拍举在胸前，拍面朝上，两眼注视来球。

（2）击球时，下肢是一个由屈到伸的过程；当球下落至右肩前上方一定高度时，以上臂带动前臂为初速度，在肘部上抬至上臂与肩平行时，转为前臂带动腕部闪动，在右侧上方伸直手臂向后击球，伴随右腿的蹬地力量，使击出的球更有力量。

（3）击球后，迅速转体面向球网，左腿迈出跟进回位。

图 12-2-16

（三）后场吊球

吊球是把对方击来的高球，从后场轻击或轻切、轻劈到对方的近网附近。根据动作方法和球飞行弧线的不同，吊球可分为劈吊、拦吊、轻吊，其中每一项又有正手、头顶、反手吊球之分。

1. 劈 吊

劈吊击球前的动作与击高远球相似，击球时用力较轻，带有劈切动作（落点一般离网较远）。当球落到右臂向上自然伸直能够击到的高度时，手腕快速地做切削动作，使拍面与球托的右侧或左侧接触将球击出。（图 12-2-17）

反手击高远球

正手吊球

图 12-2-17

2. 拦 吊

拦吊通常是把对方击来的平高球拦截回去。击球时，拍面正对来球，当拍面和球接触时，只需轻轻拦切或点击，球即以较平的弧线、较慢的速度越过球网垂直下落。

3. 轻 吊

轻吊击球前的动作与击高远球相似。击球时，拍面正对来球，在接触球的一刹那，突然减速轻点或轻切来球，使球过网即下落。

（四）扣杀球

扣杀球是把高球用力向前下方重击、重切或重"点"击球。这种击球方法击出的球速度快、力量大。在比赛中，扣杀球既可以直接得分，也可以使对方处于被动防守地位。这一技术是羽毛球的主要进攻技术之一。（图 12-2-18）

原地正手
扣杀球

图 12-2-18

以击球时距身体的位置，扣杀球可分为正手扣杀、头顶扣杀和反手扣杀；以击球力量的大小，扣杀球可分为重杀、轻杀、劈杀、点杀、追身杀等。以下主要介绍头顶扣杀直线球和头顶扣杀对角线球。

1. 头顶扣杀直线球

准备姿势同头顶击高球，不同之处是挥拍击球时，靠腰腹带动手臂、手腕的鞭打动作，全力向直线下方击球，拍面与击球方向水平面的夹角小于90°。

2. 头顶扣杀对角线球

准备姿势同头顶击高球，不同之处是挥拍击球时，靠腰腹带动手臂、手腕的鞭打动作，全力向对角线下方击球，拍面与击球方向水平面的夹角小于90°。

六、羽毛球步法

步法在羽毛球运动中占有十分重要的地位，其可称为羽毛球运动的技术之母。快速、灵活、合理的步法是全面提高羽毛球技术水平的重要环节。

（一）步法的组成

羽毛球步法由垫步、交叉步、小碎步、并步、蹬转步、蹬跨步、腾跳步等组成。通常情况下，每种步法的移动都是从球场中心位置开始的。

1. 垫步

垫步

当右（左）脚向前（后）迈出一步后，后脚跟进，紧接着以同一脚向同一方向再迈一步，称为垫步。垫步一般用作调整步距。

2. 交叉步

交叉步

左右脚交替向前、向侧或向后移动的步法称为交叉步。一脚经另一脚的前面并超越另一脚的步法为前交叉步；一脚经另一脚的后面并超越另一脚的步法为后交叉步。交叉步一般在后退打后场球时运用得较多。

3. 小碎步

以小的交叉步移动的步法称为小碎步。由于小碎步的步幅小、步频快，因此运动员一般在起动或回到起始位置时使用此类步法。

4. 并步

并步

右脚向前（或向后）移动一步时，左脚立即向右脚跟进并一步，紧接着右脚再向前（向后）移动一步，称为并步。

5. 蹬转步

以一脚为轴，另一脚做向后或向前的蹬转动作。

6. 蹬跨步

蹬跨步

在移动的最后一步，左脚用力后蹬的同时，右脚向来球方向跨出一大步，称为蹬跨步。蹬跨步多被用于上网击球。运动员在后场底线两角移动抽球时也常采用蹬跨步。

7. 腾跳步

起跳腾空击球的步法为腾跳步。腾跳步可分为两种：一种是上网扑球或向两侧移动突击杀球时，以领先的脚（或两脚）起跳，做扑球或突击杀球；另一种是回击高远球时，用右脚（或两脚）起跳到最高点时杀球。

（二）步法的组合

1. 前场上网步法

从中心位置移动到网前击球的步法，称为前场上网步法。前场上网步法可根据个人习惯采用交叉步、并步、垫步或蹬跨步，其可分为正手三步上网步法和反手三步上网步法。

（1）正手三步上网步法：当来球在右侧距身体较远时，采用正手三步上网步法。起动后，右脚迅速向身体右侧前方迈出第一步，左脚紧接着向前垫第二步并至右脚跟

处，同时左脚的前脚掌用力蹬地，右脚再向前跨出第三大步，准备击球。（图 12-2-19）

（2）反手三步上网步法：当来球位置在左侧距身体较远时，采用反手三步上网步法。起动后，右脚迅速向身体左侧前方迈出第一小步，左脚向前交叉迈出第二小步，同时左脚的前脚掌用力蹬地，右脚再向前跨出第三步准备击球。击球后，右脚向中心位置撤回第一步，左脚紧跟着退回第二步，两脚再向中心位置迈回，最后一个小跳步回位。（图 12-2-20）

2. 后场后退步法

后场后退步法是指从球场中心位置后退到端线的移动步法。它是羽毛球步法中最常用的、难度较大的动作。这是由人的解剖、生理结构决定的，向前总比向后移动容易些，特别是向左场区底线后退，对人的灵活性和协调性的要求更高。后场后退步法可分为后场正手后退步法、后场头顶后退步法和后场反手后退步法。

（1）后场正手后退步法：当来球位置在后场正手位距身体较远时，采用后场正手后退步法。起动后，右脚向球的落点方向后退第一步，左脚经右脚向后交叉退第二步，右脚再交叉退第三步，身体重心放在右脚上，向右后方斜步起跳，准备击球。（图 12-2-21）

（2）后场头顶后退步法：当来球位置在后场反手位距身体较远时，采用后场头顶后退步法。起动后，右脚蹬地，转体，向身体左后侧区域的来球落点方向后退第一步，左脚后交叉退第二步，右脚再向后交叉退第三步，身体重心放在右脚上，交叉步起跳，准备击球。（图 12-2-22）

正手三步后退

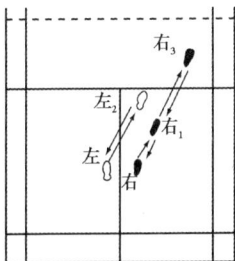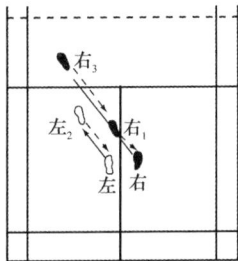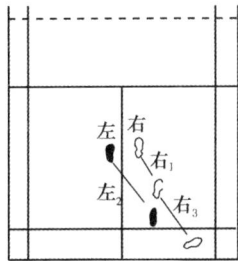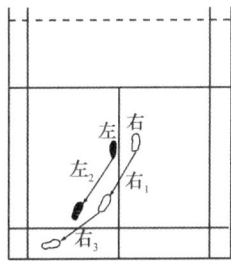

图 12-2-19　　　　图 12-2-20　　　　图 12-2-21　　　　图 12-2-22

（3）后场反手后退步法：当来球距离身体位置较远，不能采用后场头顶后退步法时，采用后场反手后退步法。后场反手后退步法以左脚的前脚掌为轴，右脚蹬地向身体左后侧来球的落点方向转体迈出第一步，左脚紧跟其后向左后侧迈出第二步，右脚再交叉向来球的落点方向跨出第三步，准备击球。完成击球后，身体重心在右脚上，右脚迅速蹬地并转体向中心位置方向迈出第一步，左脚随即交叉迈出第二步，右脚再向中心位置迈出第三步，迅速回位。（图 12-2-23）

反手三步后退

3. 中场步法

中场步法主要是还击中场球时使用的步法。中场左右两侧移动步法用于接杀球较多，故左右移动大致有两种方法：一种是向右移动的正手移动步法；另一种是向左移动的反手移动步法。

（1）中场正手蹬跨步接杀球步法：判断来球后，前脚掌触地起动，左脚向身体右侧场区边线蹬地，右脚向来球方向转动的同时向前跨一步接球，右脚的触地动作与前场交叉步上网步法相似。接球后，右脚迅速向中心位置蹬跳回位。（图 12-2-24）

（2）中场反手蹬跨步接杀球步法：起动后，右脚用力向来球方向蹬地，向左侧转髋的同时，左脚向来球方向跨步接球，左脚脚尖外展，脚跟触地。接球后，左脚前脚掌向中心位置迅速蹬地回位。（图 12-2-25）

图 12-2-23

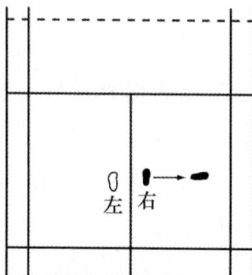
图 12-2-24

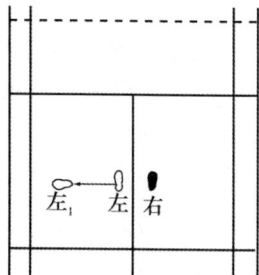
图 12-2-25

总之，羽毛球的步法有很多，这里介绍的只是其中几种最常见、最主要的步法。根据自己技术打法的特点和身体素质的实际情况可灵活运用，也可以总结、创新一些适合自己特点的步法进行练习。

第三节 羽毛球基本战术

羽毛球战术是指运动员在比赛中为表现出高超的竞技水平并战胜对方而采取的计谋和行动。在羽毛球比赛中，运动员要控制对方，力争主动，以己之长，克彼之短，抑彼之长，避己之短，根据不同对手的特点，采取相应变化的技术手段战而胜之，这便是战术的意义。

我国羽毛球运动战术的指导思想是"以我为主、以快为主、以攻为主"，这同时也确定了我国羽毛球运动员"快、狠、准、活"的技术风格。

一、运用战术的目的

（一）调动对方位置

对方一般站在场地中心位置，全面照顾各个角落，以便回击各种来球。如果把对方调离中心位置，他的场区就会出现空当，这一空当可成为我方下一拍进攻的目标。

（二）迫使对方击出中后场高球

以平高球、劈杀、劈吊或网前搓球等技术造成对方还击困难，迫使对方击来的高球不能到达自己场区的底线，这样可增加自己大力扣杀和网前扑杀的威力，给对方以致命的一击。

（三）使对方重心失控

我方利用重复球或假动作打乱对方的步法，使对方失去重心而来不及还击或延误击球时间导致回球质量差，造成对方被动。

（四）消耗对方体力

控制球的落点，最大限度地利用整个场地，把球击到场地的四个角或离对方最远的地方，使对方在每一次回球时消耗较多体力。在争夺一球的得失时，也应以多拍调动对方，让对方多跑动，多做无效的杀球，以此消耗对方的体力，为比赛的后程奠定体能基础。

》》二、单打基本战术

（一）发球抢攻战术

发球不受对方干扰。发球者可以根据规则，随心所欲地以任何方式将球发到对方接球区的任意位置。善于利用多变的发球技术，先发制人，取得主动；以发平快球与网前球配合，争取创造第三拍主动进攻机会，这就是发球抢攻战术。

（二）攻后场战术

采用重复打高远球或平高球技术，压对方后场两角，迫使对方处于被动状态，一旦其回球质量不高，便伺机杀球、吊球，一击制敌。

（三）逼反手战术

一般来说，后场反手击球的进攻性不强，球路也较简单。对于后场反手较差的对手，我方要毫不放松地加以攻击。先拉开对方位置，使对方反手区露出空当，然后把球打到对方反手区，迫使对方使用反拍击球。例如，先吊球到对方正手网前，对方挑高球时，我方便可以平高球攻击对方反手区。在重复攻击对方反手区迫使其远离中心位置时，我方突然吊球至对角网前。

（四）四方球突击战术

以快速的平高球、吊球准确地打到对方场区的四个角，迫使对方前后左右奔跑。当对方来不及回到中心位置或失去重心时，我方抓住其空当和弱点进行突击。

（五）吊、杀上网战术

我方先在后场以轻杀配合吊球把球下压，使球的落点在场地两侧，使对方被动回球。若对方还击网前球，我方便迅速上网搓球或勾对角快速平推球；若对方在网前挑高球，我方可在其后退途中将球直接杀到其身上。

>> 三、双打基本战术

（一）攻人（二打一）战术

攻人战术是一种经常运用且行之有效的战术。如果发现对方有一人的防守能力或心理素质较差，失误率较高或防守时球路比较单调，就可采用这种战术，把球攻到较弱者的一边。这种战术可集中优势兵力以多打少，以优势打劣势，造成我方主动或得分；有利于打乱对方的防守站位；有利于我方成功突击另一线；有利于造成对方两人在思想上出现矛盾而互相埋怨，影响士气。

（二）攻中路战术

不论对方把球打到什么位置，攻球的落点都集中在对方两人之间的结合部，并靠近防守能力较差者一侧或在中线上。攻中路战术可以造成对方抢球或漏球，也可以限制对方挑出大角度的球路，从而有利于我方在网前的封网。

（三）攻直线战术

攻直线战术即杀球路线和落点均为直线，没有固定的目标和对象，只依靠杀球的力量和落点取得得分。当对方的来球靠近边线时，攻球的落点在边线上；当对方的来球在中间区时，就朝中路进攻，此战术在使用上较易记住和执行。攻直线战术虽然难度大一些，但是效果不错，也便于网前同伴的封网。

（四）后攻前封战术

当我方取得主动攻势时，后场队员逢高球必杀，前场队员积极移动封网扑打。

（五）防守反击战术

防守时，对方攻直线球，我方挑对角平高球；对方攻对角线球，我方挑直线平高球，以达到调动对方移动的目的；然后，可采用挡或勾网前的精巧网前技术迫使对方起球，以创造后场进攻的机会，达到转守为攻的目的。

第四节　羽毛球竞赛规则简介

>> 一、比赛场地

羽毛球场地应是一个长方形，用宽 40 毫米的线画出。线的颜色应是白色、黄色或其他容易辨别的颜色。所有的线都是它所界定区域的组成部分。网柱高 1.55 米。当球网被拉紧时，网柱应与地面保持垂直。不论是单打还是双打比赛，网柱都应放置在双打边线上。网柱及其支撑物不得延伸进入除边线外的场地内。

球网应用深色优质的细绳编织而成。网孔为均匀分布的方形，各边长为 15～20 毫米，球网上下宽为 0.76 米，全长至少 6.1 米。球网的上沿是用 75 毫米宽的双层白布对折而成的夹层，用绳索或钢丝从中穿过。夹层的上沿必须紧贴绳索或钢丝。绳索或钢丝应牢固地拉紧，并与网柱顶齐平。球网的高度分别是：球网中央顶部高 1.524 米，双打边线处网高 1.55 米。球网两端与网柱之间不应有空隙。（图 12-3-1）

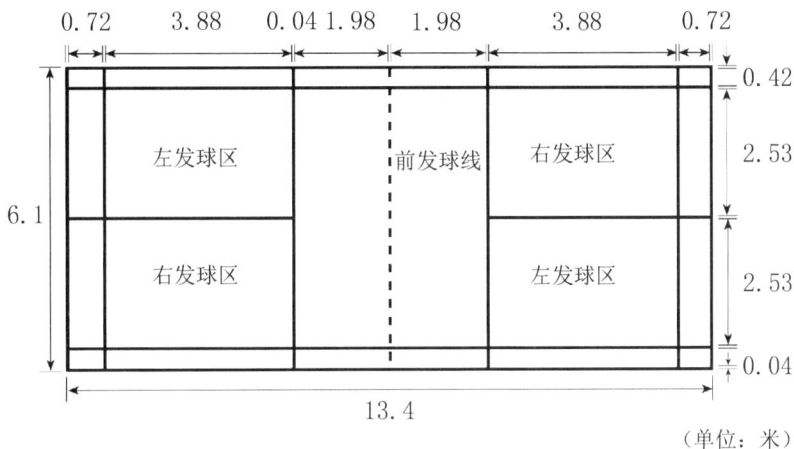

图 12-3-1

二、竞赛规则简介

（一）计分方法

（1）除非另有规定，一场比赛应以三局两胜定胜负。

（2）20 平后，领先 2 分的一方胜该局。

（3）29 平后，先到 30 分的一方胜该局。

（4）对方违例或球触及对方场区内的地面成死球，则本方胜这一回合并得 1 分。

（5）除（2）（3）的情况外，先得 21 分的一方胜一局。

（6）一局的胜方在下一局首先发球。

（二）发　球

（1）合法发球。

①一旦发球员和接发球员做好准备，任何一方不得延误发球。

②发球员的球拍拍头完成后摆，任何对发球开始的延误都是延误。

③发球员和接发球员应站在斜对角的发球区内，脚不得触及发球区和接发球区的界线。

④从发球开始，至发球结束前，发球员和接发球员的两脚都必须有一部分与场地的地面接触，不得移动。

⑤发球员的球拍应首先击中球托。

⑥发球员的球拍击中球的瞬间，整个球应低于距场地地面高度 1.15 米。

⑦ 发球开始后，发球员必须连续向前挥拍，直至将球发出。

⑧ 发出的球应向上飞行过网，如果未被拦截，球应落在规定的接发球区内。

⑨ 发球员发球时，应击中球。

（2）一旦运动员站好位置准备发球，发球员的球拍拍头开始向前挥动，即为发球开始。

（3）一旦发球开始，发球员的球拍击中球或未能击中球，均为发球结束。

（4）发球员应在接发球员准备好后才能发球，如果接发球员已试图接发球，即被视为已做好准备。

（5）双打比赛发球时，发球员和接发球员的同伴应在各自的场区内。其站位不限，但不得阻碍对方发球员或接发球员的视线。

（三）发球与接发球的顺序

1. 单 打

（1）发球区和接发球区。一局中，当发球员的分数为 0 或双数时，双方运动员均应在各自的右发球区发球或接发球；当发球员的分数为单数时，双方运动员均应在各自的左发球区发球或接发球。

（2）击球顺序和位置。一回合中，球应由发球员和接发球员交替从各自所在场区一边的任何位置击出，直至成死球为止。

（3）得分和发球。发球员胜一回合得 1 分，随后，发球员再从另一发球区发球；接发球员胜一回合得 1 分，随后，接发球员成为新发球员。

2. 双 打

（1）发球区和接发球区。一局中，发球方的分数为 0 或双数时，发球方均应从右发球区发球；一局中，发球方的分数为单数时，发球方均应从左发球区发球。接发球方上一回合最后一次发球的运动员应在原发球区，其同伴的站位与其相反；接发球员应是站在发球员斜对角发球区的运动员。发球方每得 1 分，原发球员则变换发球区再发球。

（2）击球顺序和位置。每回合发球被回击后，由发球方的任何一人和接球方的任何一人，交替在各自场区一边的任何位置击球，如此往返直至死球。

（3）得分和发球。发球方胜一回合得 1 分，随后发球员继续发球；接发球方胜一回合得 1 分，随后接发球方成为新发球方。

（4）发球顺序。每局比赛的发球权必须如下传递：首先是由首先发球员从右发球区发球；其次是首先接发球员的同伴从左发球区发球；然后是首先发球员的同伴；接着是首先接发球员；再接着是首先发球员，依此传递。

（5）运动员在比赛中不得有发球、接发球顺序错误或在一局比赛中连续两次接发球。

（6）一局胜方的任一运动员可在下一局先发球；一局负方的任一运动员可在下一局先接发球。

（四）违　例

以下情况均属违例。

（1）不合法发球。

（2）球发出后：停在网顶；过网后挂在网上；被接发球员的同伴击中。

（3）比赛进行中，球：落在场地界线外（即未落在界线上或界线内）；未从网上越过；触及天花板或四周墙壁；触及运动员的身体或衣服；触及场地外其他物体或人；被击时停滞在球拍上，紧接着被拖带抛出；被同一运动员两次挥拍连续两次击中，但一次击球动作中球被拍框和拍弦面击中不属违例；被同一方两名运动员连续击中；触及运动员的球拍而未飞向对方场区。

（4）比赛进行中，运动员：球拍、身体或衣服触及球网或球网的支撑物；球拍或身体从网上侵入对方场区；球拍或身体从网下侵入对方场区，导致妨碍对方或分散对方的注意力；妨碍对方，即阻挡对方紧靠球网的合法击球；故意分散对方注意力的任何举动，如喊叫、做手势等。

第十三章

健身操舞

第一节　健美操

》一、健美操概述

（一）健美操的起源

健美操运动起源于20世纪70年代末，英文名为Aerobics，意思是"有氧运动""健身健美"。20世纪80年代初，美国著名演员简·方达编写出版的《简·方达健美术》引起了世界的轰动。这对健美操运动在全世界的普及与发展起到了积极的作用。现代健美操运动于20世纪80年代初传入我国。随着我国经济的发展，人民生活水平的提高，健美操受到越来越多人的青睐。健美操在我国全民健身活动中占有非常重要的地位，是近年来非常流行的一项体育运动。

（二）健美操的分类

健美操分为健身健美操和竞技健美操两大类（表13-1-1）。健身健美操以有氧运动为主，锻炼形式多种多样，如拉丁操、搏击操、水中健美操等，适合大众练习。竞技健美操是一种更高层次的健美操运动，更具有观赏性。它比健身健美操更加剧烈，更能体现健美操力与美相结合的特色。

表 13-1-1　健美操运动的分类

分　类			内　容
健身健美操	徒手健美操	一般健美操	传统有氧健美操
		不同风格健美操	搏击操、拉丁操、街舞健身操
	表演性健美操	器械健美操	踏板操、哑铃操、橡皮筋操、健身球操
		特殊场地健美操	水中健美操、固定器械健美操

续 表

分 类		内 容
竞技健美操	自编竞技健美操	男子、女子单人操 混合双人操 三人操、集体五人操
	规定竞技等级健美操	成年组 青少年组

二、健身健美操的基本动作

健身健美操的基本动作由上肢动作、躯干动作和基本步法组成。这里只介绍上肢动作中的基本手形和基本步法。

（一）基本手形

健美操的基本手形如图 13-1-1 所示。

<table>
<tr><td>并 掌</td><td>开 掌</td><td>花 掌</td><td>立 掌</td><td>拳</td></tr>
</table>

图 13-1-1

（二）基本步法

基本步法是健美操基本动作的重要组成部分。健美操的基本步法包括低冲击力步法、高冲击力步法和无冲击力步法，是根据人体运动时对地面的冲力大小划分的。

1. 低冲击力步法

低冲击力步法包括四大类：踏步类、点地类、迈步类、抬腿类。

（1）踏步类：基本步法主要有踏步（图 13-1-2）、走步（图 13-1-3）、一字步（图 13-1-4）、V字步（图 13-1-5）、漫步（图 13-1-6）等。

图 13-1-2　　　　　图 13-1-3　　　　　图 13-1-4

图 13-1-5　　　　　图 13-1-6

健美操基本手形

健美操基本步法

（2）点地类：基本步法主要有脚跟点地、脚尖向前或向侧点地。（图13-1-7）

（3）迈步类：基本步法主要有并步（图13-1-8）、迈步屈腿（图13-1-9）、迈步吸腿、迈步踢腿（图13-1-10）和交叉步（图13-1-11）等。

图13-1-7　　　　　　　　图13-1-8　　　　　　　　图13-1-9

图13-1-10　　　　　　　　　　图13-1-11

（4）抬腿类：基本步法主要有吸腿（图13-1-12）、踢腿（图13-1-13）、弹踢腿（图13-1-14）和后屈腿（图13-1-15）等。

图13-1-12　　　　　　　　图13-1-13

图13-1-14　　　　　　　　图13-1-15

2. 高冲击力步法

高冲击力步法包括四大类：迈步起跳类、双脚起跳类、单脚起跳类、后踢腿跑。

（1）迈步起跳类：基本步法主要有并步跳（图13-1-16）、迈步吸腿跳（图13-1-17）和迈步后屈腿跳（图13-1-18）等。

图 13-1-16　　　　　图 13-1-17　　　　　图 13-1-18

（2）双脚起跳类：基本步法主要有并立纵跳（图 13-1-19）、开合跳（图 13-1-20）、小马跳（图 13-1-21）和弓步跳（图 13-1-22）等。

（3）单脚起跳类：基本步法主要有钟摆跳（图 13-1-23）和踢腿跳（图 13-1-24）等。

（4）后踢腿跑：基本步法如图 13-1-25 所示。

图 13-1-19　　　　　　　　　图 13-1-20

图 13-1-21　　　　　　　　　图 13-1-22

图 13-1-23　　　　　　图 13-1-24　　　图 13-1-25

3. 无冲击力步法

无冲击力步法是指两脚不离开地面的动作。它包括双膝弹动（图 13-1-26）、半蹲（图 13-1-27）、弓步（图 13-1-28）和提踵（图 13-1-29）等。

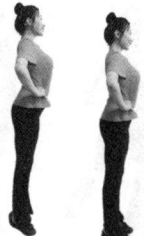

图 13-1-26　　　　　图 13-1-27　　　　　图 13-1-28　　　　　图 13-1-29

三、健美操组合范例

《全国健美操大众锻炼标准》第三套三级动作图解如下。

组合一

健美操三级
套路完整动作

动　作	1　　　2　　　3　　　4 5　　　6　　　7　　　8		
节　拍	下肢步法	上肢动作	
预备姿势	站　立		
一	1～4	右脚开始向侧迈步，2时右转90°，左腿后屈腿，4右腿后屈腿	1～2右臂摆至侧上举，左臂摆至胸前平屈，3～4同1～2，但方向相反
	5～8	向右迈步，6时右转180°，左腿后屈腿，8右腿后屈腿	两手叉腰
动　作	1　　2　　3～4　　5　　6～7　　8		
节　拍	下肢步法	上肢动作	

二	1～2	1/2 V 字步	1 右臂侧上举，2 左臂侧上举
	3～8	3～4、6～7 漫步，8 右转 90°	两臂随脚的动作自然前后摆动
动　作			

节　拍	下肢步法	上肢动作
三	1～8	右脚开始交叉步 2 次，左转 90°	1 两臂前举，2 胸前平屈，3 同 1，4 击掌；5～8 同 1～4
动　作			

节　拍	下肢步法	上肢动作
四	1～4	左脚侧并步跳，1/2 后漫步	1～2 两臂侧上举，3～4 右臂摆至体前，左臂摆至体后
	5～8	左转 90°，左脚开始小马跳 2 次	5～6 右臂上举，7～8 左臂上举

第五至第八个 8 拍动作同第一至第四个 8 拍，但方向相反

组合二

节　拍	下肢步法	上肢动作
一	1～4　右脚向右前上步吸腿2次	两臂自然摆动
	5～6　左脚向后交换步	两臂随下肢动作自然摆动
	7～8　右脚上步吸腿	两臂自然摆动

节　拍	下肢步法	上肢动作
二	1～4　左脚开始向右侧交叉步	两臂随步法向反方向屈伸
	5～8　右转45°，左脚做漫步	5～6两臂侧屈外展，7～8经体前交叉摆至侧下举

动　作	

节　拍		下肢步法	上肢动作
三	1～4	左脚开始十字步，同时左转 90°	两臂自然摆动
	5～8	左脚开始向侧并步跳 2 次	两臂自然摆动

动　作	

节　拍		下肢步法	上肢动作
四	1～8	左脚漫步 2 次，右转 90°	两臂自然摆动
第五至第八个 8 拍动作同第一至第四个 8 拍，但方向相反			

组合三

节 拍		下肢步法	上肢动作
一	1～6	右脚开始，左右脚交替做侧点地3次	1～2右臂向下臂屈伸，3～4左臂向下臂屈伸，5～6动作同1～2
	7～8	左脚开始向前走2步	击掌2次

节 拍		下肢步法	上肢动作
二	1～4	左脚开始吸腿跳2次	1两臂侧上举，2两臂胸前平屈，3同1，4两手叉腰
	5～8	吸右腿跳，向后落地，转体180°，吸左腿	两手叉腰

动　作	 1　　　2　　　3　　　4 5　　　6　　　7　　　8	

节　拍	下肢步法	上肢动作
三	1～4　左脚开始向前走3步吸腿跳，同时向左转体180°	1～3两手叉腰，4击掌
	5～8　右脚开始向前走3步吸腿	5～6手臂同时经体前下摆，7～8两手经肩侧屈外展至体前击掌

动　作	 1　　　2　　　3　　　4 5　　　6　　　7　　　8	

节　拍	下肢步法	上肢动作
四	1～8　左脚开始并步4次，路线呈L形	两臂做屈臂提拉4次
第五至第八个8拍动作同第一至第四个8拍，但方向相反		

组合四

节拍		下肢步法	上肢动作
一	1～4	右腿上步吸腿	两臂做向前冲拳、后拉2次
	5～8	左脚向前走3步吸腿	手臂同时经前向下摆，7两臂肩侧屈外展，8击掌

节拍		下肢步法	上肢动作
二	1～4	右脚向侧迈步，2～3向右前1/2漫步，4左脚向侧迈步	1两臂侧上举，2～3两臂随脚的动作自然摆动，4两臂动作同1
	5～8	右脚向左前方做漫步	两臂自然摆动

动　作	

节　拍		下肢步法	上肢动作
三	1～6	右脚开始上步吸腿3次	1两臂肩侧屈外展，2击掌，3～6动作同1～2
	7～8	左脚前1/2漫步	两臂自然摆动

动　作	

节　拍		下肢步法	上肢动作
四	1～8	左转90°，向左做侧交叉步，转体180°接侧交叉步	1～4两臂做外展、内收、外展、击掌，5～8动作同1～4
	第五至第八个8拍动作同第一至第四个8拍，但方向相反		

163

第二节　啦啦操

》一、啦啦操概述

（一）啦啦操的起源与发展

啦啦操，英文名为cheerleading，是指在音乐的伴奏下，运动员集体完成复杂、高难度的基本手位和类似舞蹈的动作、项目特有难度动作及过渡配合动作等，充分展示团队高超的运动技能，体现青春活力、积极向上的团队精神，并努力追求团队荣誉感的一项体育运动。

啦啦操运动的起源可以追溯到早期部落社会的仪式。当时为了激励外出打仗或打猎的人们，大家会举行一种仪式，在仪式中，族人用欢呼、手舞足蹈的表演来鼓励外出的人们，希望他们能凯旋。

19世纪70年代，美国普林斯顿大学成立了第一个啦啦队俱乐部。1898年，美国明尼苏达大学的学生约翰尼·坎贝尔在一次橄榄球比赛中从人群中跳出来站在观众面前，带领他们一起为比赛助威呐喊。这次具有重要意义的呐喊使约翰尼·坎贝尔成为第一位正式的啦啦操队长，也标志着啦啦操运动正式诞生。

啦啦操诞生于美国，是一项具有独特魅力的体育运动。早期啦啦操的演变、进化、发展及成型都是在美国文化的孕育下完成的，之后它逐渐从啦啦队活动发展成了一个独立的运动项目。啦啦操遍布美国的篮球、橄榄球、棒球、田径、摔跤等比赛现场，也由最初的呐喊助威活动演变为竞技赛事的重要组成部分。啦啦操高难多变的动作风格、充满激情的口号及富有活力的服装，丰富着当代体育文化，受到了人们的广泛青睐。20世纪80年代，啦啦操开始走出美国，以其独特的魅力和感染力赢得了世界多国人民的喜爱，并迅速风靡世界。

（二）啦啦操的分类

啦啦操的分类方式较多，较为常见的是将啦啦操分为竞赛性啦啦操和表演性啦啦操。其中，竞赛性啦啦操分为技巧啦啦操和舞蹈啦啦操；技巧啦啦操可分为集体技巧啦啦操、五人配合技巧啦啦操、双人配合技巧啦啦操等；舞蹈啦啦操可分为花球啦啦操、街舞啦啦操、爵士啦啦操等。

》二、啦啦操基本技术

（一）基本手位

啦啦操有32个基本手位，基本手位有统一的动作规格，对动作的速度和力度都有要求。进行基本手位练习时应注意手臂移动快速并要有控制；动作路径为最短距离

32手位示范

手臂路径，短杠杆发力；下肢扎实，髋关节向前微倾，腰腹收紧。（图13-2-1）

1. 上A　　2. 下A　　3. 高V　　4. 倒V　　5. 加油　　6. T

7. 短T　　8. W　　9. 上L　　10. 下L　　11. 斜线　　12. K

13. 侧K　　14. 弓箭　　15. 小弓箭　　16. 短剑　　17. 侧上冲拳

18. 侧下冲拳　　19. 斜下冲拳　　20. 斜上冲拳　　21. 高冲拳　　22. R　　23. 上M

24. 下M　　25. 屈臂X　　26. 高X　　27. 前X　　28. 低X

| 29. X | 30. 上 H | 31. 小 h | 32. 下 H |

图 13-2-1

（二）基本手形

啦啦操的手形有多种，多是从芭蕾舞、现代舞、武术中吸收和发展而来的。手形是手臂动作的延伸和表现，运用得好，会使啦啦操动作更加丰富多彩、生动活泼，更具有感染力。啦啦操的基本手形（图 13-2-2）有以下几种。

（1）并拢式：五指伸直，相互并拢。拇指微屈，指关节贴于食指旁。

（2）分开式：五指用力伸直，充分张开。

（3）芭蕾手式：五指微屈，后三指并拢、稍内收，拇指内扣。

（4）拳式：握拳，拇指在外，指关节弯曲，紧贴于食指和中指。

（5）立掌式：五指伸直，手掌用力上翘。

| 并拢式 | 分开式 | 芭蕾手式 | 拳 式 | 立掌式 |

图 13-2-2

（三）花球啦啦操规定动作示范

组合一（共 4×8 拍）

第一个八拍动作							
节 拍	1	2	3	4	5	6	7	8
步 法	右脚开始向前走三步			左脚并于右脚	右脚在前小弓步		并腿站立	
手 臂 右 / 左	加油			加油	高 V		加油	
手 形 右 / 左	拳							

第二个八拍动作								

节　拍		1	2	3	4	5	6	7	8
步　法		右脚侧迈并左右动髋			开立	马步	开立	并腿站立	
手　臂	右	侧上冲拳两次				向内绕环一周		短 T	
	左	叉　腰				叉　腰			
手　形	右	拳							
	左								

第三个八拍与第一个八拍动作相同，唯方向相反。第四个八拍与第二个八拍动作相同，唯方向相反

组合二（4×8拍）

第一个八拍动作								

节　拍		1	2	3	4	5	6	7	8
步　法		后交叉步			并腿站立	右脚侧迈成马步		并腿站立	
手　臂	右	加　油				向侧直臂绕环		加　油	
	左					叉　腰			
手　形	右	拳							
	左								

第二个八拍动作								

节　拍		1	2	3	4	5	6	7	8
步　法		右脚向后漫步		并腿站立	并腿半蹲	并腿站立		并腿半蹲	
手　臂	右	两臂两侧画圆		加　油	W	T		下 M	
	左								
手　形	右	拳							
	左								

第三个八拍与第一个八拍动作相同，唯方向相反。第四个八拍与第二个八拍动作相同，唯方向相反

组合三（4×8拍）

第一个八拍动作							
1、2	3、4	5	6	7	8		

节　拍		1	2	3	4	5	6	7	8
步　法		右脚侧点地		并腿站立		左脚侧点地	并　腿	左脚侧点地	并　腿
手臂	右	R		加　油		上　A	加　油	上　A	加　油
	左								
手形	右	拳							
	左								

第二个八拍动作							
1	2	3	4	5	6	7	8

节　拍		1	2	3	4	5	6	7	8
步　法		吸右腿	并　腿	踢右腿	并　腿	吸左腿	并　腿	踢左腿	并腿站立
手臂	右	T				下　M			
	左								
手形	右	拳							
	左								

第三个八拍与第一个八拍动作相同，唯方向相反。第四个八拍与第二个八拍动作相同，唯方向相反

组合四（4×8拍）

第一个八拍动作							
1	2	3	4	5	6	7	8

节　拍		1	2	3	4	5	6	7	8
步　法		右脚开始向前走三步			左脚并于右脚	分腿站立		马　步	并腿站立
手臂	右	从低V到高V			高　V	下　M		下　M	下　H
	左								
手形	右	拳							
	左								

第二个八拍动作								
1、2		3、4		5、6		7、8		

节　拍		1	2	3	4	5	6	7	8
步　法		右脚侧迈成马步		并腿站立		左脚侧迈成马步		并腿站立	
手臂	右	斜　线		下　H		斜　线		下　H	
	左								
手形	右	拳							
	左								

第三个八拍与第一个八拍动作相同，唯方向相反。第四个八拍与第二个八拍动作相同，唯方向相反

组合五（4×8拍）

第一个八拍动作								
1	2	3	4	5	6	7、8		

节　拍		1	2	3	4	5	6	7	8
步　法		右脚开始向前走三步			左脚并于右脚	分腿站立，一腿左右摆动		分腿站立	
手臂	右	短　剑		高冲拳		斜上冲拳	侧上冲拳	斜上冲拳	
	左								
手形	右	拳							
	左								

第二个八拍动作								
1、2		3、4		5、6		7、8		

节　拍		1	2	3	4	5	6	7	8
步　法		右脚侧迈成侧弓步		左脚侧迈成侧弓步		马步		并腿站立	
手臂	右	下　L		下　L		T		下　H	
	左								
手形	右	拳							
	左								

第三个八拍与第一个八拍动作相同，唯方向相反。第四个八拍与第二个八拍动作相同，唯方向相反

组合六（共4×8拍）

第一个八拍动作

| 1 | 2 | 3 | 4 | 5、6 | 哒拍 | 7 | 哒拍 | 8 |

	节拍	1	2	3	4	5	6	7	8
	步法	右脚并步，左腿后点		左脚并步，右腿后点		分腿顶右胯		顶胯两次	
手臂	右	T	斜下冲拳	T	斜下冲拳	侧下冲拳		侧下冲拳	
	左								
手形	右	拳							
	左								

第二个八拍动作

| 1、2 | 3、4 | 5 | 6 | 7 | 8 |

	节拍	1	2	3	4	5	6	7	8
	步法	马步		直腿		马步	直腿	马步	直腿
手臂	右	向后绕环				向后绕环		向后绕环	加油
	左	前平举				前平举		前平举	
手形	右	拳							
	左								

第三个八拍动作

| 1、2 | 3、4 | 5、6 | 7、8 |

	节拍	1	2	3	4	5	6	7	8
	步法	分腿站立		分腿站立		小弓步		并腿站立	
手臂	右	平举 A		加油		放于右腿上		下 H	
	左								
手形	右	拳							
	左								

<table>
<tr><td colspan="5" align="center">第四个八拍动作</td></tr>
</table>

1、2　　　　　3、4　　　　　5、6　　　　　7、8

节　拍		1	2	3	4	5	6	7	8
步　法		右脚向前小弓步		立转一周		分腿站立		并腿站立	
手臂	右	L		短 T		高 V		下 H	
	左								
手形	右	拳							
	左								

组合七（共 4×8 八拍）

<table>
<tr><td colspan="5" align="center">第一个八拍动作</td></tr>
</table>

1、2　　　　　3、4　　　　　5、6　　　　　7、8

节　拍		1	2	3	4	5	6	7	8
步　法		分腿站立		分腿站立		分腿站立		移动重心	
手臂	右	短 T		高 V		放花球		叉　腰	
	左							肩侧屈	
手形	右	拳							
	左								

<table>
<tr><td colspan="6" align="center">第二个八拍动作</td></tr>
</table>

1　　　　2　　　　3　　　　4　　　　5、6　　　　7、8

节　拍		1	2	3	4	5	6	7	8
步　法		右脚开始走四步				小弓步		并腿站立	
手臂	右	倒 V				K		下 H	
	左								
手形	右	拳							
	左								

第三个八拍动作

| | | 1、2 | | 3、4 | | 5 | | 6 | | 7 | | 8 |

	节 拍	1	2	3	4	5	6	7	8
	步 法	全 蹲		并腿站立		左脚开始走四步			
手 臂	右	捡花球		下 H		加 油			
	左								
手 形	右	拳							
	左								

第四个八拍动作

| | | 1、2 | | 3、4 | | 5、6 | | 7、8 | |

	节 拍	1	2	3	4	5	6	7	8
	步 法	并腿半蹲		并腿站立		分腿半蹲		并腿站立	
手 臂	右	扶 膝		下 H		扶 膝		下 H	
	左								
手 形	右	拳							
	左								

组合八（共4×8拍）

第一个八拍动作

| | | 1 | | 2 | | 3 | | 4 | | 5 | | 6 | | 7 | | 8 |

	节 拍	1	2	3	4	5	6	7	8
	步 法	右脚开始走四步				分腿站立			
手 臂	右	下 M				前平举	短 T	前平举	短 T
	左								
手 形	右	拳							
	左								

第二个八拍动作							
1、2		3、4		5、6		7、8	
节　拍	1	2	3	4	5	6	7	8

节　拍	1	2	3	4	5	6	7	8
步　法	并腿站立		半　蹲		分腿小跳		并腿站立	
手　臂　右	T		放于腿上		高　V		下　H	
左								
手　形　右	拳							
左								

第三个八拍与第一个八拍动作相同，唯方向相反。第四个八拍与第二八拍动作相同，唯方向相反

》三、啦啦操的练习方法

（一）花球啦啦操的练习方法

1. 第一阶段：加强基本功练习和形体练习

（1）在练习初期扎实基本功，练习32个基本手位以及身体重心移动，进行重复训练。

（2）进行形体练习，尤其是肩部与手臂的练习，要清楚地把啦啦操与健美操区分开来。

2. 第二阶段：加强力量练习

（1）力量练习对于啦啦操来说十分重要。啦啦操动作对练习者手臂力量的要求较高。练习者应多做支撑类的练习。

（2）进行核心力量训练。

3. 第三阶段：结合音乐和强化表现力

（1）在啦啦操的表演或比赛中，音乐的选择是至关重要的。练习者要把动作与音乐完美地结合起来。

（2）啦啦操的表现力代表着表演者对这套操的感情。一套啦啦操能否感染观众其表现力的强弱是关键。因此，练习者应加强表现力练习。

4. 第四阶段：结合套路进行练习

（1）基本的热身动作不变。

（2）结合套路进行多次练习，减少失误。

（3）提高表现力。

（4）练习后的放松活动保持不变。

（二）技巧啦啦操的练习方法

1. 第一阶段：强化保护意识，加强素质练习

（1）在练习初期，加强底座与保护员的保护意识，多进行保护性训练。

（2）加强尖子与底座的基本素质练习。尖子主要进行站平衡木动作练习，寻找属于自己的空中感觉，保持在空中的身体姿态，克服在空中的恐惧心理。底座加强力量训练，如俯卧撑、倒立、卧推等。

2. 第二阶段：加强基本动作练习

（1）每次练习前保持热身习惯。尖子要坚持平衡木练习，底座要加强倒立和翻腾练习，翻腾手也要加强自身技术的练习。

（2）以小组进行基本动作的练习，如站肩和基本的抛接动作练习。

（3）基本动作练习后保持素质练习。

3. 第三阶段：结合套路练习

（1）基本的热身动作不变。

（2）结合套路进行多次练习，减少失误。

（3）提高整体的表现力。

（4）训练后的放松活动保持不变。

第三节 体育舞蹈

一、体育舞蹈概述

（一）体育舞蹈的起源与发展

体育舞蹈的前身是交谊舞，起源于古代土风舞，经历了圈舞、对舞、集体舞等民间舞蹈的演变过程，成为流传广泛的社交舞蹈。1925年，英国皇家舞蹈教师协会正式颁布了华尔兹（慢三步）、探戈、狐步、快步等舞种的步法，这些舞种总称摩登舞。

1950年，英国摩登舞国际理事会主办了首届世界性的舞蹈大赛——黑池舞蹈节，并把规范后的舞蹈命名为国际标准交谊舞，我国将其简称为"国标"。此后每年的5月底，在英国的黑池都会举行一届世界性的国际标准交谊舞大赛。国际标准交谊舞通过比赛在世界各地不断推广，其自身也得到了发展。1960年，英国皇家舞蹈教师协会整理了拉丁舞蹈，并将它纳入国际标准交谊舞的范畴，这样就形成了具有统一舞步的、两大系列十个舞种的国际标准交谊舞。

体育舞蹈的发展离不开体育舞蹈组织的管理、组织及推广。目前，国际上存在两个国际体育舞蹈组织：世界舞蹈理事会和国际体育舞蹈联合会。世界舞蹈理事会由世界舞蹈及体育舞蹈理事会更名而来，其前身是国际舞厅舞理事会。国际舞厅舞理事会于1950年在英国苏格兰的爱丁堡成立，注册地为英国伦敦，主要管理职业体育舞蹈事务和比赛。国际体育舞蹈联合会于 1935 年成立于布拉格，注册地为瑞士洛桑，主要管理业余体育舞蹈事务和比赛，该组织于 1997 年获得国际奥委会的正式承认，并且成为唯一的代表体育舞蹈的国际组织。2000 年，体育舞蹈首次成为悉尼奥运会表演项目。目前，世界各国将国际标准交谊舞更名为"体育舞蹈"，体育舞蹈成为体育运动项目之一。国际标准交谊舞于 20 世纪 30 年代传入中国，自 1986 年被正式引进后发展迅速。1991 年，中国体育舞蹈运动协会（现为中国体育舞蹈联合会）成立，现在是国际体育舞蹈联合会的正式会员。

（二）体育舞蹈的分类

体育舞蹈按舞蹈的风格与技术结构分为摩登舞和拉丁舞两大项群；按竞赛项目分为摩登舞、拉丁舞和团体舞。其中，摩登舞包括华尔兹、探戈、狐步、快步和维也纳华尔兹五种；拉丁舞包括桑巴、恰恰恰、伦巴、斗牛舞和牛仔舞五种。

》 二、摩登舞

摩登舞的音乐时而激情昂扬，时而缠绵性感。舞者动作细腻严谨，穿着十分讲究。男士须身着燕尾服，女士以飘逸、华丽的长裙表现出她们的华贵、美丽、高雅。摩登舞的舞步流畅，轻柔洒脱；舞姿优美，起伏有序；音乐节奏清晰，舞蹈富于技巧性，是老少皆宜的舞蹈。

（一）华尔兹

华尔兹是人们通常所说的慢三步，是交际舞中历史最悠久的舞蹈。它原是德国和奥地利的一种农民舞蹈，16 世纪传入法国，作为一种宫廷舞蹈来跳，18 世纪末正式在英国舞厅中出现，19 世纪末 20 世纪初流行于美国波士顿，被称为"波士顿华尔兹"，后来又以新的形式流行于英国，在那里得到了很大发展，所以又被称为"英国华尔兹"，即当代标准华尔兹。华尔兹的风格是典雅大方、动作流畅、旋转性强、热烈而兴奋，它以此起彼伏、接连不断的潇洒转体，配以华丽的服装、优美的音乐，表现出飘逸、潇洒、典雅的舞蹈风格，至今仍然保持着"舞蹈之后"的美称。

华尔兹的音乐节拍是 $\frac{3}{4}$ 拍，每分钟 28～30 小节（职业组 27～29 小节），重拍在音乐的第 1 拍上。它的舞步基本上是 1 拍跳 1 步，每小节跳 3 步，但在各舞步中也有不同变化，如前进并合步、前进锁步、后退锁步是每小节跳 4 步。

1. 华尔兹的握抱姿势

（1）闭式舞姿。（图 13-3-1）

男子握姿：直立，两脚并拢，挺胸，立腰，收腹，微提臀，两膝自然放松；左手与女伴右手掌心相握，虎口向上，前臂与上臂的夹角为 135° 左右，高度与女伴右耳峰相平；右手五指并拢，轻轻置于女伴左肩胛骨下端，前臂与上臂夹角为 75° 左右；头部自然挺直，目光越过女伴右肩；右腹部 1/2 微贴女伴（服装与服装之间接触）。

女子握姿：直立，两脚并拢，膝关节放松，收腹，提臀，紧腰；右手与男伴左手掌心对掌心相握，轻轻挂在男伴左手虎口上；左手在男伴右肩处轻轻搁置，用虎口轻轻掐住男伴三角肌；头部略微向左倾斜，目光越过男伴右肩；右腹部 1/2 微贴男伴（服装与服装之间接触）。

图 13-3-1

（2）散式舞姿。

在闭式舞姿的基础上，男子将上体略向左打开，女子将上体略向右打开，两人的头转向对方同一方向，腰胯部接触同闭式舞姿。

2. 华尔兹的单元动作。

（1）前进并换步。（表 13-3-1、表 13-3-2、图 13-3-2）

表 13-3-1　男士前进并换步

步序（图）	节奏	要领	脚法	方位	升降	倾斜
1	1	左脚正前方进步	跟　掌	脚面向舞程线	结尾开始上升	—
2	2	右脚经左脚横步	掌	脚面向舞程线	继续上升	左
3	3	左脚并于右脚	掌	脚面向舞程线	继续上升最高，结尾下降	左
4	1	右脚正前方进步	跟　掌	脚面向舞程线	结尾开始上升	—
5	2	左脚经右脚横步	掌	脚面向舞程线	继续上升	右
6	3	右脚并于左脚	掌	脚面向舞程线	继续上升最高，结尾降低	右

表 13-3-2　女士前进并换步

步序（图）	节奏	要领	脚法	方位	升降	倾斜
1	1	右脚正后方退步	跟　掌	背向舞程线	结尾开始上升	—
2	2	左脚经右脚横步	掌	背向舞程线	继续上升	右
3	3	右脚并于左脚	掌	背向舞程线	继续上升，结尾下降	右
4	1	左脚正后方退步	掌　跟	背向舞程线	结尾开始上升	—
5	2	右脚经左脚横步	掌	背向舞程线	继续上升	左
6	3	左脚并于右脚	掌	背向舞程线	继续上升，结尾下降	左

| 1 | 2 | 3-1 | 3-2 | 4 | 5 | 6-1 | 6-2 |

图 13-3-2

（2）左脚并换步。（表 13-3-3、表 13-3-4、图 13-3-3）

表 13-3-3 男士左脚并换步

步序（图）	节 奏	要 领	脚 法	方 位	升 降	倾 斜
1	1	左脚正前方进步	跟 掌	脚面向舞程线	结尾上升	—
2	2	右脚经左脚横步	掌	脚面向舞程线	继续上升	左
3	3	左脚并于右脚	掌	脚面向舞程线	升最高，结尾降最低	左

表 13-3-4 女士左脚并换步

步序（图）	节 奏	要 领	脚 法	方 位	升 降	倾 斜
1	1	右脚正后方退步	掌 跟	背向舞程线	结尾开始上升	—
2	2	左脚经右脚横步	掌	背向舞程线	继续上升	右
3	3	右脚并于左脚	掌	背向舞程线	继续上升，结尾下降	右

| 1 | 2 | 3-1 | 3-2 |

图 13-3-3

（3）右转步。（表 13-3-5、表 13-3-6、图 13-3-4）

表 13-3-5 男士右转步

步序（图）	节 奏	要 领	脚 法	方 位	升 降	转 度	倾 斜
1	1	右脚前进	跟 掌	面向斜墙壁	结尾开始上升	开始右转	—
2	2	左脚经右脚横步	掌	面向斜墙壁	继续上升	1～2转1/4周	右
3	3	右脚并于左脚	掌	背向舞程线	继续上升	—	右
4	1	左脚后退	掌 跟	背向舞程线	结尾开始上升	—	—
5	2	右脚经左脚横步	掌	指向斜中央	继续上升	4～5转3/8周	左
6	3	左脚并于右脚	掌	面向斜中央	继续上升，结尾下降	—	左

表 13-3-6　女士右转步

步序（图）	节奏	要领	脚法	方位	升降	转度	倾斜
1	1	左脚后退	掌　跟	背向斜墙壁	结尾开始上升	开始右转	—
	1&2	左脚经右脚横步	掌	面向斜墙壁	继续上升	1～2转1/4周	右
2	2	右脚经左脚横步	掌	指向斜墙壁	继续上升	3/8周	左
3	3	左脚并于右脚	掌	面向舞程线	继续上升结尾下降	—	左
4	1	右脚前进	跟　掌	面向舞程线	结尾开始上升	开始右转	左
	1&2	左脚并于右脚	掌	面向斜中央	继续上升，结尾下降	—	左
5	2	左脚经右脚横步	掌	背向中央	继续上升	4～5转1/4周	右
6	3	右脚并于左脚	掌	背向斜中央	继续上升，结尾下降	5～6转1/8周	右

1　　　　2　　　　3-1　　　　3-2　　　　4　　　　5　　　　6-1　　　　6-2

图 13-3-4

（4）右脚并换步。（表 13-3-7、表 13-3-8、图 13-3-5）

表 13-3-7　男士右脚并换步

步序（图）	节奏	要领	脚法	方位	升降	转度	倾斜
1	1	右脚前进	跟　掌	面向斜中央	结尾开始上升	不转	—
2	2	左脚经右脚横步	掌	面向斜中央	继续上升	—	右
3	3	右脚并于左脚	掌	面向斜中央	继续上升，结尾下降	—	右

表 13-3-8　女士右脚并换步

步序（图）	节奏	要领	脚法	方位	升降	倾斜
1	1	左脚后退	掌　跟	背向斜中央	结尾开始上升	—
2	2	右脚经左脚横步	掌	背向斜中央	继续上升	右
3	3	左脚并于右脚	掌	背向斜中央	继续上升，结尾下降	右

1　　　　2　　　　3-1　　　　3-2

图 13-3-5

（5）左转步。（表 13-3-9、表 13-3-10、图 13-3-6）

表 13-3-9　男士左转步

步序（图）	节 奏	要 领	脚 法	方 位	升 降	转 度	倾 斜
1	1	左脚前进	跟　掌	面向斜中央	结尾开始上升	开始左转	—
2	2	右脚经左脚横步	掌	背向斜墙壁	继续上升	1～2转 1/4周	左
3	3	左脚并于右脚	掌　跟	背向舞程线	继续上升，结尾下降	2～3转 1/8周	左
4	1	右脚后退	掌　跟	背向舞程线	结尾开始上升	—	—
5	2	左脚经右脚横步	掌	指向斜墙壁	继续上升	4～5转 3/8周	右
6	3	右脚并于左脚	掌　跟	面向斜墙壁	继续上升，结尾下降	完成转动	右

表 13-3-10　女士左转步

步序（图）	节 奏	要 领	脚 法	方 位	升 降	转 度	倾 斜
1	1	右脚后退	掌　跟	背向斜中央	结尾开始上升	开始左转	—
2	2	左脚经右脚横步	掌	指向舞程线	继续上升	1～2转 3/8周	右
3	3	右脚并于左脚	掌　跟	面向舞程线	继续上升结尾下降	完成转动	右
4	1	左脚前进	跟　掌	面向舞程线	结尾开始上升	继续左转	—
5	2	右脚经左脚横步	掌	背向斜墙壁	继续上升	4～5转 1/4周	左
6	3	左脚并于右脚	掌　跟	背向斜墙壁	继续上升，结尾下降	5～6转 1/8周	左

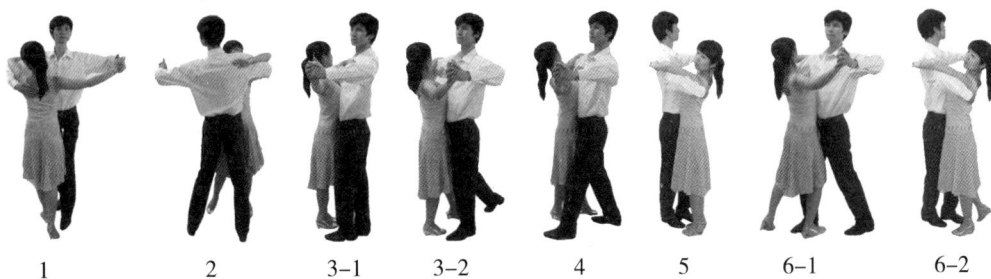

1　　2　　3-1　　3-2　　4　　5　　6-1　　6-2

图 13-3-6

（6）帚形步。（表 13-3-11、表 13-3-12、图 13-3-7）

表 13-3-11　男士帚形步

步序（图）	节奏	要领	脚法	方位	升降	转度	倾斜
1	1	左脚前进	跟 掌	面向斜墙壁	结尾开始上升	不 转	—
2	2	右脚经左脚横步	掌	面向斜墙壁	继续上升	—	左
3	3	左脚在右脚后交叉	掌 跟	面向斜墙壁	保持上升结尾下降	—	左

表 13-3-12　女士帚形步

步序（图）	节奏	要领	脚法	方位	升降	转度	倾斜
1	1	右脚后退	掌 跟	背向斜墙壁	结尾开始上升	不 转	—
2	2	左脚经右脚横步	掌	指向斜中央	继续上升	1～2右转 1/4	右
3	3	右脚并于左脚	掌 跟	脚面向斜中央	继续上升，结尾下降	身体完成转动	右

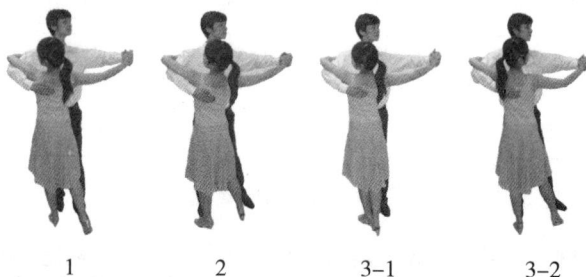

图 13-3-7

（7）侧行追步。（表 13-3-13、表 13-3-14、图 13-3-8）

表 13-3-13　男士侧行追步

步序（图）	节奏	要领	脚法	方位	升降	转度	倾斜
1	1	右脚前进并交叉于反身动作位置	跟 掌	面向斜墙壁沿着舞程线走	结尾开始上升	—	—
2	2 1/2	左脚横步，稍前	掌	面向斜墙壁	继续上升	—	—
3	& 1/2	右脚并于左脚	掌 跟	面向斜墙壁	继续上升	—	—
4	3	左脚横步，稍前	掌 跟	面向斜墙壁	保持上升结尾下降	—	—

表 13-3-14　女士侧行追步

步序（图）	节奏	要领	脚法	方位	升降	转度	倾斜
1	1	左脚前进并交叉于反身动作位置	跟 掌	面向斜墙壁沿着舞程线走	结尾开始上升	开始左转	—
2	2 1/2	右脚横步	掌	背向斜墙壁	继续上升	1～2转 1/8周	—

续表

步序（图）	节奏	要领	脚法	方位	升降	转度	倾斜
3	& 1/2	左脚并于右脚	掌	背向斜墙壁	继续上升	2～3转 1/8周 身体稍转	—
4	3	右脚横步，稍后	掌　跟	背向斜墙壁	保持上升结尾下降	不　转	—

1　　　　　　　2　　　　　　3-1　　　　　　3-2

图 13-3-8

（8）后退锁步。（表 13-3-15、表 13-3-16、图 13-3-9）

表 13-3-15　男士后退锁步

步序（图）	步位	脚底动作	升降
1	在反身动作位置中，左脚后退	掌　跟	结尾开始升，脚不升
2	右脚斜退	掌	继续上升
3	在侧行位置中，左脚交叉于右脚后	掌	保持升位，结尾下降

表 13-3-16　女士后退锁步

步序（图）	步位	脚底动作	升降
1	在反身动作位置中，右脚前进	跟　掌	结尾开始升，脚不升
2	左脚斜进	掌	继续升
3	在侧行位置中，右脚交叉于左脚前	掌	保持升位，结尾下降

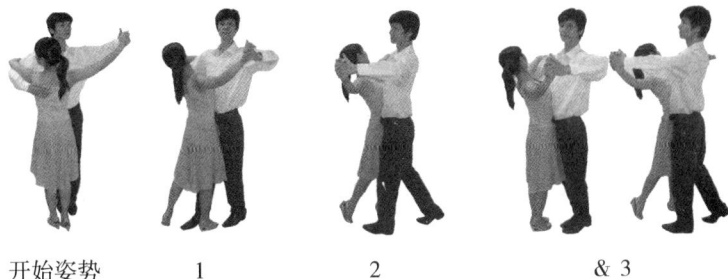

开始姿势　　　　1　　　　　　2　　　　　& 3

图 13-3-9

（二）探　戈

探戈是摩登舞中较为特殊的舞蹈，是摩登舞中唯一一个带有拉丁特色的舞蹈，起源于非洲的民间舞蹈——探戈诺舞。16世纪后期，探戈诺舞和拉美风格舞蹈结合形成了现在的墨西哥探戈和阿根廷探戈。在独特的节奏中，探戈尽显深沉、豪放、洒脱的舞蹈风格。

探戈的音乐节拍是 $\frac{2}{4}$ 拍，速度为每分钟 31～33 小节。重拍每拍相等，基本节奏为慢慢快快或慢快快慢，一个慢拍等于 1 拍，一个快拍等于 1/2 拍。

探戈的基本步法有常步、直行侧步、分式左转步、右摇转步、直行连步、左扭转步、并式滑行步等。

（三）狐步舞

狐步舞起源于 20 世纪的美国，由美国人福克斯创造。它轻快活泼，富于动感和表现力，舞步轻柔、圆滑、流畅。

狐步舞的音乐节拍是 $\frac{4}{4}$ 拍，重拍在 1 拍和 3 拍上（1 拍强烈些）。速度为每分钟 28～30 小节，动作节奏为慢慢快快，一个慢等于 2 拍，一个快等于 1 拍。

狐步舞的基本步法有羽毛步、左转步、三步、右转步、换向步等。

（四）快步舞

快步舞起源于美国，早期舞步吸收了狐步动作，后又引入芭蕾舞动作，使快步舞更加轻快灵巧。现在体育舞蹈中的快步舞是"英国式"的快步舞。它最大的特点是在快速的舞步运行中伴以快速的身体运动，如轻松弹跳的舞步、欢快奔跑等，舞蹈洒脱自由，热情奔放，富有动力感和表现力。

快步舞的音乐节拍是 $\frac{4}{4}$ 拍，重拍在 1 拍和 3 拍上（1 拍要强烈）。速度为每分钟 50～52 小节，动作节奏为慢慢快快慢，一个慢拍等于 2 拍，一个快拍等于 1 拍。

（五）维也纳华尔兹

维也纳华尔兹起源于奥地利，其音乐旋律活泼欢快，动作轻快流畅，舞步旋转性较强。它的舞步在摩登舞中是最简单的，由于其旋转性强，必须在快速旋转中完成各种动作技巧，因此对于舞者来说有一定的难度。

维也纳华尔兹的音乐节拍为 $\frac{3}{4}$ 拍，速度为每分钟 58～60 小节。第 1 拍为重拍，第 2 拍、第 3 拍为弱拍，6 拍完成一组动作，前 3 拍注重发力，后 3 步较为舒缓。

》》 三、拉丁舞

拉丁舞与摩登舞不同的是，拉丁舞的舞伴之间可贴身，可分离，各自在固定范围内辐射式地变换方向，展现舞姿。拉丁舞的步法灵活多变；舞姿妩媚潇洒，婀娜多姿；风格生动活泼，热情奔放；曲调活泼热烈，节奏感强；着装浪漫洒脱。

（一）伦 巴

伦巴起源于古巴。其音乐缠绵，舞蹈风格柔媚而抒情，以表达情侣之间的爱情为主题，其舞曲具有独特鲜明的节奏，配上拉丁美洲的打击乐器，给人一种轻松甜美之感。伦巴充满浪漫情调，有"拉丁舞之魂"的美誉。

伦巴的音乐节拍是 $\frac{4}{4}$ 拍，速度为每分钟 27～31 小节。伦巴是一种 4 拍走 3 步的舞蹈，要"先出胯，后出步"。

1. 伦巴的握持姿势和基本动作

伦巴握持姿势采用闭式舞姿。男女相对站立，相距 20 厘米，身体正直，男士的右手放在女士的左肩胛骨上，女士的左臂轻靠在男士的右臂上，男士的左臂稍屈抬起与眼睛齐平，女士的右手手指放在男士拇指和食指之间，双方的手轻握。（图 13-3-10）

开始姿势　　　　2　　　　　3　　　　　4 & 1

图 13-3-10

2. 伦巴的单元动作

（1）扇形步。（表 13-3-17、表 13-3-18、图 13-3-11）

表 13-3-17　男士扇形步

步序（图）	步　位	脚底动作	方　位
1	左脚前进	掌　平	—
2	重心回到右脚	掌　平	
3	左脚并于右脚左侧	掌　平	右转 1/8 周
4	右脚后退	掌　平	左转 3/8 周
5	重心回到左脚	掌　平	
6	右脚向左横步，稍前，左转	掌　平	左转 1/8 周

注：闭式位开始，重心放在右脚。

表 13-3-18　女士扇形步

步序（图）	步　位	脚底动作	方　位
1	右脚后退	掌　平	—
2	重心回到左脚	掌　平	
3	右脚前进，右转	掌　平	右转 1/8 周
4	左脚前进，开始左转	掌　平	左转 3/8 周
5	右脚向左横步，稍前，左转	掌　平	
6	左脚后退左转	掌　平	左转 1/8 周

注：闭式位开始，重心放在左脚。

| 开始姿势 | 2 | 3 | 4 & 1 | 2 | 3 | 4 & 1 |

图 13-3-11

（2）曲棍步。（表 13-3-19、表 13-3-20、图 13-3-12）

表 13-3-19　男士曲棍步

步序（图）	步　位	转　度	节　奏
1	左脚正前方两膝并拢，重心在两脚之间	—	2
2	重心回到右脚		3
3	左脚经右脚向侧，结束后重心在左脚		4、1
4	右脚正后方退步，重心在右脚	4～6右转1/8周	2
5	重心回到左脚		3
6	右脚经左脚向前，结束后重心在右脚		4、1

表 13-3-20　女士曲棍步

步序（图）	步　位	转　度	节　奏
1	左脚向侧	稍左转	2
2	重心回到右脚	稍右转	3
3	左脚经右脚向侧，结束时重心在左脚	开始左转	4、1
4	右脚向后退，重心在右脚	回到原位	2
5	重心回到左脚		3
6	左脚向侧，重心在右脚		4、1

注：闭式位开始，两脚开立与肩同宽，重心放在右脚，结束于扇形步。

| 开始姿势 | 2 | 3 | 4 & 1 |

4 & 1　　　　　　　5　　　　　　　6

图 13-3-12

（3）右陀螺转。（表 13-3-21、表 13-3-22、图 13-3-13）

表 13-3-21　男士右陀螺转

步序（图）	步　位	脚底动作	转　度
1	右脚交叉在左脚后面，脚尖对脚跟，脚尖外旋	掌　平	在舞步 1～8 全过程中，完成向右转 2 圈
2	左脚向左横步	掌　平	
3	右脚交叉在左脚后面，脚尖对脚跟，脚尖外旋	掌　平	
4	重复舞步 1～3，跳 2 次	掌　平	

表 13-3-22　女士右陀螺转

步序（图）	步　位	脚底动作	转　度
1	左脚向左横步	掌　平	在舞步 1～8 全过程中，完成向右转 2 圈
2	右脚交叉在左脚后面，脚尖对脚跟，脚尖外旋	掌　平	
3	左脚向左横步	掌　平	
4	重复舞步 1～3，跳 2 次	掌　平	

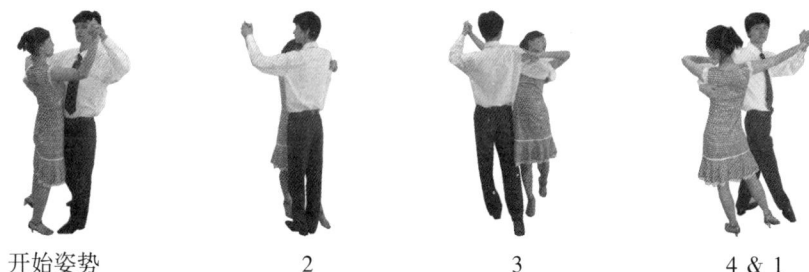

开始姿势　　　　　　2　　　　　　　3　　　　　　　4 & 1

图 13-3-13

（4）闭式扭臀。（表 13-3-23、表 13-3-24、图 13-3-14）

表 13-3-23　男士闭式扭臀

步序（图）	步　位	转　度	节　奏
1	左脚向侧	稍右转	2
2	重心回到右脚	开始左转	3
3	左脚向右脚靠拢，结束时重心放在左脚	回到原位	4、1
4	右脚向后退步，重心在右脚	—	2
5	重心回到左脚	—	3
6	右脚向侧，重心在右脚	—	4、1

表 13-3-24　女士闭式扭臀

步序（图）	步　位	转　度	节　奏
1	右脚小步向后	右转 1/2 周	2
2	重心回到右脚	开始左转	3
3	右脚脚尖向左脚靠拢，结束时重心放在左脚	回到原位	4、1
4	先将重心放在右脚，左脚向前	右转 1/4 周	2
5	重心在两脚的前脚掌之间	左转 1/2 周	3
6	左脚向左侧步	—	4、1

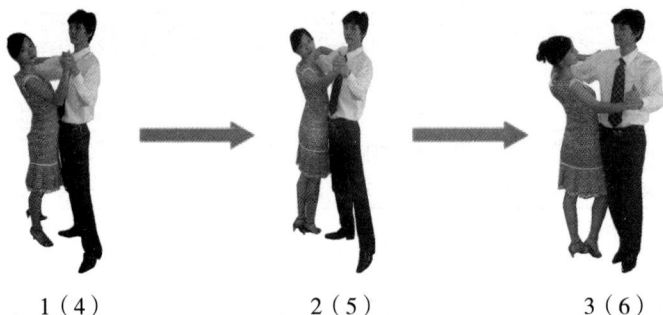

1（4）　　　　　　　2（5）　　　　　　　3（6）

图 13-3-14

（5）阿列曼娜。（表 13-3-25、表 13-3-26、图 13-3-15）

表 13-3-25　男士阿列曼娜

步序（图）	步　位	转　度	节　奏
1	左脚正前方两膝并拢，重心在两脚之间	—	2
2	重心回到右脚	—	3
3	左脚经右脚向侧，结束后重心放在左脚	—	4、1
4	右脚正后方退步，重心在右脚	—	2
5	重心回到左脚	—	3
6	右脚经左脚向侧，结束后重心在右脚	—	4、1

表 13-3-26　女士阿列曼娜

步序（图）	步　位	转　度	节　奏
1	右脚向后靠左脚，重心由左脚换到右脚	—	2
2	左脚正前方前进	—	3
3	右脚向前	右转 1/8 周	4、1
4	左脚向前	右转 1/4 周	2
5	右脚向前	右转 1/2 周	3
6	左脚向左侧步	完成右转 9/8 周	4、1

开始姿势　　　　　　2　　　　　　　　3　　　　　　　4 & 1

2　　　　　　　　3　　　　　　　4 & 1　　　　　结束姿势

图 13-3-15

（6）定点转。（表 13-3-27、表 13-3-28、图 13-3-16）

表 13-3-27　男士定点转

步序（图）	步　位	转　度	节　奏
1	左脚向前	右转 1/4 周成并肩位	2
2	重心移至两脚之间，前脚掌着地	右转 1/2 周	3
3	左脚向左侧步	开始左转 1/4 周	4、1

注：开始于面对开立，重心在右脚。

表 13-3-28　女士定点转

步序（图）	步　位	转　度	节　奏
1	右脚向前	左转 1/4 周成并肩位	2
2	重心移至两脚之间，前脚掌着地	左转 1/2 周	3
3	右脚向右侧步	开始左转 1/4 周	4、1

注：开始于面对开立，重心在左脚。

2　　　　　　　　3　　　　　　　4 & 1　　　　　结束姿势

图 13-3-16

（二）恰恰恰

恰恰恰起源于古巴，其节奏欢快，舞蹈具有诙谐、花哨的特点，是拉丁舞中最流行的舞蹈。恰恰恰中一反男子领舞的习惯，男女动作不求统一整齐，且多半是男子随后。

恰恰恰的音乐节拍是 $\frac{4}{4}$ 拍，速度为每分钟 29～32 小节，4 拍跳 5 步（2、3、4 & 1），包括 3 个慢步和 2 个快步。慢步占 1 拍，快步占 1/2 拍。

恰恰恰的基本步法有追步、锁步、扇形步、阿列曼娜、曲棍步、定点转、手接手、纽约步、右陀螺转步、闭式扭胯转步、开式扭胯转步、右分展步、左分展步、交叉基本步和古巴断步等。

（三）牛仔舞

牛仔舞起源于美国，其音乐欢快，舞步活泼矫健，风格热烈、诙谐、灵巧。牛仔舞的舞步都是由追步形成的，舞姿较松弛和自由，所有的舞步都是用脚掌来跳，舞步较小，步与步之间往往由踝、膝关节的弹动来连接。动作节奏：1，2，3 & ，4，5 & ，6。3 和 5 占用 3/4 拍的时间，& 占用 1/4 拍的时间，因此牛仔舞的舞步是 6 拍跳 8 步。

牛仔舞的音乐节拍为 $\frac{4}{4}$ 拍，速度为每分钟 40～46 小节。

牛仔舞的基本步法有追步、原地基本步、并退基本步、连接步、右到左换位、左到右换位、背后换手、侧行走步、美式旋转等。

（四）桑 巴

桑巴起源于巴西，其风格特点是动作粗犷、起伏强烈，舞步奔放、敏捷，富有强烈的感染力，在拉丁舞中属于行进型的舞蹈。

桑巴的音乐节拍是 $\frac{2}{4}$ 拍，速度为每分钟 40～56 小节。

（五）斗牛舞

斗牛舞起源于西班牙，是模仿西班牙斗牛士动作，以西班牙风格的进行曲伴舞的一种拉丁舞。男为斗牛士，气宇轩昂，刚劲威猛，女为红色斗篷，英姿飒爽，柔美多变。

斗牛舞的音乐为旋律高昂雄壮、鲜明有力的西班牙进行曲，节奏为 $\frac{2}{4}$ 拍，每分钟 60～62 小节，1 拍 1 步，8 拍为一个循环。斗牛舞的特点是舞步流动大，沿着舞程线绕场行进；舞姿挺拔，无胯部动作及过分膝关节屈伸，用踝关节和脚掌平踏地面完成舞步；动静鲜明，力度感强，发力迅速，收步敏捷顿挫。

第十四章

武 术

第一节 武术概述

　　武术是中华民族在长期的历史发展过程中不断创造、逐渐形成的一个运动项目。原始社会的自然环境十分恶劣，在"物竞天择，适者生存"的自然规则中，人们产生了拳打脚踢、指抓掌击、跳跃翻滚等一类的初级攻防手段。后来，人们又逐渐学会了制造和使用石制或木制的工具作为武器，并且产生了一些徒手的和使用器械的搏斗捕杀技能，这便是武术的萌芽。

　　进入阶级社会，武术也进入了一个新的发展阶段。商周时期，由于青铜业的发展，出现了矛、戈、戟、斧、钺、刀、剑等精良兵器，以及运用这些器械的方法，如劈、扎、刺、砍等技术，同时较量武艺高低的比赛形式也应运而生。春秋战国时期，武术的格斗技能在军队和民间得到重视和迅速发展。这时铁器的出现和步骑兵的兴起，使武器的种类更加丰富，质量精良，长短形态多样，武术的技击性得到进一步发展。汉代是武术大发展的时期，拳术除了防身杀敌、以立攻守之胜的实用之术外，还出现了观赏性和健身性的象形舞，如沐猴舞、狗斗舞、醉舞、六禽戏、五禽戏等。唐朝推行武举制，以考试的办法选拔武艺出众的人才，这从政策上又促进了民间和官方的练武活动的开展。两宋时期，内忧外患，战火频仍，人们常结社习武以求自保，如角抵社、英略社、弓箭社都是比较大的民间习武组织。此时武技在农村及边远地区多侧重军事实用性，而在城市的街头巷尾则多侧重套路，把武术作为表演内容，统称为百戏，表演的武艺有角抵、使拳、踢腿、使棒、弄棍、舞刀枪、舞剑、打弹、射弩等。对练的武术活动叫打套子，有枪对牌、剑刀牌等。十八般武艺一词也出现于宋代的典籍之中。元代由于民族矛盾比较尖锐，蒙古统治者限制民间习武，不少武术家隐姓埋名，习武组织也转为秘密性的民间组织，使武术发展受到了极大的限制和制约。明代是中国武术全面大发展的时代。不同风格、不同流派的拳派林立，这与明太祖朱元璋重视文武全才的思想分不开。朱元璋主张"武官习礼仪，文人学骑射"。明代不但拳法众多，而且器械套路丰富多彩，开始有势有法，有拳谱歌诀。中华武术逐步形成以套路为主的运动形式。由于明代的文武全才之风，使武术家著书立说达到鼎盛，保留了许多珍贵的武学遗产。清朝统治时期，清朝贵族为维持自己的统治地位，一度限制练武。由于武术在民间已有广泛的群众基础，加之当时存在许多反清复明组织，人民群众习武练功以图推翻清朝统治之风，反而使各种流派的武术更加纷呈于世。由于传统武术技巧多靠口传身授的方式进行，因此以文献形式保留武术技巧的武术家甚少。

中华人民共和国成立后，中华武术获得了很大发展。在逐步挖掘、整理、继承传统武术的基础上，在国家体育管理部门的直接参与之下，集中华武术各大流派技术特点之众长，长拳、南拳、太极拳、刀术、枪术、剑术、棍术等规定套路运动被重新编制，随后武术攻防技术的太极推手、散手、自由搏击等搏斗运动也逐渐开展。这些新的运动内容和形式，使武术运动走上了规范化、科学化的发展轨道。

中华武术种类众多，按其运动内容和形式分为五大类。

（1）拳术类包括各种徒手拳术，如长拳、太极拳、南拳、形意拳、八卦掌、八极拳、通背拳、劈挂拳、翻子拳、地趟拳、象形拳等。

（2）器械类包括短器械（刀术、剑术等）、长器械（枪术、棍术等）、双器械（双刀、双剑、双钩、双鞭、双头枪、单刀加鞭等）、软器械（三节棍、九节鞭、流星锤、绳标等）。

（3）对练类包括徒手对练（对打拳、对擒拿等）、器械对练（对劈刀、对刺剑、对扎枪、对打棍、单刀进枪、双刀进枪、朴刀进枪、三节棍进枪棍等）、徒手与器械对练（空手夺枪、空手夺棍、空手夺刀、空手夺匕首等）。

（4）集体项目包括各种3人以上的徒手拳术、器械和拳术器械混合的集体演练（集体基本功、集体拳、集体剑、集体刀、集体枪、集体棍、集体九节鞭等）。

（5）攻防技术包括散手、推手、短兵、长兵等。

第二节　初级长拳（第三路）

》 一、初级长拳概述

初级长拳以踢、打、摔、拿等技击动作为基础，按照攻守进退、动静疾徐、刚柔虚实等要点组成套路，充分体现出鲜明的攻防技击要义，具有鲜明的基础性特征，能够为将来习练者学习其他武术项目创造有利条件。

长拳主要依靠大肌肉群完成动作，动作幅度大，对肌肉和韧带的柔韧素质与弹性都有较高的要求，习练者长期习练长拳可以发展肌肉和关节的灵活性与弹性。

》 二、初级长拳（第三路）动作名称

预备动作
（一）虚步亮掌　　　　　（二）并步对拳

第一段

（一）弓步冲拳　　　　（二）弹腿冲拳　　　　（三）马步冲拳

（四）弓步冲拳　　　　（五）弹腿冲拳　　　　（六）大跃步前穿

（七）弓步击掌　　　　（八）马步架掌

第二段

（一）虚步栽拳　　　　（二）提膝穿掌　　　　（三）仆步穿掌

（四）虚步挑掌　　　　（五）马步击掌　　　　（六）插步双摆掌

（七）弓步击掌　　　　（八）转身踢腿马步盘肘

第三段

（一）歇步抡砸拳　　　（二）仆步亮掌　　　　（三）弓步劈拳

（四）换跳步弓步冲拳　（五）马步冲拳　　　　（六）弓步下冲拳

（七）插步亮掌侧踹腿　（八）虚步挑拳

第四段

（一）弓步顶肘　　　　（二）转身左拍脚　　　（三）右拍脚

（四）腾空飞脚　　　　（五）歇步下冲拳　　　（六）仆步抡劈拳

（七）提膝挑掌　　　　（八）提膝劈掌弓步冲拳

结束动作

（一）虚步亮掌　　　　（二）并步对拳

还　原

≫ 三、初级长拳（第三路）动作图解

预备式

【要点】头要端正，下颌微收，挺胸、塌腰、收腹。（图 14-2-1）

（一）虚步亮掌

【要点】虚步亮掌的三个动作必须连贯。成虚步时，重心落于右腿上，右大腿与地面平行。左腿微屈，脚尖点地。（图 14-2-2）

图 14-2-1　　　　　　　　　　图 14-2-2

（二）并步对拳

【要点】并步后挺胸、塌腰；对拳、并步、转头要同时完成。（图14-2-3）

图14-2-3

第一段

（一）弓步冲拳

【要点】成弓步时，右腿充分蹬直，脚跟不要离地。冲拳时，尽量转腰送肩。（图14-2-4）

（二）弹腿冲拳

【要点】弹出的腿要有爆发力，力点达于脚尖。弹腿与冲拳要协调，同时完成。（图14-2-5）

（三）马步冲拳

右脚向前落步。脚尖内扣，上体左转。左拳收至左腰侧，两腿下蹲成马步；右拳向前冲出。目视右拳。

【要点】成马步时，大腿要呈水平，两腿平行，脚跟外蹬，挺胸、塌腰。（图14-2-6）

图14-2-4　　　　　　　图14-2-5　　　　　图14-2-6

（四）弓步冲拳

【要点】与本段的（一）相同，唯左右相反。（图14-2-7）

（五）弹腿冲拳

【要点】与本段的（二）相同。（图 14-2-8）

图 14-2-7　　　　　　　　　　　图 14-2-8

（六）大跃步前穿

【要点】跃步要远，落地要轻，整个动作要协调、连贯完成。（图 14-2-9）

图 14-2-9

（七）弓步击掌

【要点】右掌掌尖向上，动作要协调。（图 14-2-10）

（八）马步架掌

【要点】抖腕、甩头要同时。（图 14-2-11）

图 14-2-10　　　　　　　　　图 14-2-11

第二段

（一）虚步栽拳

【要点】落步、架拳、栽拳、转头要同时完成。（图14-2-12）

（二）提膝穿掌

【要点】支撑腿和右臂充分伸直。（图14-2-13）

（三）仆步穿掌

【要点】左掌由右胸前向下经左腿内侧，向左脚背穿出。（图14-2-14）

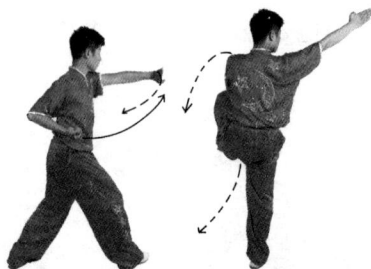

图14-2-12　　　　　　　图14-2-13　　　　　　　图14-2-14

（四）虚步挑掌

【要点】上步要协调，虚步要稳。（图14-2-15）

（五）马步击掌

【要点】右掌搂手时，先使臂内旋、腕伸直，手掌向下、向外转；接着臂外旋，掌心经下向上翻转，同时抓握成拳。收拳和击掌动作要同时进行。（图14-2-16）

图14-2-15　　　　　　　　　　　图14-2-16

（六）插步双摆掌

【要点】两臂要画立圆，幅度要大，摆掌与后插步配合一致。（图14-2-17）

（七）弓步击掌

【要点】动作幅度要大。（图14-2-18）

图14-2-17　　　　　　　　　　　图14-2-18

（八）转身踢腿马步盘肘

【要点】两臂抡动时要画立圆，动作连贯。盘肘时要快速有力，右臂前送。（图14-2-19）

图14-2-19

第三段

（一）歇步抡砸拳

【要点】抡臂动作要连贯完成，画立圆。成歇步时两腿要交叉全蹲，左腿的大小腿靠紧，臀部贴于小腿外侧，膝关节在右小腿外侧，脚跟提起；右脚脚尖外撇，全脚掌着地。（图14-2-20）

图14-2-20

（二）仆步亮掌

【要点】落步下蹲时，先成右仆步，然后迅速过渡成左仆步。成仆步时，左腿充分伸直，脚尖内扣，右腿全蹲，两脚掌全部着地。上体挺胸塌腰，稍左转。（图 14-2-21）

图 14-2-21

（三）弓步劈拳

【要点】左右脚上步稍带弧形。（图 14-2-22）

图 14-2-22

（四）换跳步弓步冲拳

【要点】换跳步动作要连贯、协调。震脚时腿要弯曲，全脚掌着地。左脚离地不要太高。（图 14-2-23）

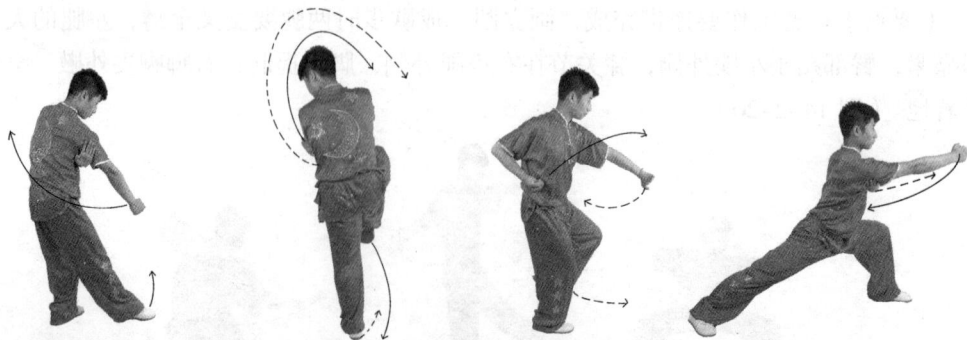

图 14-2-23

（五）马步冲拳

【要点】同第一段（三）。（图 14-2-24）

（六）弓步下冲拳

【要点】右拳自腰侧向右前下方冲出后，拳眼向上。（图 14-2-25）

图 14-2-24　　　　　图 14-2-25

（七）插步亮掌侧踹腿

【要点】插步时上体稍向右倾斜，腿、臂的动作要一致。侧踹高度不能低于腰部，着力点在踹出脚脚跟。（图 14-2-26）

图 14-2-26

（八）虚步挑拳

【要点】动作要协调。（图 14-2-27）

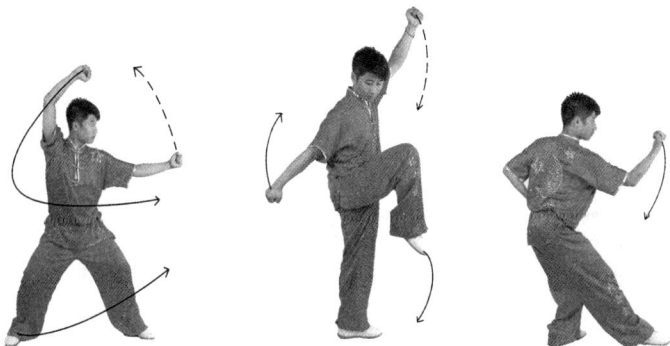

图 14-2-27

第四段

（一）弓步顶肘

【要点】交换步时抬腿不要过高，但要快。两臂抢摆时要呈圆弧。（图 14-2-28）

图 14-2-28

（二）转身左拍脚

【要点】右掌拍脚时手掌稍横过来，拍脚要准而响亮。（图 14-2-29）

（三）右拍脚

【要点】与本段的转身左拍脚相同。（图 14-2-30）

图 14-2-29

图 14-2-30

（四）腾空飞脚

【要点】蹬地要向上，不要太向前冲，左膝尽量上提。击响要在腾空时完成，右臂伸直成水平。（图 14-2-31）

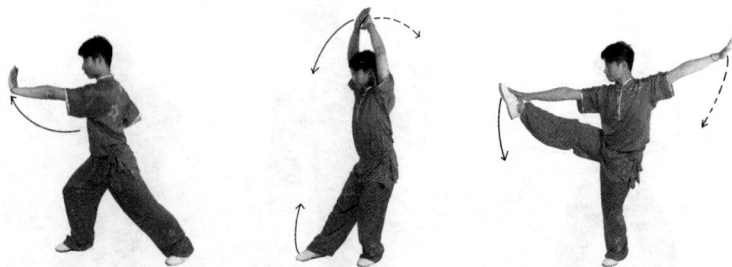

图 14-2-31

（五）歇步下冲拳

【要点】落地时要稳健，冲拳时要顺肩。（图 14-2-32）

（六）仆步抡劈拳

【要点】抡臂时一定要画立圆。（图 14-2-33）

图 14-2-32　　　　　　　　　　　　图 14-2-33

（七）提膝挑掌

【要点】抡臂时要画立圆。（图 14-2-34）

（八）提膝劈掌弓步冲拳

【要点】弓步要正，搂手要挺。（图 14-2-35）

图 14-2-34　　　　　　　　　　　　图 14-2-35

结束动作

（一）虚步亮掌

【要点】画弧要在右腋下。（图 14-2-36）

（二）并步对拳

【要点】两臂要同时做动作。（图 14-2-37）

还　原

两臂自然下垂，目视正前方。（图14-2-38）

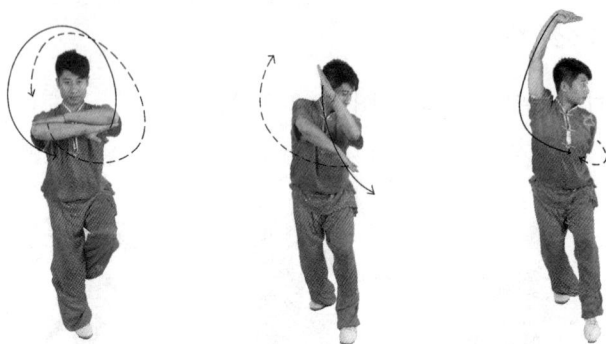

图 14-2-36

图 14-2-37　　　　　　　　　　　　　　　　图 14-2-38

第三节　24 式简化太极拳

》 一、太极拳概述

太极拳是中国武术的一个重要流派，流行于各地，很受人们欢迎。太极拳是综合了历代各家拳法，结合阴阳五行之变化、中医经络学、古代的导引术和吐纳术形成的一种内外兼修、柔和、缓慢、轻灵、刚柔相济的拳术。太极拳所有动作的开合、起落、进退、刚柔、蓄发、顺逆、虚实、曲线等均和谐地体现出阴阳对立统一的辩证规律。

太极拳在流传过程中形成了陈式太极拳、杨式太极拳、吴式太极拳、孙式太极拳、武式太极拳等技术流派。24 式简化太极拳是在杨式太极拳的基础上进行改编整理完成的。24 式简化太极拳去掉了原有套路中过多的重复姿势动作，集中了原套路的主要结构和技术内容，便于大家掌握，易学易懂。这套拳共分 8 组，包括"起势""收势"等 24 个动作。

二、24式简化太极拳动作名称

第一组（一）起　势　　　　　　（二）左右野马分鬃
　　　　（三）白鹤亮翅
第二组（四）左右搂膝拗步　　　（五）手挥琵琶
　　　　（六）左右倒卷肱
第三组（七）左揽雀尾　　　　　（八）右揽雀尾
第四组（九）单　鞭　　　　　　（十）云　手
　　　　（十一）单　鞭
第五组（十二）高探马　　　　　（十三）右蹬脚
　　　　（十四）双峰贯耳
　　　　（十五）转身左蹬脚
第六组（十六）左下势独立　　　（十七）右下势独立
第七组（十八）左右穿梭　　　　（十九）海底针
　　　　（二十）闪通臂
第八组（二十一）转身搬拦捶　　（二十二）如封似闭
　　　　（二十三）十字手　　　（二十四）收　势

三、24式简化太极拳动作图解

第一组

（一）起　势

【要点】两肩下沉，两肘松垂，手指自然微屈。屈膝松腰，臀部不可凸出，身体重心落于两腿中间。两臂下落和身体下蹲的动作要协调一致。（图14-3-1）

图 14-3-1

（二）左右野马分鬃

【要点】上体不可前俯后仰，胸部必须宽松舒展。两臂分开时要保持弧形。身体转动时要以腰为轴。弓步动作与分手的速度要均匀一致。做弓步时，迈出的脚先是脚跟着地，然后脚掌慢慢踏实，脚尖向前，膝关节不要超过脚尖；后腿自然伸直；前后

201

脚夹角成 45°～60°（需要时后脚脚跟可以后蹬调整）。野马分鬃式的弓步，前后脚的脚跟要分在中轴线两侧。两脚脚跟之间的横向距离（以动作行进的中线为纵轴，其两侧的垂直距离为横向）应该保持 10～30 厘米。（图 14-3-2）

图 14-3-2

（三）白鹤亮翅

【要点】完成姿势时胸部不要挺出，两臂上下都要保持半圆形，左膝要微屈。身体重心后移和右手上提、左手下按要协调一致。（图 14-3-3）

图 14-3-3

第二组

（四）左右搂膝拗步

【要点】前手推出时，身体不可前俯后仰，要松腰松胯。推掌时要沉肩垂肘、坐腕舒掌，同时须与松腰、弓腿上下协调一致。搂膝拗步成弓步时，两脚脚跟的横向距离保持在 30 厘米左右。（图 14-3-4）

图14-3-4

（五）手挥琵琶

【要点】身体要平稳自然，沉肩垂肘，胸部放松。左手上起时不要直接上挑，要由左向上、向前，微带弧形。右脚跟进时，前脚掌先着地，再全脚掌踏实。身体重心后移和左手上起、右手回收要协调一致。（图 14-3-5）

图 14-3-5

（六）左右倒卷肱

【要点】前推的手臂不要伸直，后撤手也不可直向回抽，随转体仍走弧线。前推时，要松腰、松胯，两手的速度要一致，避免僵硬。退步时，前脚掌先着地，再慢慢全脚掌踏实，同时前脚随转体以前脚掌为轴扭正。退左脚略向左后斜，退右脚略向右后斜，避免使两脚落在同一条直线上。后退时眼随转体动作先向左右看，然后再转向前手。最后退右脚时，脚尖外撇的角度略大些，便于接做左揽雀尾。（图 14-3-6）

图 14-3-6

第三组

（七）左揽雀尾

【要点】出手时，两臂前后均保持弧形。分手、松腰、出腿三者必须协调一致。做揽雀尾弓步时，两脚脚跟横向距离不超过10厘米。（图14-3-7）

图14-3-7

【要点】下捋时，上体不可前倾，臀部不要凸出。两臂下捋须随腰旋转，仍走弧线。左脚全脚掌着地。（图14-3-8）

图14-3-8

【要点】向前挤时，上体要正直。挤的动作要与松腰、弓腿相一致。（图14-3-9）

图14-3-9

【要点】向前按时，两手须走弧线，手腕高与肩平，两肘微屈。（图14-3-10）

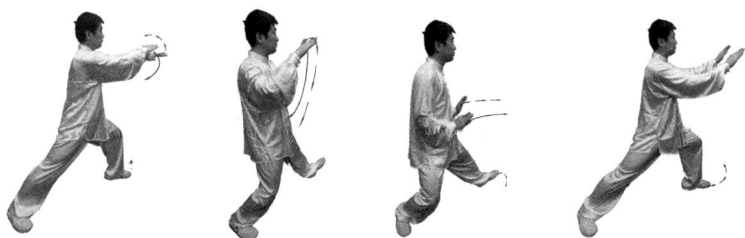

图14-3-10

（八）右揽雀尾

【要点】均与"左揽雀尾"相同，只是左右相反。（图 14-3-11）

图 14-3-11

第四组

（九）单　鞭

【要点】上体保持正直，松腰。做单鞭动作时，左臂肘部稍下垂，左肘与左膝上下相对，两肩下沉。左手向外翻掌前推时，要随转体边翻边推出，不要翻掌太快或最后突然翻掌。全部过渡动作上下要协调一致，如面向南起势，单鞭的方向（左脚尖）应向东偏北（大约为 15°）。（图 14-3-12）

图 14-3-12

（十）云 手

【要点】身体转动要以腰脊为轴，松腰、松胯，不可忽高忽低。两臂随腰的转动而运转，要自然圆活，速度要缓慢均匀。下肢移动时，身体重心要稳定，两脚脚掌先着地再踏实，脚尖向前。眼的视线随左右手而移动。第三个"云手"，右脚最后跟步时，脚尖微内扣，以便于接"单鞭"动作。（图14-3-13）

图 14-3-13

（十一）单 鞭

【要点】与前"单鞭"式相同。（图14-3-14）

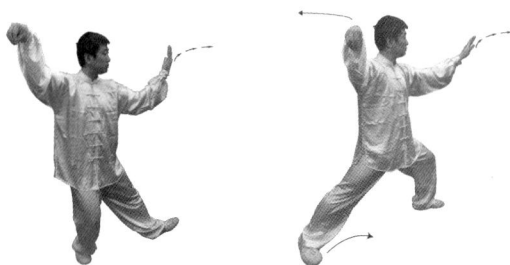

图 14-3-14

第五组

（十二）高探马

【要点】上体自然正直，两肩要下沉，右肘微下垂。跟步移换重心时，身体不要有起伏。（图14-3-15）

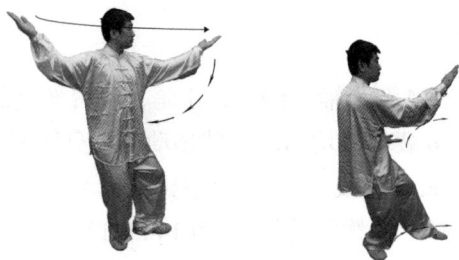

图 14-3-15

（十三）右蹬脚

【要点】身体要稳定，不可前俯后仰。两手分开时，腕部与肩平齐。蹬腿时，左腿微屈，右脚脚尖回勾，力点在脚跟。分手与蹬脚须协调一致。右臂和右腿上下相对。例如，面向南起势，蹬脚方向应均正东偏南约30°。（图 14-3-16）

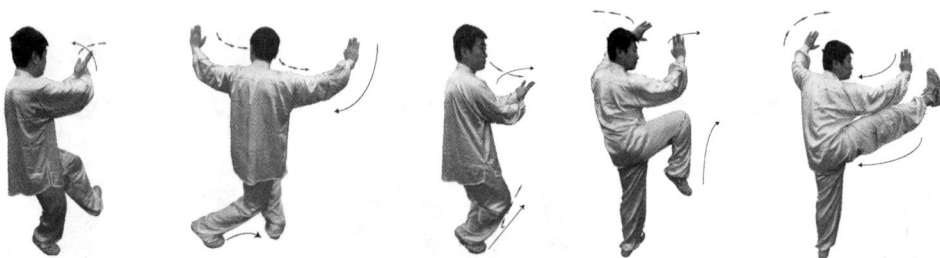

图 14-3-16

（十四）双峰贯耳

【要点】完成式时，头颈正直，松腰松胯，沉肩垂肘，两臂均保持弧形。双峰贯耳式的弓步和身体方向与右蹬脚方向相同。弓步的两脚脚跟横向距离同"揽雀尾"式。（图 14-3-17）

图 14-3-17

（十五）转身左蹬脚

【要点】与右蹬脚式相同，只是左右相反。左蹬脚方向与右蹬脚成180°（即正西偏北，约30°）。（图 14-3-18）

图 14-3-18

第六组

（十六）左下势独立

【要点】右腿全蹲时，上体不可过于前倾。左腿伸直，左脚尖须向里扣，两脚脚掌全部着地。左脚脚尖与右脚脚跟踏在中轴线上。（图 14-3-19）

图 14-3-19

【要点】上体要正直，独立的腿要微屈，右腿提起时脚尖自然下垂。（图 14-3-20）

图 14-3-20

（十七）右下势独立

【要点】右脚脚尖触地后必须稍微提起，然后再向下仆腿。其他均与"左下势独立"相同，只是左右相反。（图 14-3-21）

图 14-3-21

图 14-3-21

第七组

（十八）左右穿梭

【要点】完成姿势面向斜前方（如面向南起势，左右穿梭方向分别为正西偏北和正西偏南，均为30°）。手推出后，上体不可前俯。手向上举时，防止引肩上耸。一手上举，一手前推要与弓腿松腰上下协调一致。做弓步时，两脚脚跟的横向搂膝拗步式，保持在30厘米左右。（图 14-3-22）

图 14-3-22

（十九）海底针

【要点】身体要先向右转，再向左转。完成姿势，面向正西。上体不可太前倾。避免低头和臀部外凸，左腿要微屈。（图 14-3-23）

（二十）闪通臂

【要点】完成姿势时上体自然正直，松腰、松胯；左臂不要完全伸直，背部肌肉要伸展开。推掌、举掌和弓腿动作要协调一致。弓步时，两脚脚跟横向距离同"揽雀尾"式（不超过10厘米）。（图 14-3-24）

图 14-3-23　　　　　　　　　　　图 14-3-24

第八组

（二十一）转身搬拦捶

【要点】右拳不要握得太紧。右拳回收时，前臂要慢慢内旋画弧，然后再外旋停于右腰旁，拳心向上。向前打拳时，右肩随拳略向前引伸，沉肩垂肘，右臂要微屈。弓步时，两脚脚跟的横向距离同"揽雀尾"式。（图 14-3-25）

图 14-3-25

（二十二）如封似闭

【要点】身体后坐时，避免后仰，臀部不可凸出。两臂随身体收回时，肩部、肘部略向外松开。不要直着抽回。两手推出宽度不要超过两肩。（图 14-3-26）

图 14-3-26

（二十三）十字手

【要点】两手分开和合抱时，上体不要前倾，站起后，身体自然直立，头微向上顶，下颌稍向后收。两臂环抱时须圆满舒适，沉肩垂肘。（图14-3-27）

图 14-3-27

（二十四）收　势

【要点】两手左右分开下落时，要注意全身放松，同时气也徐徐下沉（呼气略加长）。呼吸平稳后，把左脚收到右脚旁，再走动休息。（图14-3-28）

图 14-3-28

第四节　初级刀术

》 一、初级刀术概述

初级刀术是国家体育运动委员会（现国家体育总局）为了适应广大群众锻炼的需要而整理审编的器械初级套路。初级刀术的特点是内容丰富、结构合理、动作舒展、刀法多变、气势剽悍。初级刀术分为四段，共32式（预备式与结束动作除外）。习练者反复练习，不仅可以促进自身的柔韧、速度、耐力、力量等身体素质的全面发展，而且可以为习练者进一步提高刀术水平及全面掌握武术技能奠定基础。

》 二、初级刀术动作名称

预备式

第一段　（一）弓步缠头　（二）虚步藏刀　（三）弓步前刺　（四）并步上挑

　　　　　（五）左抡劈　　（六）右抡劈　　（七）弓步撩刀　（八）弓步藏刀

第二段　（一）提膝缠头　（二）弓步平斩　（三）仆步带刀　（四）歇步下砍
　　　　（五）左劈刀　（六）右劈刀　（七）歇步按刀　（八）马步平劈
第三段　（一）弓步撩刀　（二）插步反撩　（三）转身挂劈　（四）仆步下砍
　　　　（五）架刀前刺　（六）左斜劈　（七）右斜劈　（八）虚步藏刀
第四段　（一）旋转扫刀　（二）翻身劈刀　（三）缠头箭踢　（四）仆步按刀
　　　　（五）缠头蹬腿　（六）虚步藏刀　（七）弓步缠头　（八）并步抱刀
结束动作

三、初级刀术动作图解

预备式

【要点】分解动作必须连贯，不要中断。成虚步时，必须虚实分清。挺胸塌腰。上半步、进一步和并步动作，必须与两臂从后向额前上方绕环的动作协调一致。（图14-4-1）

图 14-4-1

第一段

（一）弓步缠头

【要点】缠头时，刀背必须紧贴脊背绕行。扫刀时，刀身必须平行，迅速有力。（图14-4-2）

图 14-4-2

（二）虚步藏刀

【要点】四个分解动作必须连贯。扫刀要平，绕刀要使刀背贴靠脊背。（图14-4-3）

图14-4-3

（三）弓步前刺

【要点】刀尖要与右手、右肩平行，上体略向前探。（图14-4-4）

（四）并步上挑

【要点】挺胸、直背，两腿伸直，左臂伸平，右肘微屈。（图14-4-5）

图14-4-4   图14-4-5

（五）左抡劈

【要点】抡劈动作必须连贯、有力，与步法配合一致。（图14-4-6）

图14-4-6

（六）右抡劈

【要点】抡劈动作必须连贯、有力，与步法配合一致。（图14-4-7）

图 14-4-7

（七）弓步撩刀

【要点】撩刀必须与步法协调一致。（图 14-4-8）

图 14-4-8

（八）弓步藏刀

【要点】扫刀必须迅速。藏刀时右大腿平行于地面，右手持刀使刀身贴近右腿，刀尖藏于右膝旁。左腿挺直，两脚脚跟和脚外侧均不可离地掀起。（图 14-4-9）

图 14-4-9

第二段

（一）提膝缠头

【要点】直立腿的膝部必须挺直；提膝腿的膝部尽量高提，脚底贴近裆前。上体正直，右臂稍离胸前，不要紧贴胸部。（图 14-4-10）

（二）弓步平斩

【要点】斩击时刀身要平，刀尖要与腕部、肩部平行。（图 14-4-11）

（三）仆步带刀

【要点】翻刀、后带动作必须连贯。成仆步时，脚外侧和脚跟均不可离地掀起，上体稍向左侧倾斜。（图 14-4-12）

图 14-4-10   图 14-4-11   图 14-4-12

（四）歇步下砍

【要点】分解动作必须连贯。下砍时，刀的着力点是刀身后段。（图 14-4-13）

图 14-4-13

（五）左劈刀

【要点】转身、绕背、下劈动作必须迅速连贯。（图 14-4-14）

图 14-4-14

（六）右劈刀

【要点】劈刀必须快速有力。（图 14-4-15）

图 14-4-15

（七）歇步按刀

【要点】插步、歇步、绕刀、按刀动作，必须快速连贯。（图 14-4-16）

（八）马步平劈

【要点】转身、劈刀要快。成马步时，两脚脚尖要内扣，大腿平行于地面。（图 14-4-17）

图 14-4-16　　　　　　　　　　　　　　　图 14-4-17

第三段

（一）弓步撩刀

【要点】上步和撩刀必须同时进行。（图 14-4-18）

（二）插步反撩

【要点】分解动作必须连贯，插步反撩时上体略向前俯。（图 14-4-19）

图 14-4-18　　　　　　　　　　　　　　　图 14-4-19

（三）转身挂劈

【要点】挂刀时，必须伸腕，防止刀尖扎地。挂刀和劈刀动作要连贯。提膝独立要站稳。（图 14-4-20）

图 14-4-20

（四）仆步下砍

【要点】平砍时，刀的着力点是刀身后段。（图 14-4-21）

（五）架刀前刺

【要点】进步架刀、提膝转身、弓步前刺的动作必须迅速连贯进行。转身时注意刀尖的方向指向同一目标。（图 14-4-22）

图 14-4-21 图 14-4-22

（六）左斜劈

【要点】提膝独立要稳，斜劈要快速有力。（图 14-4-23）

图 14-4-23

（七）右斜劈

【要点】提膝独立要稳，斜劈要快速有力。（图 14-4-24）

（八）虚步藏刀

【要点】绕刀时，必须使刀背贴靠脊背绕行。藏刀时，右手腕伸，使刀尖尽量向上，不要使刀尖下垂。（图 14-4-25）

图 14-4-24 图 14-4-25

第四段

（一）旋转扫刀

【要点】旋转扫刀必须快速，刀身要低平。（图14-4-26）

图 14-4-26

（二）翻身劈刀

【要点】翻身跃步要远，不要高，劈刀要抢圆。（图14-4-27）

图 14-4-27

（三）缠头箭踢

【要点】缠头和箭踢动作必须先后协调进行。缠头要快速，箭踢要有力，膝关节伸直。（图14-4-28）

（四）仆步按刀

【要点】向右后方劈刀要快速有力，纵跳和向右后转身要借助劈刀的惯性。做仆步时，左脚脚尖内扣，两脚外侧和脚跟均不可离地掀起，上体略向左前方探倾。（图14-4-29）

图 14-4-28

图 14-4-29

（五）缠头蹬腿

【要点】缠头时必须使刀背绕裹左膝后顺脊背绕行，动作要迅速。蹬腿要快，并与缠头动作连贯一致。（图 14-4-30）

图 14-4-30

（六）虚步藏刀

【要点】跃步、转身、落步动作必须与刀的平扫、绕背动作协调一致。（图 14-4-31）

图 14-4-31

（七）弓步缠头

【要点】缠头时必须使刀背贴靠脊背绕行，扫刀要迅速。（图 14-4-32）

（八）并步抱刀

【要点】并步与接刀动作要协调一致。（图 14-4-33）

图 14-4-32   图 14-4-33

结束动作

【要点】退步、撤步和绕掌动作要连贯迅速。（图 14-4-34）

图 14-4-34

第五节　初级剑术

一、初级剑术概述

初级剑术属于武术短器械套路 。初级剑术因为内容丰富、结构合理、动作简单、易学易练，所以适合初学者习练。初级剑术的剑法包括刺、劈、点、撩、挑、崩、截、斩、抹、削、云、挂、架、压等。步型、初级剑术的步法包括弓步、虚步、歇步、仆步、插步、坐盘、跃步、跟步、跳步、转闪及提膝，并配合剑指身法。

二、初级剑术动作名称

预备式 （一）压把穿指　（二）转身平指　（三）弓步分指　（四）虚步接剑
第一段 （一）弓步直刺　（二）回身后劈　（三）弓步平抹　（四）弓步左撩
　　　　（五）提膝平斩　（六）回身下刺　（七）挂剑直刺　（八）虚步架剑
第二段 （一）虚步平劈　（二）弓步下劈　（三）带剑前点　（四）提膝下截
　　　　（五）提膝直刺　（六）回身平蹦　（七）歇步下劈　（八）提膝下点
第三段 （一）并步直刺　（二）弓步上挑　（三）歇步下劈　（四）右截腕
　　　　（五）左截腕　　（六）跃步上挑　（七）仆步下压　（八）提膝直刺
第四段 （一）弓步平劈　（二）回身后撩　（三）歇步上崩　（四）弓步斜削
　　　　（五）进步左撩　（六）进步右撩　（七）坐盘反撩　（八）转身云剑
结束动作

三、初级剑术动作图解

预备式

【要点】持剑时，前臂要与剑身紧贴并垂直于地面。两肩松沉，上体微挺胸、收腹，两膝挺直。（图 14-5-1）

图 14-5-1

（一）压把穿指

【要点】上步剑指平伸、持剑转体向右侧画弧和并步剑指平伸三个动作必须连贯。动作过程中，两肩必须放松。持剑转体向右侧画弧时，左臂直臂上举，腰向右拧转，两脚不可移动。左臂向右侧画弧至与肩同高时，肘略屈，使右手剑指从左手背上穿出成立指。左手持剑继而下落于身体左侧，剑身垂直于地面。（图14-5-2）

图14-5-2

（二）转身平指

【要点】右手剑指向前指出时，肘要伸直，剑尖稍高于肩。（图14-5-3）

图14-5-3

（三）弓步分指

【要点】成右弓步时，左腿要挺直，两脚的全脚掌均着地。上体略向前倾，挺胸、塌腰。左手持剑伸平，左肩放松。（图14-5-4）

（四）虚步接剑

【要点】做左虚步时，右实左虚要分明，右脚脚跟不要掀起。挺胸、塌腰，并且稍向前倾。两肘要平，剑尖应稍高于左肘。（图14-5-5）

图14-5-4

图14-5-5

第一段

（一）弓步直刺

【要点】做弓步时，前腿屈膝蹲平，两脚全脚掌着地。上体稍向前倾，腰要向左拧转、下塌，臀部不要凸起。两肩松沉，右肩前顺，左肩后引。剑尖稍高于肩。（图14-5-6）

（二）回身后劈

【要点】上步、转身、平劈与剑指向上侧举必须协调一致。转身后，腰要向右拧转，左脚不要移动。剑身和持剑臂必须呈一条直线。（图14-5-7）

（三）弓步平抹

【要点】抹剑时，手腕用力须柔和。（图14-5-8）

图14-5-6　　　　　　　图14-5-7　　　　　　　图14-5-8

（四）弓步左撩

【要点】剑由前向后和由后向前弧形撩起时，必须与提膝和向前落步动作协调一致，握剑不可太紧。成弓步后，上体略向前倾，直背、收臀，剑尖稍低于剑指。（图14-5-9）

图14-5-9

（五）提膝平斩

【要点】剑从左向后平绕时，上体必须后仰，使剑从面部上方平绕而过，不可从头顶绕行。提膝时，左腿必须挺膝伸直站稳，右腿屈膝尽量上提，右脚贴护裆前，上体稍向前倾，挺胸、收腹。（图14-5-10）

（六）回身下刺

【要点】右手持剑先屈肘收于身前，在右脚向前落步和上体右转的同时，用力刺出剑。左腿伸直，右腿稍屈，腰向右拧转，剑指、两臂和剑身须呈一条直线。（图14-5-11）

图 14-5-10　　　　　　　　　　图 14-5-11

（七）挂剑直刺

【要点】挂剑、下插和直刺动作必须连贯。这三个动作与跨步、提膝、转身和弓步动作要协调统一。弓步直刺后，两脚全脚掌着地，上体稍前倾，挺胸、塌腰。（图14-5-12）

图 14-5-12

（八）虚步架剑

【要点】虚步必须虚实分明，右肘微屈使剑身成立剑架于额前上方，左臂伸直向上，剑指高于肩。（图14-5-13）

图 14-5-13

第二段

（一）虚步平劈

【要点】虚步必须虚实分明，劈剑时手腕要挺直。（图14-5-14）

（二）弓步下劈

【要点】劈剑时，右肩前顺，左肩后引，剑尖与手、肩呈一条直线。（图14-5-15）

图14-5-14   图14-5-15

（三）带剑前点

【要点】右手持剑前点时，右臂前伸、屈腕，力点在剑尖，手腕稍高于肩，剑尖略比手低。成丁步后，右大腿尽量蹲平，左脚脚背绷直，脚尖点在右脚足弓处，两腿必须并拢。上体稍前倾，挺胸、直背、塌腰。（图14-5-16）

（四）提膝下截

【要点】剑从右向左的圆形画弧下截是一个完整动作，必须连贯。左膝尽量上提，脚背绷直，站立要稳。右臂和剑身呈一条直线，剑身斜平。（图14-5-17）

图14-5-16   图14-5-17

（五）提膝直刺

【要点】抱剑与落步、直刺与提膝，必须协调一致。（图14-5-18）

图 14-5-18

（六）回身平崩

【要点】收剑与平崩动作必须连贯。平崩时，力点在剑的前端；平崩后，上体向右拧转，但左脚不得移动。（图 14-5-19）

（七）歇步下劈

【要点】成歇步时，左大腿压在右大腿上面，左脚全脚掌着地，右脚脚跟离地，臀部坐在右小腿上。劈剑时，右臂尽量向前下方伸直，剑身与地面平行。劈剑和跃步成歇步动作须同时完成。（图 14-5-20）

图 14-5-19

图 14-5-20

（八）提膝下点

【要点】仰身外绕剑和提膝下点两个动作必须连贯、同时完成。右腿独立时，膝关节要挺直，左膝尽量上提。点剑时，右手手腕要下屈，剑身、右臂、左臂和剑指要在同一个垂直面内。（图 14-5-21）

图 14-5-21

第三段

（一）并步直刺

【要点】两腿半蹲时大腿要蹲平，两膝、两脚均须紧靠并拢。上体前倾，直背、落臀。两臂伸直，剑尖与肩相平。（图14-5-22）

（二）弓步上挑

【要点】左臂伸直，左肩前顺，剑指略高于肩；右臂伸直上举，剑刃朝前。上体挺胸、直背、塌腰。（图14-5-23）

图14-5-22　　　　　　　　　　　　　　图14-5-23

（三）歇步下劈

【要点】与第二段（七）相同。（图14-5-24）

（四）右截腕

【要点】两腿虚实必须分明，上体稍前倾，剑身平行于右额前上方，剑尖稍高于剑柄。（图14-5-25）

（五）左截腕

【要点】同右截腕。（图14-5-26）

图14-5-24　　　　　　图14-5-25　　　　　　图14-5-26

（六）跃步上挑

【要点】跃步与上挑动作必须协调一致，迅速进行。挑剑时，腕部要猛然用力伸。形成平衡动作后，右腿略屈膝站稳，左小腿尽量上抬。上体向右拧转，剑身斜举于右侧上方，持剑手略松，便于伸腕。（图14-5-27）

图14-5-27

（七）仆步下压

【要点】做仆步时，左腿要全蹲，臀部紧靠左脚脚跟，不要凸起，两脚全脚掌均着地。上体前探时挺胸，两肘略屈环抱于体前。（图14-5-28）

（八）提膝直刺

【要点】右腿独立须挺膝站稳，左膝尽量上提，脚背绷直，脚尖下垂。上体稍右倾，右肩、右臂和剑身呈一条直线，左臂屈呈弧形。（图14-5-29）

图14-5-28　　　　　　　　　　　图14-5-29

第四段

（一）弓步平劈

【要点】向前劈剑和剑指绕环动作必须协调一致、同时完成，两肩放松。（图14-5-30）

（二）回身后撩

【要点】右脚站稳，左脚脚背绷直，挺胸，两肩放松。（图14-5-31）

图 14-5-30　　　　　　　　图 14-5-31

（三）歇步上崩

【要点】向前跃步、歇步和剑尖上崩动作要连贯协调。跃步要远，落地要轻。上崩时，腕部要猛然用力上屈，剑尖高与眉平。歇步时上体前俯，含胸。（图 14-5-32）

图 14-5-32

（四）弓步斜削

【要点】斜削时，右臂稍低于肩，剑尖斜向面部前右上方，略高于头；左臂在身后侧平举，剑指指尖略高于肩。（图 14-5-33）

（五）进步左撩

【要点】两个剑身的画弧动作，必须连贯成一个完整的绕环动作。撩剑后右腿微屈，左腿伸直，重心落于右腿，剑尖微向下。（图 14-5-34）

图 14-5-33　　　　　　　　　　　　图 14-5-34

（六）进步右撩

【要点】同进步左撩，唯左右相反。（图 14-5-35）

（七）坐盘反撩

【要点】坐盘必须与反撩剑动作协调进行。坐盘时，左腿盘坐地面，左脚脚背外侧着地；右腿盘坐于左腿之上，全脚掌着地，脚尖朝向身前。上体倾俯时含胸收腰，剑尖与右臂、左肘、左肩呈一条直线。（图 14-5-36）

图 14-5-35　　　　　　　　　　　　图 14-5-36

（八）转身云剑

【要点】转身和云剑动作必须连贯，云剑要平、要快，腕关节放松。（图 14-5-37）

图 14-5-37

结束动作

【要点】重心落于右腿，上体前倾，挺胸、塌腰，两肩松沉，左肘略上提，剑身紧贴右前臂后侧，并与地面垂直。（图 14-5-38）

图 14-5-38

第六节　初级棍术

一、初级棍术概述

棍是一种由直而长的坚韧圆木制成的兵器，是人类最原始、最普遍的兵器之一。长期以来，人们利用棍进行防身和健身，创编了丰富多彩的棍法，逐渐形成了棍术这一运动项目。棍术以其易学易练、简练实用的特点，被作为学习长柄兵器的入门内容而得以广泛流传，成为武术主要的项目之一。

二、初级棍术动作名称

起　势

第一段　（一）弓步劈棍　　　　（二）弓步撩棍　　　　（三）虚步上拨棍
　　　　（四）虚步把拨棍　　　（五）上步抢劈棍　　　（六）翻身抢劈棍
　　　　（七）马步平抢棍　　　（八）跳步半抢劈棍

第二段　（九）单手抢劈棍　　　（十）提膝把劈棍　　　（十一）弓步抢劈棍
　　　　（十二）弓步背棍　　　（十三）挑把棍　　　　（十四）转身弓步戳棍
　　　　（十五）踢腿撩棍　　　（十六）弓步拉棍

第三段　（十七）提膝拦棍　　　（十八）插步抢把劈棍　（十九）马步抢劈棍
　　　　（二十）翻身马步抢劈棍　（二十一）上步右撩棍　（二十二）上步左撩棍
　　　　（二十三）转身仆步摔棍　（二十四）弓步崩棍

第四段　（二十五）马步把劈棍　（二十六）歇步半抢劈棍
　　　　（二十七）左平舞花棍　（二十八）右平舞花棍　（二十九）插步下点棍
　　　　（三十）弓步下点棍　　（三十一）插步下戳棍　（三十二）提膝拦棍

收　势

三、初级棍术动作图解

起　势

【要点】右手持棍稍放松，棍上举要轻快；身体正直，左肩不宜过分下沉，微挺胸，收腹。（图14-6-1）

图 14-6-1

第一段

（一）弓步劈棍

【要点】劈棍时，左手用力将棍向腰部左侧后拉，右手用力向左前方下压；上步与劈棍动作要协调。（图 14-6-2）

图 14-6-2

（二）弓步撩棍

【要点】左手上移时，动作轻巧而迅速；棍沿身体左侧抡动时，动作匀速，不宜太快，力点在棍梢一端。（图 14-6-3）

图 14-6-3

（三）虚步上拨棍

【要点】上步与拨棍动作须协调一致，棍梢向左拨时，右手握棍位置不变。（图 14-6-4）

图 14-6-4

（四）虚步把拨棍

【要点】拨动棍把动作必须与虚步同时完成。（图 14-6-5）

图 14-6-5

（五）上步抡劈棍

【要点】抡劈时，两手握棍不要太紧，棍身须紧贴体侧。（图 14-6-6）

图 14-6-6

（六）翻身抡劈棍

【要点】翻身时，左脚前脚掌内转，右脚脚跟碾动，翻身动作要干脆利落。劈棍前，棍梢须画一个立圆，劈棍动作要有力。（图 14-6-7）

图 14-6-7

（七）马步平抡棍

【要点】平抡棍时，右手要用力，平抡棍的高度略高于腰部即可。（图 14-6-8）

图 14-6-8

（八）跳步半抡劈棍

【要点】转体跳步时，两脚离地不要太高，两脚要同时起落，但转体要快；两手抡棍用力，并与转体动作协调一致。（图 14-6-9）

图 14-6-9

第二段

（九）单手抡劈棍

【要点】右手抡棍的过程要用力，棍走立圆，并尽量贴近身体，左手接握棍身的动作要快速准确。（图 14-6-10）

图 14-6-10

（十）提膝把劈棍

【要点】劈棍须与提膝动作同时完成，上体稍前倾。（图 14-6-11）

（十一）弓步抡劈棍

【要点】整个抡劈棍动作要连贯，棍走立圆，速度要均匀。（图 14-6-12）

图 14-6-11　　　　　　　　　　　　图 14-6-12

（十二）弓步背棍

【要点】抡棍时，动作连贯完整，棍走立圆。背棍时，右手松握棍，两臂伸展，上体稍前倾。（图 14-6-13）

图 14-6-13

（十三）挑把棍

【要点】抡棍走立圆，棍把向后抡绕时用力不要太猛。向前挑把时，右臂须用力快速挑起。（图 14-6-14）

图 14-6-14

（十四）转身弓步戳棍

【要点】提膝与转身动作必须要连贯，提膝不宜过高，转身要迅速。（图 14-6-15）

图 14-6-15

（十五）踢腿撩棍

【要点】整个动作要连贯协调，棍走立圆，撩棍和踢腿同时进行，两肩及手臂动作要放松，踢腿时不要弓腰。（图 14-6-16）

图 14-6-16

（十六）弓步拉棍

【要点】拉棍和弓步要同时完成，动作舒展。（图 14-6-17）

图 14-6-17

第三段

（十七）提膝拦棍

【要点】整个动作要连贯、自然，支撑腿站稳。（图 14-6-18）

图 14-6-18

（十八）插步抡把劈棍

【要点】整个动作要连贯，两手松握棍，棍身要贴近身体，且必须翻转两个立圆。（图 14-6-19）

图 14-6-19

（十九）马步抡劈棍

【要点】劈棍动作须用力，并与马步动作同时完成。（图 14-6-20）

图 14-6-20

（二十）翻身马步抡劈棍

【要点】在腾空阶段，上体要挺直。整个动作要轻灵，劈棍和马步须同时完成。（图 14-6-21）

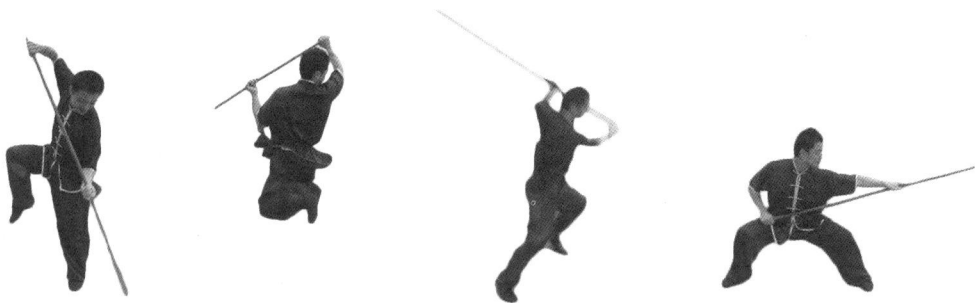

图 14-6-21

（二十一）上步右撩棍

【要点】抡棍上撩时，棍要尽量贴近身体右侧。（图 14-6-22）

图 14-6-22

（二十二）上步左撩棍

【要点】与上步右撩棍同，唯左右相反。（图 14-6-23）

（二十三）转身仆步摔棍

【要点】整个动作要连贯，抡棍走立圆，摔棍须与全蹲成仆步动作同时完成，棍身与左腿平行。（图 14-6-24）

图 14-6-23

图 14-6-24

（二十四）弓步崩棍

【要点】左手屈腕和右手下压用力要猛，但上崩弧度不宜过大。（图 14-6-25）

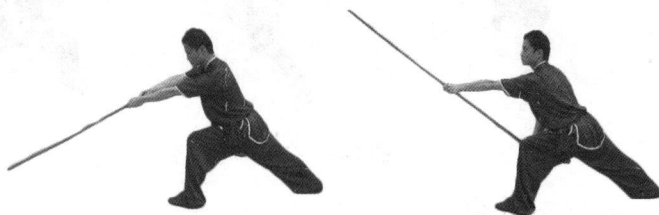

图 14-6-25

第四段

（二十五）马步把劈棍

【要点】上步与劈棍动作要协调一致，左右手换握、滑握要快；劈把时，右手要用力。（图 14-6-26）

（二十六）歇步半抡劈棍

【要点】转体下坐与劈棍动作要协调一致。劈棍时，左手须用力下劈。（图 14-6-27）

图 14-6-26

图 14-6-27

（二十七）左平舞花棍

【要点】整个动作要连贯，棍梢共绕行两周。右脚跨跳不宜太高。两手上举舞花时，不宜握得太紧，并握棍身中段，以顺利地做舞花动作。（图14-6-28）

图 14-6-28

（二十八）右平舞花棍

【要点】整个动作要连贯，棍把共绕行两周，左脚跨跳不宜太高。两手上举舞花时，不宜握得太紧，并握棍身中段，以顺利地做舞花动作。（图14-6-29）

图 14-6-29

（二十九）插步下点棍

【要点】抡棍动作要轻松自如，棍画立圆，棍梢共绕一周半，点地要轻。（图14-6-30）

（三十）弓步下点棍

【要点】棍点地与弓步同时完成，点地要轻。（图14-6-31）

图 14-6-30   图 14-6-31

（三十一）插步下戳棍

【要点】插步与戳把动作要协调一致。（图 14-6-32）

（三十二）提膝拦棍

【要点】整个动作要轻松自如，提膝后上体稍向左前倾。（图 14-6-33）

图 14-6-32   图 14-6-33

收 势

【要点】还原式动作要认真，注意力要集中。（图 14-6-34）

图 14-6-34

第十五章

健身气功·八段锦

第一节 八段锦概述

八段锦由八节动作组成，简便易学，效果明显，深受人们喜爱，因此被比喻成"锦"（精美的丝织品），故名八段锦。八段锦最初是由一些保健的单式动作发展组合而成的，因此八段锦的每一式都有其独特的功效，既可选择单式或多式练习，亦可整套练习。八段锦是中国古代导引术的一个重要组成部分，是一套针对一定脏腑、病症而设计的练功方法。八段锦的每一句歌诀都明确提出了动作的要领、作用和目的，其中的伸展、前俯、后仰、摇摆等动作，分别作用于人体的三焦、心肺、脾胃、肾腰等部位和器官，可以预防心火、五劳七伤等疾病，并有滑利关节、发达肌肉、增长气力、强壮筋骨、帮助消化和调整神经系统的功能。八段锦之所以对人体有良好的作用，是因为它的动作可以对脏器起到针对性的作用，但是这种作用又是综合性的、全身性的，并非头痛医头、脚痛医脚。只有将八段锦的各节动作综合起来，才能共同发挥调脾胃、理三焦、去心火、固肾腰的作用。中国近代著名书法家于右任每天下午四时，一直坚持练习八段锦，且取得了很好的健身效果。

八段锦有坐八段锦与立八段锦，北八段锦与南八段锦，文八段锦与武八段锦，少林八段锦与太极八段锦之别。2013年，国家体育总局健身气功管理中心委托北京体育大学对立八段锦进行了重新研究与整理，将之定名为健身气功·八段锦。新编八段锦在吸纳传统八段锦精髓的基础上，按照现代运动学和生理学规律，对八段锦的动作次序和运动强度进行了调整，通过动作、意念与呼吸的协调配合，以达到强身健体的功效。整套动作动静相兼、松静自然、柔和缓慢、圆活连贯，可契合不同人群的健身锻炼需求。长期练习有助于改善呼吸系统、神经系统及循环系统的功能，增强细胞免疫功能和机体抗衰老能力，改善心理健康。

第二节　八段锦动作

》 一、八段锦动作名称

预备动作

（一）两手托天理三焦　　（二）左右开弓似射雕　　（三）调理脾胃须单举

（四）五劳七伤往后瞧　　（五）摇头摆尾去心火　　（六）两手攀足固肾腰

（七）攒拳怒目增气力　　（八）背后七颠百病消

》 二、八段锦动作图解

预备动作

（1）两脚并步站立；两臂自然垂于体侧；身体中正，目视前方。（图15-2-1）

（2）随着松腰沉髋，身体重心移至右脚；左脚向左侧开步，约与肩同宽，脚尖朝前；目视前方。（图15-2-2）

（3）两臂内旋，两手手掌分别向两侧摆起，约与髋同高，掌心向后；目视前方。（图15-2-3）

（4）上个动作不停。两腿膝关节稍屈；两臂外旋，向前合抱于腹前呈圆弧形，与脐同高，掌心向内，两手手掌相距约10厘米；目视前方。（图15-2-4）

图15-2-1　　　　图15-2-2　　　　　图15-2-3　　　　图15-2-4

（一）两手托天理三焦

（1）接上式。两臂外旋微下落，手指分开在腹前交叉，掌心向上；目视前方。（图15-2-5）

（2）上个动作不停。两腿徐缓挺膝伸直；两手手掌上托至胸前，随后两臂内旋向上托起，掌心向上；抬头，目视两手手掌。（图15-2-6）

（3）上个动作不停。下颌内收，动作略停；目视前方。（图15-2-7）

（4）身体重心缓慢下降；两腿膝关节微屈；十指慢慢分开，两臂分别向身体两侧下落，两手手掌捧于腹前，掌心向上；目视前方。（图15-2-8）

本式托举、下落为1遍，共做6遍。

图 15-2-5　　　　　图 15-2-6　　　　　图 15-2-7　　　　　图 15-2-8

（二）左右开弓似射雕

（1）接上式。身体重心右移；左脚向左侧开步站立，两腿膝关节自然伸直；两手手掌向上交叉于胸前，左掌在外，两手掌心向内；目视前方。（图15-2-9）

（2）上个动作不停。两腿徐缓屈膝半蹲成马步；右手手掌屈指成爪，向右拉至肩前；左手手掌成八字掌随左臂外旋，向左侧推出，与肩同高，坐腕，掌心向左，犹如拉弓射箭之势；动作略停；目视左掌方向。（图15-2-10）

（3）身体重心右移；右手五指伸开成掌，向上、向右画弧，与肩同高，掌指朝上，掌心斜向前；左手五指伸开成掌，掌心斜向后；目视右掌。（图15-2-11）

（4）上个动作不停。重心继续右移；左脚回收成并步站立；两手手掌分别由两侧下落，捧于腹前，掌指相对，掌心向上；目视前方。（图15-2-12）

（5）动作（5）～（8）同动作（1）～（4），只是左右相反。（图15-2-13～图15-2-16）

本式一左一右为1遍，共做3遍。当做第三遍最后一个动作时，身体重心继续左移；右脚回收成开步站立，与肩同宽，膝关节微屈；两手手掌分别由两侧下落，捧于腹前，掌指相对，掌心向上；目视前方。（图15-2-17）

图 15-2-9　　　　　图 15-2-10　　　　　图 15-2-11　　　　　图 15-2-12

图 15-2-13　　　图 15-2-14　　　图 15-2-15　　　图 15-2-16　　　图 15-2-17

（三）调理脾胃须单举

（1）接上式。两腿徐缓挺膝伸直；左掌上托，左臂外旋经面前上穿，随之左臂内旋上举至头部左上方，肘关节微屈，力达掌根，掌心向上，掌指向右；右掌微上托，随即右臂内旋下按至右侧髋旁，肘关节微屈，力达掌根，掌心向下，掌指向前，动作略停；目视前方。（图15-2-18）

（2）松腰沉髋，身体重心缓慢下降；两腿膝关节微屈；同时，左臂屈肘外旋，左掌经面前落于腹前，掌心向上；右臂外旋，右掌向上捧于腹前，两手掌指尖相对，相距约10厘米，掌心向上；目视前方。（图15-2-19）

（3）动作（3）、（4）同动作（1）、（2），只是左右相反。（图15-2-20、图15-2-21）

本式一左一右为1遍，共做3遍。当做第三遍最后一个动作时，两腿膝关节微屈；两臂屈肘，两手手掌分别下按于左右侧髋旁，掌心向下，掌指向前；目视前方。（图15-2-22）

图 15-2-18　　　图 15-2-19　　　图 15-2-20　　　图 15-2-21　　　图 15-2-22

（四）五劳七伤注后瞧

（1）接上式。两腿徐缓挺膝伸直；两臂伸直，掌心向后，掌指向下，目视前方。（图15-2-23）

（2）上个动作不停。两臂充分外旋，掌心向外；头向左后方转，动作略停；目视左斜后方。（图15-2-24）

（3）松腰沉髋，身体重心缓慢下降；两腿膝关节微屈；两臂内旋按于髋旁，掌心向下，掌指向前；目视前方。（图15-2-25）

图 15-2-23　　　　图 15-2-24　　　　图 15-2-25

（4）动作（4）、（5）同同动作（1）、（2），只是左右相反。（图15-2-26、图15-2-27）

（6）动作（6）同动作（3）。（图15-2-28）

本式一左一右为1遍，共做3遍。当做第三遍最后一个动作时，两膝关节微屈，两手掌捧于腹前，掌心向上，掌指相对，目视前方。（图15-2-29）

图15-2-26　　　　图15-2-27　　　　图15-2-28　　　　图15-2-29

（五）摇头摆尾去心火

（1）接上式。身体重心左移；右脚向右开步站立，两腿膝关节自然伸直；两手手掌上托与胸同高时，两臂内旋，两手手掌继续上托至头部上方，肘关节微屈，掌心斜向上；目视前方。（图15-2-30）

（2）上个动作不停。两腿徐缓屈膝半蹲，成马步；两臂向两侧下落至两手手掌扶于膝关节上方，肘关节微屈，小指侧向前；目视前方。（图15-2-31）

（3）身体重心稍上提，随后右移；同时，上体先向右倾，再俯身；目视右脚。（图15-2-32）

（4）上个动作不停。身体重心左移；上体由右向前、向左旋转；目视右方。（图15-2-33）

（5）身体重心右移，成马步，头向后摇，上体起立，随即下颌微收；目视前方。（图15-2-34）

图15-2-30　　　图15-2-31　　　图15-2-32　　　图15-2-33　　图15-2-34

（6）动作（6）～（8）同动作（3）～（5），只是左右相反。（图15-2-35～图15-2-37）

本式一左一右为1遍，共做3遍。做完第三遍后，身体重心左移，右脚回收成开步站立，与肩同宽；同时，两手手掌向外经两侧上举，掌心相对；目视前方；随后松腰沉髋，身体重心缓慢下降。两腿膝关节微屈，同时，屈肘，两手手掌经面前下按至腹前，掌心向下，掌指相对；目视前方。（图15-2-38）

图 15-2-35　　　图 15-2-36　　　图 15-2-37　　　图 15-2-38

（六）两手攀足固肾腰

（1）接上式。两腿挺膝站立；两手掌指向前，两臂向前、向上举起，肘关节伸直，掌心向前；目视前方。（图15-2-39）

（2）两臂外旋至掌心相对，屈肘，两手手掌下按于胸前，掌心向下，掌指相对；目视前方。（图15-2-40）

（3）上个动作不停。两臂外旋，两手掌心向上，随即掌指顺腋下向后插；目视前方。（图15-2-41）

图 15-2-39　　　图 15-2-40　　　图 15-2-41

（4）两手掌心向内沿脊柱两侧向下摩运至臀部；随即上体前俯，两手手掌继续沿腿后向下摩运，经脚两侧置于脚背；抬头，动作略停；目视前下方。（图15-2-42）

（5）两手手掌沿地面前伸，上体随手臂上举起立，两臂伸直，掌心向前；目视前方。（图15-2-43）

本式一上一下为1遍，共做6遍。做完第六遍后，松腰沉髋，重心缓缓下降；两腿膝关节微屈；两手手掌向前下按至腹前，掌心向下，掌指向前；目视前方。（图15-2-44）

图 15-2-42　　　　　图 15-2-43　　　　　图 15-2-44

（七）攒拳怒目增气力

（1）接上式。身体重心右移，左脚向左开步；两腿徐缓屈膝半蹲成马步；两手握拳，抱于腰侧，拳眼朝上；目视前方。（图15-2-45）

（2）左拳缓慢用力向前冲出，与肩同高，拳眼朝上；瞪目，视左拳冲出的方向。（图15-2-46）

（3）左臂内旋，左拳变掌，虎口朝下；目视左掌。左臂外旋，肘关节微屈；左掌向左缠绕，变掌心向上后握拳；目视左拳。（图15-2-47）

（4）屈肘，左拳回收至左腰侧，拳眼朝上；目视前方。（图15-2-48）

图 15-2-45　　　图 15-2-46　　　　图 15-2-47　　　　图 15-2-48

（5）动作（5）～（8）同动作（1）～（4），只是左右相反。（图15-2-49～图15-2-51）

本式一左一右为1遍，共做3遍。做完第三遍后，身体重心右移，左脚回收成并步站立；同时，两拳变掌，两臂自然垂于体侧；目视前方。（图15-2-52）

图 15-2-49　　　　　图 15-2-50　　　　　图 15-2-51　　　图 15-2-52

（八）背后七颠百病消

（1）接上式。两脚脚跟提起；头上顶，动作略停；目视前方。（图15-2-53）

（2）两脚脚跟下落，轻震地面；目视前方。（图15-2-54）

本式一起一落为1遍，共做7遍。

图 15-2-53　　　图 15-2-54

收　势

（1）接上式。两臂内旋，向两侧摆起，与髋同高，掌心向后；目视前方。（图15-2-55）

（2）两臂屈肘，两手手掌相叠置于丹田处（男性左手在内，女性右手在内）；目视前方。（图15-2-56）

（3）两臂自然下落，两手手掌轻贴于两腿外侧；目视前方。（图15-2-57）

 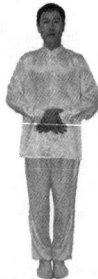 

图 15-2-55　　　图 15-2-56　　　图 15-2-57

第十六章

民族民间传统体育

第一节　板鞋竞速

》　一、板鞋竞速概述

板鞋竞速是壮族的传统体育项目之一。相传明朝嘉靖年间，倭寇侵扰沿海地区，广西田州土官瓦氏夫人率军队赴江浙抗倭。为了提高士兵的战斗意志，增强士兵的集体观念，她让几名士兵同穿一双木鞋齐步跑。经过长期训练，士兵素质大大提高，纪律严明，战斗力强，所向披靡，挫败了来犯倭寇，为保家卫国立了大功。后来，壮族人民效仿瓦氏夫人的练兵法，在田头地角、房前屋后开展三人板鞋活动，自娱自乐，相袭成俗，流传至今。板鞋活动有 3 人板鞋、板鞋舞蹈、板鞋拳术、龙凤板鞋等多种形式。竞赛项目以 3 人板鞋较为常见。

板鞋竞速对运动场地的要求不高，具有鲜明的民族特点，为人们的生活增添了不少乐趣。在全国第 4 届、第 5 届少数民族传统体育运动会上，该项目被列为表演项目，并受到了广大观众的欢迎和称赞；2007 年，在全国第 8 届少数民族传统体育运动会上，该项目被列为正式比赛项目。

板鞋竞速是由多名运动员一起将脚套在同一双板鞋上，在田径场上进行的竞速比赛，以在同等的距离内所用的时间多少决定名次，比赛项目包括男子 60 米、男子 100 米、女子 60 米、女子 100 米和男女 2×100 米混合接力。

板鞋竞速能够增强练习者的肩、髋、膝、踝等关节的灵活性，增强练习者上肢、下肢及腰腹肌力量；提高练习者的速度、力量、耐力、柔韧、灵敏性和协调性；改善和加强练习者心脑血管系统和呼吸系统的机能；培养练习者坚强的意志品质和团结协作精神，给练习者带来愉快的情感体验。

》　二、板鞋竞速基本技术

板鞋竞速基本技术主要包括预备姿势、行走技术和跑动技术。

（一）预备姿势

两脚前后开立，与肩同宽，两眼平视前方，两手扶在同伴的肩上或腰部，做好踏步准备。

（二）行走技术

1.原地踏步、向前走

当同伴都做好准备以后，为达到步调整齐一致的目的，可由 1 人或一起喊口令"一、二、一"或"左、右、左"并原地踏步，声音和步调要一致。熟练后，运动员两手可不攀扶其他人，自然摆臂向前走。

2.弯道走

弯道走必须改变身体姿势、摆臂和后蹬的方向。在向左转弯的弯道中行走时，身体应向左倾斜，右肩高于左肩；右臂摆动幅度大且稍向外，左臂摆动幅度小且靠近体侧；右脚前抬时内扣，后蹬时用前脚掌内侧扣紧板鞋；左脚稍向外，脚外侧用力；右脚的步幅稍大于左脚；转弯后身体逐渐恢复到正常姿势，快速向前走。

（三）跑动技术

完整的跑动根据顺序可分为起跑、起跑后的加速跑、途中跑和终点跑四个阶段。

1.起 跑

板鞋竞速的起跑分为各就位和鸣枪两个环节。（图 16-1-1）

当发令员发出"各就位"口令时，运动员将板鞋置于跑道起跑线后，共同套好板鞋，两脚前后开立，与肩同宽，身体稍前倾，重心降低并稍前移，注意力集中，两眼平视前方。

当听到发令枪响后，运动员后脚迅速向前上方提膝迈步，向前跑出。

2.起跑后的加速跑

起跑后的加速跑是指从向前迈出的板鞋着地到进入途中跑之前的跑动，其任务是使运动员在较短的时间内尽快将速度提至较高，以迅速转入途中跑。

运动员起跑后向前迈出的第一步不宜过大，重心迅速前移，两臂积极摆动，保持身体协调、平衡，步长逐渐加大，步频逐渐加快。

3.途中跑

途中跑阶段是板鞋竞速全程跑中距离最长、速度最快的阶段，其任务是使运动员发挥并保持高速的跑动。（图 16-1-2）

途中跑是一个不断重复的周期性动作，其技术包括两腿动作、摆臂动作、头和身体的姿势。因为板鞋竞速 3 人同穿一双板鞋共同完成，这就要求 3 人的动作协调一致，如果有 1 人的动作不一致，就会导致 3 人均失去平衡，出现脱鞋或摔倒的情况，所以运动员要注意腿部动作与摆臂动作的协调配合。摆动腿尽量抬高，支撑腿用力后蹬，两臂配合腿部动作，积极摆动，尽量缩短腾空时间，减小身体重心的上下起伏程度，保持身体稳定，上体适当前倾，眼睛平视前方。

板鞋竞速的运动强度较大，后程的耐力是保持高速跑完全程的重要因素。运动员要保持稳定的步频和步长，避免后程因体力不足而失去对板鞋的控制，这一点也非常重要。

弯道跑时，身体应向内倾斜，获得合适的向心力，以保持身体的稳定和跑动的速度。

4.终点跑

终点跑的任务是使运动员尽力以途中跑的高速度跑过终点，争取更高名次。由于体力关系，运动员撞线时应基本保持途中跑姿势，到达终点后在逐渐降低速度的情况下停下来，以保证安全。（图 16-1-3）

图 16-1-1　　　　　　　　图 16-1-2　　　　　　　　图 16-1-3

板鞋竞速练习方法如下。

注意循序渐进，由易到难，先练习原地踏步走，然后练习行进间走、慢跑、快速跑、弯道跑、起跑和起跑后的加速跑，最后练习全程跑。

（1）3人穿板鞋原地踏步练习，体会动作的协调性。

（2）3人穿板鞋配合踏步向前走练习，体会步法的一致性。

（3）3人穿板鞋慢跑并逐步过渡到快速跑，体会途中跑动作。

（4）3人穿板鞋进行弯道跑，体会如何克服离心力，获得合适的向心力以保持身体的稳定和跑动速度。

（5）3人穿板鞋练习起跑和起跑后的加速跑，体会快而稳的起跑动作和如何较快地获得较高的速度。

（6）3人穿板鞋练习终点跑和全程跑，体会如何保持较快速度进行终点冲刺。

》》　三、板鞋竞速基本战术

练为战，如果只重视技术训练而忽视技术在战术中的应用，就无法在重大比赛中取胜。随着现代竞技运动水平的日益接近，战术就显得格外重要。在重大比赛中，短距离跑前 8 名的成绩非常接近，几乎同时到达终点，若不使用高速摄像电动计时器，可能很难判断出名次。

目前，板鞋竞速在正式比赛中设置的项目不多，一般为 60 ～ 100 米比赛，战术运用的效果虽然不如中长距离的比赛那么明显，但是由于板鞋竞速的运动强度大，比赛同样也有力量分配的问题，加上比赛赛次较多，因此合理分配力量对于在各赛次获得好名次、好成绩非常重要。

60米比赛在战术上主要是力争在每一赛次中取得好名次。一旦在小组赛中取得好名次，运动员就应养精蓄锐，为下一次比赛做准备，从而在决赛时全力以赴，跑出自己最好的成绩。在比赛中，当参赛队水平较接近时，运动员应采取以己之长克彼之短的战术，从而取得比赛的胜利。

100米比赛的战术为在预赛中要确保取得好名次，进入决赛后即全力跑出好成绩。在具体比赛中，运动员应合理地分配自己前后段的体力，前段要用接近本人最好成绩的体力跑，后段要顺惯性尽全力跑到终点。

在接力赛中，弯道跑技术和交接棒技术非常重要。

》四、板鞋竞速比赛规则简介

（一）比赛方法

板鞋竞速分为单项比赛和接力比赛两大类。

1.起跑口令

（1）各就位：运动员将板鞋置于跑道起跑线后，共同套好板鞋，任何一只板鞋不得触及或超过起跑线。

（2）鸣枪：枪响后，运动员方可起动跑进。

2.途中跑

在比赛过程中，如果出现某一队员的脚脱离板鞋触地或摔倒，须在触地（落地）处重新套好板鞋，方可继续比赛。

3.终　点

记时员的停表以第一名运动员躯干任何部位抵达终点线后沿垂直面瞬间为止。到达终点时，运动员的身体和板鞋须全部超过终点线后才能分离。

4.接力赛

（1）接力区。

每个接力区的长度为10米，在中心线前后各5米，交接的开始与结束均从接力区分界线的后沿算起。

（2）要求。

接力赛采用多副板鞋组成多棒进行比赛。（图16-1-4）

第一棒队员和第二棒队员的交接必须在接力区内完成。

完成交接的队员应停留在各自的分道或接力区内，直到跑道畅通后方可离开。

每队的服装须统一。

图 16-1-4

（二）犯规与判罚

1.犯 规

（1）抢跑：鸣枪前跑进起跑线。

（2）窜道：在比赛过程中窜离本跑道。

（3）比赛中，脚脱离板鞋触地或摔倒，且未在原地穿好板鞋。

（4）抵达终点时，两只板鞋的一部分仍未过线，脚与板鞋分离。

（5）在比赛过程中，有阻挡或妨碍其他运动员跑进的行为。

（6）接力赛：① 在接力区外交接接力棒；② 在退出接力区时，阻挡或妨碍其他运动员跑进。

2.判 罚

（1）抢跑犯规：第一次给予警告，第二次取消犯规者该项目的比赛资格。

（2）发生其他犯规之一者，取消犯规者该项目的比赛资格。

第二节 抛绣球

一、抛绣球概述

抛绣球是壮族人民在春节、三月三等传统节日的歌圩集会上所开展的一项男女连情活动，后来演变成为群众喜闻乐见的传统体育项目。有着 2000 多年历史的花山岩画里已有抛绣球的原型，当时用以甩投的是青铜铸造的古兵器飞砣，多被用于作战和狩猎。随着社会的进步，人们物质生活水平的提高，飞砣也逐渐发展成为现在的绣花布囊——绣球。绣球以圆形最为常见，也有椭圆形、方形、菱形等。绣球大如拳头，上下两端分别系有彩带和红坠，内包有棉花籽、谷物等农作物种子，这除了使绣球有一定的重量便于抛掷外，更深层的意义是绣球为吉祥之物。由于壮族是传统的稻作民族，壮族人民对每年农作物丰收与否十分关心，因此在各种祭祀、祈年的仪式中，农作物种子及播种、耕种等生产劳动形式往往都是表现的主题。例如，壮族人民建新房时，会在墙基四角撒一些谷粒；架大梁时，要在梁上挂两束谷穗；为老人祝寿时往往也要送些精米作礼。这些都有生长、生育、兴旺、平安之意。绣球作为壮族多元文化交融的象征，从飞砣到抛绣球，从传情求偶发展到健身、表演、比赛等活动形式，经过了长期的发展过程。

抛绣球不但具有社交娱乐的作用，而且能增强人的体力，磨炼人的意志，提高人的身体素质，培养人果断、坚毅、自信和积极向上的高尚品质。2002年，在广西第10届少数民族传统体育运动会的抛绣球竞赛中，增加了背篓抛绣球项目，用肩背背篓接绣球，这增加了一定的运动难度，提高了观赏性。

二、抛绣球基本技术

（一）高杆抛绣球的技术分析

抛绣球比赛时，运动员将绣球抛过9米高的杆上直径为1米的彩环即可得分。由于抛绣球比赛是在无防守、无进攻的情况下进行的，因此要抛过规定的高度，运动员只需具备较好的个人技术和良好的心理素质即可。抛绣球时，运动员通过手握提绳转腕，使球获得一定的初速度，速度由慢到快，当达到最快的匀速状态时，手臂大绕环一周，根据自身与木杆之间的距离、位置，选择合适的出手角度，伸臂，抖腕，顺着球的惯性送球出手，绣球只有获得合适的速度及角度才能以抛物线的轨迹，准确地穿过彩环。

（二）高杆抛绣球的基本技术

1. 侧位站立上抛法（以右手为例）

【动作方法】侧位站立，左肩对着木杆方向，两脚左右开立，约与肩同宽，重心在两脚之间。右手握住绣球的提绳，手腕按逆时针方向做两三次绕球预摆动作。绕球时，屈肘，手腕放松，运转柔和，使球匀速转动。当球绕到最低点与地面垂直时，身体重心前移，转体面对彩环，同时蹬地、伸臂侧绕到最高点，顺着球的惯性，以合理的角度用力抖腕、送指，将球抛出。

【动作要领】手腕逆时针方向摆球，动作连贯、柔和、匀速；抛球时，移动重心，转体，蹬腿，伸臂，抖腕，送指，使球的运动轨迹呈抛物线。

2. 背向抛球法

【动作方法】身体背对木杆，两脚左右开立，约与肩同宽，重心在两脚之间。右手握住绣球的提绳，手腕带球做两三次"8"字绕环。在球获得一定的速度后，上体后仰呈反弓形。当球提绕到右侧最高点时，伸臂，抖腕，送指，将球抛出去，两眼注视球的运动轨迹，球在空中的运动轨迹为大抛物线。

【动作要领】右手在身体两侧绕"8"字，出手的一瞬间，上体后仰呈反弓形，倒头，目视球抛出去的方向。

（三）背篓抛绣球的基本技术

背篓抛绣球的技术与高杆抛绣球的技术相似。高杆抛绣球时，绣球运动轨迹的最高点达9米，绣球运动轨迹的弧度较大；背篓抛绣球时，绣球运动轨迹的弧度要小很多。背篓抛绣球的球出手角度比高杆抛绣球的球出手角度小。

1. 持绣球技术

背篓抛绣球的持绣球技术与高杆抛绣球的持绣球技术相同。如果用工艺绣球比赛，则背篓抛绣球的持绣球技术为五指直接捏握法。

2. 抛球技术

背篓抛绣球的抛球技术与高杆抛绣球的抛球技术较为相似，只是出手的角度相对要小。如果用工艺绣球比赛，则多采用单手肩上抛球技术。

3. 背篓接球技术

接球手背篓面对抛球手站立于接球区内，面对抛球手投来的绣球，判断来球落点，或蹲或半跪将球接入背篓中。

三、高杆抛绣球竞赛规则简介

（一）场地与器材

1. 场　地

抛绣球比赛场地为长 26 米、宽 14 米的长方形，场地必须有明显的界线。在中线两侧 7 米的地方，各画一条与中线平行且与两条边线相接的线，这两条线为投球控制线。投球控制线到端线之间的区域为投球区。

2. 投球圈

在中线的中点竖一根高 9 米的杆，杆顶安一个直径 1 米的彩环，即为投球圈。

3. 绣　球

绣球用绸布或花布制成，直径为 5～6 厘米，内装细沙石，重 150 克。球心系一根长 90 厘米的绳子。绳子尾端系 3 片长 4 厘米、宽 0.5 厘米的布条，球下部缝有 5 片长 5 厘米、宽 0.5 厘米的布条作为球穗。比赛时须准备五种不同颜色的绣球各 3 个。

（二）主要规则

1. 队　员

每队运动员 10 人，由男、女各 5 人组成，队员上衣必须有明显的号码。

2. 工作人员

工作人员由裁判长 1 人、裁判员 10 人、记录员 1 人组成。

3. 规则简介

（1）比赛可分为团体赛和男、女个人赛。团体赛每队由男、女各 5 人参加；个人赛每次比赛由 5 人参加，计个人成绩。

（2）团体赛比赛时间为 20 分钟，分两段进行，每段 10 分钟。第一段为 5 名女运动员上场抛绣球，第二段为 5 名男运动员上场抛绣球。

（3）比赛时，由裁判长带领比赛的运动员与裁判员认识，裁判员发给运动员绣球进行练习。练习 1 分钟后，队员分别站在两边的投球区内，待裁判员、运动员做好准备，裁判长鸣笛开始比赛。运动员将绣球投圈后，应快速捡起自己专用的球反向再投圈。投中圈 1 次得 1 分；如果投球时运动员踩到控制线、越出投球区或拿别人的球投圈，则 1 次扣 1 分。

（4）比赛结束后，按得分多少排列团体（10 人得分相加）和个人名次，得分高者名次列前。如果投球得分相等，则分数相等的团体或个人进行 1 分钟的复赛，投中多者为胜；如果仍相等，再赛 1 分钟，直至决出胜者为止。

》》四、背篓抛绣球竞赛规则简介

（一）场地与器材

1. 场　地

在球场或空地相距 15 米处分别画投球限制线和接球限制线，分别设宽 2 米的抛球区和接球区。

2. 绣　球

背篓抛绣球比赛用绣球与高杆抛绣球相同，也可以使用工艺绣球。

3. 背　篓

背篓由竹或塑料制成，背篓上直径 30 厘米，下直径 20 厘米，高 40 厘米。

（二）主要规则

4 名抛球手各拿 6 个绣球，依次站在投球区内，接球手背背篓站在接球区内。比赛开始后，4 名抛球手必须在 3 分钟内依次将所有的绣球抛出，超时将被判违例。接球手用背篓接球的姿势不限，抛球手踏线或超出抛球区投球、接球手踏线或超出接球区接球均无效。

以每队在 3 分钟内抛进背篓的绣球多少决定名次，若抛进的绣球数相同，则用时少的队名次列前。

第三节　舞　龙

舞龙运动是由 10 名队员借助舞龙器材在音乐的烘托下共同完成的集体性项目。其中任何一名队员出现错误都将影响动作的完成质量。它要求 10 名队员在音乐的伴奏下，团结一致、齐心协力、相互配合，珠引龙走，龙跟珠行，节节相随，快慢有序，组成龙的各种形态。自龙珠至龙尾 10 名队员依次称为 0 号～9 号队员。在比赛过程中，队员要佩戴相应的号码。现代舞龙的动作主要可分为五类："8"字舞龙类动作、游龙类动作、穿腾类动作、滚翻类动作、组图造型类动作。每类动作又分为 A、B、C 三个难度级别。例如，"8"字舞龙类动作中的"原地'8'字舞龙"属于 A 级难度动作，"行进快速'8'字舞龙"属于 B 级难度动作，"双杆'8'字舞龙"属于 C 级难度动作。（图 16-3-1）

图 16-3-1

一、"8"字舞龙类动作

"8"字舞龙类动作指运动员将龙体在人体左右两侧交替做"8"字形环绕的舞龙动作,可快可慢,可原地,可行进,也可利用人体组成多种姿态、多种方法做"8"字形舞动。"8"字舞龙类动作种类很多,难度较大,在舞龙动作中占有重要的地位,贯穿于舞龙表演的全过程。故"8"字舞龙类动作是舞龙教学中的重点和难点。

"8"字舞龙类动作的龙体运动轨迹要圆顺,人体造型姿态要优美,快舞龙要突出速度和力量;每个动作左右舞龙均不少于4次。

(一)原地"8"字舞龙

【动作说明】全体队员八字步成一路纵队站立,龙体在队员两侧做"8"字环绕舞龙4次以上。

(二)跪步舞龙

【动作说明】全体队员八字步成一路纵队站立,龙体在队员两侧做"8"字环绕舞龙1次后,降低重心,单膝着地成跪步,龙体继续在队员两侧做"8"字环绕舞龙4次以上。

(三)"8"字舞龙磨转

【动作说明】全体队员成一路纵队站立,龙头面对龙体做"8"字舞龙动作。以龙体的第5节为中心,顺(逆)时针磨转一周,同时完成6～8次"8"字舞龙动作。

【要求】龙形圆顺,磨转流畅、连贯。

(四)靠背舞龙

【动作说明】全体队员八字步成一路纵队站立,3号、5号、7号、9号队员向后转身分别与2号、4号、6号、8号队员背对背呈人字形斜靠状,龙体在队员两侧快速"8"字舞龙6次以上。

【要求】转换时无停顿。

（五）直躺舞龙

【动作说明】全体队员八字步成一路纵队站立，龙体在队员两侧做"8"字环绕舞龙1次后，各节队员快速依次仰卧在地，前面队员正好躺在后面队员的腹部，随龙头躺地做"8"字舞龙6次以上。

【要求】动作连贯不停顿，龙体不互相碰撞，不拖地。

（六）站腿舞龙接挂背舞龙

【动作说明】站腿舞龙时，下方双数队员马步站立，上体前倾，两臂尽力前伸，在以手为中心的大立圆内做"8"字舞龙，两手以拧把为主，龙杆运行前后的幅度一定要小；上方队员的两脚紧扣下方队员的腰腿部，屈膝内扣，贴紧下方队员的肩背部，上体尽力弯曲前倾，"8"字舞龙的上下幅度要大；接着，上方队员屈膝坐于下方队员的腰背部，两腿紧扣在下方队员的腋窝下，后仰，挂背舞龙。要注意下方队员前后之间要适当加大距离。

【要求】站腿要稳，队员前后距离要适中，龙体舞动不停顿。

》》二、游龙类动作

游龙类动作指运动员较大幅度地奔跑游走，通过龙体快慢有致、高低起伏、左右翻摆行进，以展现龙婉转回旋、左右盘翻、屈伸连绵等动态特征。

游龙类动作要求龙体循着弧线的规律运动，运动员协调地跟随龙体起伏行进。

（一）单侧起伏小圆场

【动作说明】龙珠引龙体逆时针方向走小圆场，同时龙体在队员右侧快速大幅度地上下起伏。

【要求】队员互相靠近，身体重心随龙的形状变化而变化，龙体上下起伏流畅，不可前后牵扯，也不可出现"塌肚"现象。

（二）快速矮步跑圆场越障碍

【动作说明】龙珠引龙体逆时针方向快速矮步跑小圆场，同时龙体做小幅度起伏；龙珠右侧平端，龙杆做反方向运动，龙头带领各节跳跃龙珠障碍。

【要求】队员越过龙珠时身体重心恰好在最高位置，龙体也要在最高位置。队员越龙珠时不要碰踩龙珠，越过龙珠后要继续匀速前进，不要停顿。

（三）快速跑斜圆场

【动作说明】龙头起伏一次后正向跑斜圆场。

（1）龙体成圆。龙头内扣咬住龙尾；为了保持龙形饱满，各节要尽量将龙杆向外撑开。

（2）成一斜圆。首先，要把握好最低点和最高点。在最低点，每名队员都把龙杆放到最低，同时身体重心降到最低；在最高点，每名队员都将龙杆上滑，两手持龙杆举至最高点，同时踮脚使身体重心升至最高点。其次，要做到在最高点和最低点之间的转化匀速均衡，每把龙杆在两点之间的转化始终处在上升和下降的运动过程中，绝不可出现"拖龙"现象。

（四）S形游龙

【动作说明】龙珠引龙体快速左右曲线起伏成S形行进，改变方向3次以上。

【要求】龙体圆顺，避免出现龙体"塌肚"现象。

（五）骑肩双杆起伏行进

【动作说明】3号、5号、7号、9号队员一人两杆骑在2号、4号、6号、8号队员肩上。在龙珠引导下，龙头带领龙体做右侧上下单侧起伏，行进两周以上。

【要求】队员上下肩时要迅速，龙体运动要顺畅。

三、穿腾类动作

穿腾类动作指龙体运动路线成纵横交叉形式，龙珠、龙头、龙节依次在龙身下穿过，称之为穿越；龙珠、龙头、龙节依次在龙身上越过，称之为腾越。

穿腾类动作在穿越和腾越时，龙形饱满，速度均匀，运动轨迹流畅，穿腾动作轻松利索，不碰踩龙体、不拖地、不停顿。

（一）穿龙尾

【动作说明】龙珠引龙体逆时针方向跑圆场成圆后，带领龙体穿越第8节龙身行进。

【要求】在穿越的过程中，9号队员要向内、向龙头靠拢，不可向外打开。

（二）穿龙尾跳龙头

【动作说明】正向起伏小圆场，龙头在最低点内扣起伏一次后穿龙尾（稍有停顿），同时全体队员向内靠拢依次穿越龙尾，龙头在穿过龙尾后换把转向，矮步端龙，第3、第5、第7、第9节队员依次跳跃过龙珠和龙头。

【要求】队员跳跃过龙头和龙珠时，不要碰踩龙杆。

（三）龙穿身

【动作说明】在龙头到达第6节之前，第6节队员引龙体左右跑动，保持龙形状的活跃；在龙头穿越之后，第6节队员顺龙势下滑龙杆，第7、第8、第9节队员换把矮步依次从第6节前穿过。

【要求】在龙头穿越的过程中，龙体要保持活动，不要出现"死龙"现象。

（四）龙脱衣

【动作说明】快"8"字舞龙中突然静止，组成一条曲线造型，尔后，双数队员向右、单数队员向左成两路纵队站立，在龙珠的带领下，龙头从两路龙身下依次穿过结成"疙瘩"。当8号、9号队员穿过时，由龙珠引龙体原路折回穿过龙身，自然解开龙身"疙瘩"。

【要求】穿越过程中，前后队员要排成一条直线，龙头要把握好折回的时机。

（五）穿八五节

【动作说明】龙珠引龙体逆时针方向跑圆场成圆后，接着带领龙体穿越龙尾反向行进，依次穿越第8、第5节龙身；在3号队员穿过第8节龙身后，第6、第7、第8节队员分别跳跃第1、第2、第3节龙身，随龙头行进。

【要求】龙头穿越后要内扣行进，龙体紧缩，不可打开太大。

（六）快腾进

【动作说明】龙珠左转弯穿越第4节龙身，第6、第7、第8、第9节队员分别腾越第1、第2、第3、第4节龙身，重复3次以上。

【要求】龙体、环扣、环始终保持一个半环。

（七）慢腾进

【动作说明】龙头穿过第5节龙身后，端龙直线行进接慢腾进。龙珠引龙体矮步端龙行进，龙珠左转弯举珠腾越第4节龙身，龙头腾越第5节龙身随珠而行，第2、第3、第4节队员分别交叉越过第6、第7、第8节龙身。龙珠右转弯引龙体重复以上腾越动作。

【要求】速度要慢，龙形要饱满。

》四、翻滚类动作

翻滚类动作指龙体呈立圆或斜圆状运动，以展现龙的腾越、缠绞动作。龙体做立圆或斜圆状连续运动，当龙身运动到运动员脚下时，运动员迅速向上腾起依次跳过龙身，称之为跳龙动作；龙体同时或依次做360°翻转，运动员利用滚翻、手翻方法越过龙身，称为翻滚动作。

翻滚类动作必须在不影响龙体速度、幅度、美感的前提下完成，难度较大，要求龙体运动轨迹流畅，龙形圆顺，运用翻滚技巧准确规范。

（一）快速逆向跳龙行进

【动作说明】龙头带领龙节，在龙珠的引导下逆时针连续舞2次立圆行进。各龙节迅速依次跳跃龙身随龙头行进。

【要求】队员在跳龙时要举龙杆至最高点。

（二）大立圆螺旋行进

【动作说明】龙头在内侧，队员身体重心随龙体起伏，顺时针舞大立圆3次，使龙体连续螺旋状翻转行进。

【要求】龙形旋转立圆一致，队员腾越龙身轻松利索，不碰踩龙体，不拖地。

（三）360°斜圆盘跳龙

【动作说明】全体队员成一直排站立，做"8"字舞龙2次后，龙头面对龙节逆时针舞斜圆；当龙身舞到队员脚下时，各节队员迅速从龙身依次跳过。如此重复3次以上，龙体连续斜盘翻转。

【要求】队员在跳跃龙身时一定要依次完成，不要碰踩龙体，不要同时跳跃，越过龙体后要将龙杆向后一节队员脚下扫送。

（四）360°螺旋跳龙

【动作说明】龙头面对龙节顺时针方向舞立圆。当龙身舞到队员脚下时，各节队员迅速从龙身依次跳过，如此重复4次以上，龙体连续螺旋翻转。（图16-3-2）

【要求】龙形要饱满，不拖地，螺旋要圆顺。队员跳跃时不可碰踩龙体。

图16-3-2

（五）快速螺旋磨转

【动作说明】龙头面对龙节顺时针舞立圆。当龙身舞到队员脚下时，各节队员迅速从龙身依次跳过，如此重复6次以上，同时以5号队员为轴心，龙体逆时针呈磨盘状边舞边转1周。

【要求】龙形要饱满，不拖地，螺旋要圆顺。队员跳跃时不可碰踩龙体。磨转时，前后队员仍要保持一条直线站立。

≫ 五、组图造型类动作

组图造型类动作指龙体在运动中组成活动的图案或相对静止的造型。

组图造型类动作要求活动图案构图清晰，静止造型形象逼真，以形传神，以形传意；龙珠配合协调，组图造型的连接和解脱紧凑、利索。

（一）大横"8"字花慢行进

【动作说明】龙珠引龙体左右、上下起伏缓慢行进，整个龙体组成明显的大横"8"字花图案，重复4次以上，做到慢而不断，柔中有刚。

【要求】首尾连成一个完整"8"字形，且两圆大小一致。龙体在移动过程中始终保持大横"8"字花图案不变。

（二）龙门造型

【动作说明】"8"字舞龙，龙头高抛从5号队员前穿过，然后自打一个结，同时，龙尾从5号队员后穿过，再从8号队员前穿过打一个结。第4、第5、第6节龙体成一条直线；接着4号、6号队员跪步扶龙杆撑地，5号队员蹲下放龙身使第4、第5、第6节龙体成V字造型。7号、9号队员靠拢，弓步相对，8号队员站在他们的腿上，1号、2号、3号队员的动作同7号、8号、9号队员；然后，龙珠空翻从第5节跳进，成龙门造型。

【要求】龙门两边的高度相同，龙体不要出现"塌肚"现象。

（三）高塔盘造型

【动作说明】龙体在龙珠的引导下走圆、紧缩，龙头迅速站在2号队员肩上，组成螺旋高塔盘造型，接着顺时针原地自转1周。

【要求】龙头站肩要迅速稳定。

（四）蝴蝶盘花造型

【动作说明】龙头高抛换把，端龙内扣，龙头、龙尾相接成圆场高擎龙之后，9号队员换把下滑龙杆，端龙反向内扣走弧线，5号队员不动，4号、6号队员向5号队员靠拢成一条直线，单跪步龙杆撑地，龙头、龙尾高擎龙杆相接，其余各节向龙珠靠拢成团身龙舟造型；然后，龙珠从内跳出，1号队员上3号队员肩，9号上7号肩，2号、8号队员将龙杆向外撑出，其余各节队员的动作基本不变；接着，1号、9号队员跳出龙身，同时，其余各节队员内扣靠拢，成蝴蝶盘花造型。

【要求】队员人体要尽可能地隐藏于龙体之后。

（五）龙出宫造型

【动作说明】龙头内扣，全体队员高擎龙杆向外撑开成一个高空龙盘，龙头从第5节后贴龙身向外穿出戏珠，同时第9节队员上第8节队员肩，拧把高翘龙尾；然后，龙头复位成龙出宫造型。龙头由第7节开始贴龙身向左戏龙珠，同时，全体队员顺时针旋转少许，龙尾从后转到侧面（旋转90°左右），接着，龙尾复位，龙头从第5节龙身跳出。

【要求】首尾相戏配合要默契，与音乐配合要默契。

（六）龙头高翘造型

【动作说明】龙头跳过龙尾后矮步单侧起伏向龙尾靠拢，然后起身内扣原地拧把外转龙头，转动一周盘龙。第2、第3、第4节队员高擎龙杆迅速向龙头靠拢，组成一个龙盘。第4节队员两腿前后开立，微屈，第5、第6节队员全蹲，与第4节队员成一条直线，且与由第7、第8、第9节队员所成的直线成30°～40°的夹角。同时，第7、第8、第9队员俯身、屈腿做波浪形运动。

【要求】龙头高翘，首尾相望。队员人体要尽可能地隐藏于龙体之下。

第四节　舞　狮

》　一、北　狮

北狮流行于我国长江以北。北狮的传统舞法在讲究技巧和武术基本功的同时，更强调艺术布局、特色套路的编排、引狮员与狮子的配合。在引狮员的引领下，双狮的动作随着鼓点的节奏，或快或慢，或进或退，或高低或翻滚或跳跃，以展现姿态万千的狮形狮态。北狮在制造和设计方面，尽量模仿了狮子的形状，其外表多数与立在庙堂前或古典宫殿建筑物门前的石狮相似。舞北狮要求狮头与狮尾并重，不能做单独式的替换人手。北狮的动态与真的狮子相仿佛。北狮常见的基本动作有礼拜、伸腰、挠、舔、擦、探、吃、洗、抓、叼球、坐肩、钳腰、高台前滚翻、高台侧滚翻。双狮的配合有互跃、滚背、转花、搭爪立转等。

下面介绍北狮竞赛套路练习。

（一）引狮员出场

① 蹍子、小翻、转向外弓步。② 外摆腿、提膝上冲拳、行步、臂取球，前点步亮相。③ 旋转旋风腿，弓步亮相，转身背向举球。

（二）双狮高举侧滚翻

① 引狮员抛球，转身弓步亮球。② 双狮高举，侧滚翻亮相。

（三）狮跃狮

① 双狮反向走圆弧。② 引狮员先从红狮上方鱼跃。③ 蓝狮从红狮上方越过，红狮滚翻。④ 双狮亮相。

（四）双狮互滚背

① 引狮员挠球，双狮向中场碎步靠拢。② 引狮员抛球，红狮从蓝狮身上背翻，亮相。

（五）双狮走小圆 1 周，狮跃狮头侧滚翻

① 引狮员引蓝狮走小圆 1 周，红狮自走小圆 1 周。② 引狮员抛球，绕过红狮接球；同时红狮高举，越过蓝狮狮头向右侧滚翻。③ 引狮员再抛球，绕过红狮在后场接球，红狮高举越过蓝狮狮头；蓝狮向左侧滚翻，亮相。

（六）双狮小转花

① 双狮啃尾 1 周，引狮员走向前场与红狮相对。② 红狮狮头越过蓝狮的头尾，引狮员在前场抛球后到后场接球。③ 蓝狮越过红狮的头尾，引狮员在后场举球，亮相。

（七）双狮探球

① 引狮员把球放在场地中央，走圆场，双狮沿大圆走圆场 1 周，亮相。② 双狮走到场地中央，先用左脚探球，再用右脚探球。

（八）双狮夺球

① 引狮员在后场原地后空翻。② 双狮卧下叼球。③ 双狮站起，跳转 1 周。④ 引狮员取下球，双狮后跳亮相。

（九）单狮戏球

① 蓝狮探球、颠步跳、啃球。② 红狮在后场，高举，走步，向前跃，引狮员在红狮后方，同步走动。③ 当红狮跃起时，引狮员从蓝狮口中取下球。

（十）转跳上跳下

① 引狮员弓步按球，并步上举。② 蓝狮右里合腿，甩尾连续跳上；红狮左里合腿，甩尾连续跳上。③ 双狮反向旋转跳下卧地，引狮员高台分腿跳，右弓步探球。

（十一）鹞子翻身跳下

① 引狮员右弓步摇球对蓝狮，变左弓步对红狮时，摇球逗狮。双狮站起横跳，在台前亮相、摇头。② 引狮员举球时，双狮的狮头跳上平台，视球摇头。③ 引狮员后空翻，同时双狮做鹞子翻身跳下卧地。④ 引狮员落地，面对红狮做弓步戏球，双狮站起，狮尾下蹲。

（十二）甩尾越台角

① 引狮员举球，双狮甩尾越台角。② 引狮员弓步探球，双狮亮相、摇头。

（十三）倒上山

① 引狮员转向蓝狮摇球。② 引狮员抛球，双狮的狮头做里合腿转身，同时甩尾，狮尾跳下平台，旋转，狮头跳上台，亮相。③ 引狮员左弓步托球。

（十四）探　球

①引狮员弓步逗双狮，双狮用里侧脚探球两次。②双狮亮相。

（十五）啃尾走1周半

①引狮员绕过蓝狮，上高台，双狮啃尾走1周半。②引狮员下蹲，探球。

（十六）拜四方上高台

①双狮跳下台，反弹跳转90°到侧面，反弹跳转90°到正面，再反弹跳上高台。②引狮员下蹲持球，摇动，双狮摇头。③引狮员站起在高台后部举球，双狮摇头。

（十七）金鸡独立转体270°

①引狮员抛接球。②双狮的狮头跳至平台，上两腿。③双狮提单腿，向内旋转270°，同时引狮员在高台上走圆。

（十八）跳下反弹上平台

①引狮员指挥，双狮跳下地面。②双狮反弹上平台，引狮员弓步探球、摇球。

（十九）舔、啃、挠

①双狮舔里侧腿毛，从上向下共2次。②双狮从下向上啃外侧腿毛。③双狮舔腰背毛。④狮尾用外侧腿抓后脑。⑤双狮亮相。

（二十）跳下反弹上高台

①引狮员抛接球。②双狮跳下反弹上高台。

（二十一）荷花开放

①双狮的狮尾互抱对方狮头的两腿，狮头仰身躺与肩平，狮尾转动3周。②引狮员从后台跳上右侧平台举球。③双狮狮头回落，亮相。④引狮员在平台上走1周，旋子转体下，右弓步托球亮相。

（二十二）双狮高台跳下，落地侧滚翻

①引狮员走到高台正前方，抛接球。②双狮调整位置，红狮在高台的右侧，双狮摇头，跳下时，分别向外侧滚翻，站起时亮相。

（二十三）高　举

①引狮员引双狮向前走，狮头跳起，狮尾托起上举。②双狮落地亮相。

》》二、南 狮

南狮又称醒狮、雄狮，在岭南一带分为佛装狮、鹤装狮两大流派。南狮的历史悠久，至今已有 1400 多年，是一项深受人民群众喜爱的传统体育活动。南狮的竞赛，从最初的传统舞狮发展为高桩舞狮，并将南狮中具有特色的、健康的、能反映南狮风格特点的形式作为比赛内容。古老的舞狮运动焕发出蓬勃的生机，成为一种加强海内外文化交流、发扬国粹、推广狮艺的健康活动。

（一）南狮的基本握法

（1）狮头握法：单阴手、单阳手、双阴手、双阳手、开口式、合口式。

（2）狮尾握法：单手握法、双手握法、摆尾。

（二）南狮的基本步法

（1）行礼步：从基本站立姿势开始，以左为例。两脚用力蹬地，向上跃起，在中线落地，重心在右脚，成左虚步。右虚步与左虚步相同，但方向相反。

（2）两移步：从基本站立姿势开始，上体不动，左右脚交替前移约一脚距离。

（3）大四平步：两脚左右开立，略比肩宽，两腿弯曲，两大腿平行于地面，上体直立，挺胸收腹。

（4）开合步：从基本站立姿势开始，两脚蹬地，两腿左右开立，宽于肩；两脚蹬地，两腿并拢。在完成动作的过程中，上体保持基本姿势。

（5）扑步（铲步）：左腿弯曲全蹲，重心在左腿，右脚向右侧前伸，大小腿保持成一条直线，前脚掌内扣。左右动作相同，但方向相反。

（6）麒麟步：从基本站立姿势开始，重心移至左脚，右脚经左腿前向左移步。左右腿交叉，两腿弯曲，重心在两脚之间。右与左动作相同，但方向相反。

（7）吊步：在虚步的基础上，提起右腿，左腿微屈，右大腿在体前平行于地面，膝关节放松，小腿自然下垂，脚尖绷直。左与右动作相同，但方向相反。

（8）探步：从右虚步开始，右腿提起，右大腿平行于地面，以左膝关节为轴，小腿前伸，脚尖前点。左与右动作相同，但方向相反。

（9）金鸡独立步：右腿提起，右大腿平行于地面，大小腿夹角小于 90°，脚尖绷直，上体稍前倾。左与右动作相同，但方向相反。

（三）南狮的基本动作

（1）腾起：预备式，狮头与狮尾的基本站位；狮头队员下蹲，向上跃起，狮尾队员在狮头队员跃起的同时两手把狮头举起；狮头队员落地还原。

（2）上单腿：狮头队员下蹲，用力蹬桩面，向上跃起，狮尾队员在狮头队员跃起的同时两手把狮头举起，狮尾队员成半蹲，狮头队员右腿站立在狮尾队员右大腿上，左大腿提起平行于地面，小腿自然下垂。

（3）上两腿：在桩上两队员成基本姿势，狮头队员下蹲，用力蹬桩面，向上跃

起，狮尾队员在狮头队员跃起的同时两手把狮头举起，狮尾队员成半蹲，狮头队员两脚站立在狮尾队员的左右大腿上。

（4）占位上两腿：狮头队员下蹲，用力蹬桩面，向上跃起，狮尾队员在狮头队员跃起的同时把狮头举起，两脚移至狮头队员的桩位上；狮尾队员成半蹲，狮头队员两脚站立在狮尾队员的左右大腿上。

（5）钳腰：狮头队员下蹲，两脚用力蹬桩面，向上跃起，狮尾队员在狮头队员跃起的同时两手把狮头举起后移至体前；狮尾队员成半蹲，狮头队员大腿紧夹狮尾队员的腰部，且左右脚相扣。

（6）占位钳腰：狮头队员下蹲，用力蹬桩面，向上跃起，狮尾队员在狮头队员跃起的同时两手把狮头举起后移至体前；两脚蹬桩面，移至狮头队员的桩位上；狮尾队员成半蹲，狮头队员大腿紧夹狮尾队员的腰部，且左右脚相扣。

（7）坐头：狮头队员下蹲，用力蹬桩面，向上跃起，狮尾队员在狮头队员跃起的同时两手把狮头举起轻放于头上，狮头队员右大腿弯曲，脚背绷直，左大腿提膝弯曲，脚尖绷直。

（8）环回快走：狮头队员在以左脚为轴转体的同时，右脚外摆至狮尾的左桩位，左脚移至右桩位；狮尾队员在狮头队员移动的同时，左脚前移至狮头右桩位，在以右脚为轴转体的同时，右脚外摆至狮头的左桩位。

附 录

《国家学生体质健康标准》简介

附录一 《国家学生体质健康标准》实施说明

一、说 明

《国家学生体质健康标准》（简称《标准》）从身体形态、身体机能和身体素质等方面综合评定学生的体质健康水平，是促进学生体质健康发展、激励学生积极进行身体锻炼的教育手段，是国家学生发展核心素养体系和学业质量标准的重要组成部分，是学生体质健康的个体评价标准。

本标准将适用对象中的高校部分分为大学一、二年级为一组，三年级为一组。

大学各组别的测试指标均为必测指标。其中，身体形态类中的身高、体重，身体机能类中的肺活量，以及身体素质类中的50米跑、坐位体前屈为各年级学生共性指标。

本标准的学年总分由标准分与附加分之和构成，满分为120分。标准分由各单项指标得分与权重乘积之和组成，满分为100分。附加分根据实测成绩确定，即对成绩超过100分的加分指标进行加分，满分为20分；大学的加分指标为男生引体向上和1000米跑，女生1分钟仰卧起坐和800米跑，各指标加分幅度均为10分。

根据学生学年总分评定等级：90.0分及以上为优秀，80.0～89.9分为良好，60.0～79.9分为及格，59.9分及以下为不及格。

每个学生每学年评定一次，记入《〈国家学生体质健康标准〉登记卡》。特殊学制的学校，在填写登记卡时可以按规定和需求相应地增减栏目。学生毕业时的成绩和等级，按毕业当年学年总分的50%与其他学年总分平均得分的50%之和进行评定。

学生测试成绩评定达到良好及以上者，方可参加评优与评奖；成绩达到优秀者，方可获体育奖学分。测试成绩评定不及格者，在本学年度准予补测一次，补测仍不及格，则学年成绩评定为不及格。普通高等学校学生毕业时，《标准》测试的成绩达不到50分者按结业或肄业处理。

二、单项指标与权重

单项指标与权重见附表 1-1。

附表 1-1　单项指标与权重

测试对象	单项指标	权　重
大学各年级	体重指数（BMI）	15%
	肺活量	15%
	50 米跑	20%
	坐位体前屈	10%
	立定跳远	10%
	引体向上（男）/1 分钟仰卧起坐（女）	10%
	1000 米跑（男）/800 米跑（女）	20%

注：体重指数（BMI）= 体重（千克）/ 身高^2（米^2）。

附录二　《国家学生体质健康标准》测试方法

一、身　高

受试者赤足，以立正姿势站在身高计的底板上（上肢自然下垂，两脚脚跟并拢，两脚脚尖分开成 60° 角）。脚跟、骶骨部及两肩胛区与立柱相接触，躯干自然挺直，头部正直，耳屏上缘与眼眶下缘呈水平位（附图 2-1）。测试人员站在受试者右侧，将水平压板轻轻沿立柱下滑，轻压于受试者头顶。测试人员读数时，两眼应与压板水平面等高。以厘米为单位记录测试成绩，精确到小数点后一位，测试误差不超过0.5 厘米。

二、体　重

测试时，电子秤应放在平坦的地面上。受试者赤足，男性受试者身着短裤；女性受试者身着短裤、短袖衫，自然站立在秤台中央（附图 2-2）。以千克为单位记录测试成绩，精确到小数点后一位，测试误差不超过 0.1 千克。

附图 2-1　　　　附图 2-2

三、肺活量

受试者面对肺活量计站立，手持吹气口嘴。测试过程中，口嘴或鼻处不能漏气。若漏气，则受试者应调整口嘴和用鼻夹（或自己捏鼻孔）。受试者进行一两次较平日深一些的呼吸动作后，更深地吸一口气，屏住气向口嘴处慢慢呼气至不能再呼出为止，防止此时从口嘴处吸气。测试过程中不得中途二次吸气。吹气完毕后，液晶屏上最终显示的数字即为肺活量值。以毫升为单位记录测试成绩，不保留小数。

四、50 米跑

受试者至少两人一组测试。站立式起跑，受试者听到"跑"的口令后开始起跑。发令员在发出口令的同时要摆动发令旗。计时员视旗动开表计时，当受试者躯干部到达终点线的垂直面时停表。以秒为单位记录测试成绩，精确到小数点后一位，小数点后第二位数按非 0 进 1 原则进位。

五、坐位体前屈

受试者坐在平地上，两腿伸直，两脚分开 10 ～ 15 厘米，平蹬测试纵板，上体前屈，两臂伸直，用两手中指指尖逐渐向前推动游标，直到不能前推为止（附图 2-3）。测试计的脚蹬纵板内沿平面为 0 点，向内为负值，向前为正值。以厘米为单位记录测试成绩，保留一位小数。测试两次，取最好成绩。

附图 2-3

六、立定跳远

受试者两脚自然开立，站在起跳线后，脚尖不得踩线（可用线绳做起跳线）。两脚原地同时起跳同时落地，不得有垫步或连跳动作。测试人员丈量起跳线后缘至受试者最近着地点后的垂直距离，以厘米为单位记录测试成绩，不计小数。

七、引体向上（男）

受试者跳起，两手正握杠，两手分开与肩同宽，成直臂悬垂姿势。静止后，两臂同时用力引体（身体不能有附加动作），上拉到下颌超过横杠上缘为完成一次。记录受试者完成引体向上的次数。

八、1 分钟仰卧起坐（女）

受试者仰卧于垫上，两腿屈膝，小腿与地面呈 45° 角左右，两手轻轻地搭在两耳侧，脚底紧贴地面。受试者坐起时两肘触及或超过两膝为完成一次。仰卧时，两肩胛必须触垫（附图 2-4）。记录受试者 1 分钟完成仰卧起坐的次数。

附图 2-4

九、800 米跑（女）、1000 米跑（男）

受试者至少两人一组进行测试。站立式起跑，受试者听到"跑"的口令后开始起跑。发令员在发出口令的同时要摆动发令旗。计时员视旗动开表计时，当受试者的躯干部到达终点线垂直面时停表。以分、秒为单位记录测试成绩，不计小数。

附录三　《国家学生体质健康标准》测试评分表

《国家学生体质健康标准》的测试评分表见附表 3-1 ～ 附表 3-7。

附表 3-1　体重指数（BMI）单项评分表　　　　（单位：千克 / 米²）

等　级	单项得分	大学男生	大学女生
正　常	100	17.9 ～ 23.9	17.2 ～ 23.9
低体重	80	≤ 17.8	≤ 17.1
超　重		24.0 ～ 27.9	24.0 ～ 27.9
肥　胖	60	≥ 28.0	≥ 28.0

附表 3-2　大学男生各测试项目评分表　　　　（大一、大二适用）

等　级	单项得分	肺活量 / 毫升	50 米跑 / 秒	坐位体前屈 / 厘米	立定跳远 / 厘米	引体向上 / 次	耐力跑 1000 米 /（分·秒）
优　秀	100	5040	6.7	24.9	273	19	3'17"
	95	4920	6.8	23.1	268	18	3'22"
	90	4800	6.9	21.3	263	17	3'27"
良　好	85	4550	7.0	19.5	256	16	3'34"
	80	4300	7.1	17.7	248	15	3'42"
及　格	78	4180	7.3	16.3	244	14	3'47"
	76	4060	7.5	14.9	240	14	3'52"
	74	3940	7.7	13.5	236	13	3'57"
	72	3820	7.9	12.1	232	13	4'02"
	70	3700	8.1	10.7	228	12	4'07"
	68	3580	8.3	9.3	224	12	4'12"
	66	3460	8.5	7.9	220	11	4'17"
	64	3340	8.7	6.5	216	11	4'22"

续 表

等级	单项得分	肺活量 /毫升	50米跑 /秒	坐位体前屈 /厘米	立定跳远 /厘米	引体向上 /次	耐力跑1000米 /（分·秒）
及格	62	3220	8.9	5.1	212	10	4'27"
	60	3100	9.1	3.7	208	10	4'32"
不及格	50	2940	9.3	2.7	203	9	4'52"
	40	2780	9.5	1.7	198	8	5'12"
	30	2620	9.7	0.7	193	7	5'32"
	20	2460	9.9	−0.3	188	6	5'52"
	10	2300	10.1	−1.3	183	5	6'12"

附表 3-3　大学男生各测试项目评分表　　　　　　（大三适用）

等级	单项得分	肺活量 /毫升	50米跑 /秒	坐位体前屈 /厘米	立定跳远 /厘米	引体向上 /次	耐力跑1000米 /（分·秒）
优秀	100	5140	6.6	25.1	275	20	3'15"
	95	5020	6.7	23.3	270	19	3'20"
	90	4900	6.8	21.5	265	18	3'25"
良好	85	4650	6.9	19.9	258	17	3'32"
	80	4400	7.0	18.2	250	16	3'40"
及格	78	4280	7.2	16.8	246	15	3'45"
	76	4160	7.4	15.4	242	15	3'50"
	74	4040	7.6	14.0	238	14	3'55"
	72	3920	7.8	12.6	234	14	4'00"
	70	3800	8.0	11.2	230	13	4'05"
	68	3680	8.2	9.8	226	13	4'10"
	66	3560	8.4	8.4	222	12	4'15"
	64	3440	8.6	7.0	218	12	4'20"
	62	3320	8.8	5.6	214	11	4'25"
	60	3200	9.0	4.2	210	11	4'30"
不及格	50	3030	9.2	3.2	205	10	4'50"
	40	2860	9.4	2.2	200	9	5'10"
	30	2690	9.6	1.2	195	8	5'30"
	20	2520	9.8	0.2	190	7	5'50"
	10	2350	10.0	−0.8	185	6	6'10"

附表 3-4　大学女生各测试项目评分表　　　　　　（大一、大二适用）

等级	单项得分	肺活量 /毫升	50米跑 /秒	坐位体前屈 /厘米	立定跳远 /厘米	1分钟仰卧 起坐/次	耐力跑800米 /（分·秒）
优秀	100	3400	7.5	25.8	207	56	3'18"
	95	3350	7.6	24.0	201	54	3'24"
	90	3300	7.7	22.2	195	52	3'30"
良好	85	3150	8.0	20.6	188	49	3'37"
	80	3000	8.3	19.0	181	46	3'44"

等级	单项得分	肺活量/毫升	50米跑/秒	坐位体前屈/厘米	立定跳远/厘米	1分钟仰卧起坐/次	耐力跑800米/（分·秒）
及格	78	2900	8.5	17.7	178	44	3'49"
	76	2800	8.7	16.4	175	42	3'54"
	74	2700	8.9	15.1	172	40	3'59"
	72	2600	9.1	13.8	169	38	4'04"
	70	2500	9.3	12.5	166	36	4'09"
	68	2400	9.5	11.2	163	34	4'14"
	66	2300	9.7	9.9	160	32	4'19"
	64	2200	9.9	8.6	157	30	4'24"
	62	2100	10.1	7.3	154	28	4'29"
	60	2000	10.3	6.0	151	26	4'34"
不及格	50	1960	10.5	5.2	146	24	4'44"
	40	1920	10.7	4.4	141	22	4'54"
	30	1880	10.9	3.6	136	20	5'04"
	20	1840	11.1	2.8	131	18	5'14"
	10	1800	11.3	2.0	126	16	5'24"

附表 3-5　大学女生各测试项目评分表　　　　　　　　（大三适用）

等级	单项得分	肺活量/毫升	50米跑/秒	坐位体前屈/厘米	立定跳远/厘米	1分钟仰卧起坐/次	耐力跑800米/（分·秒）
优秀	100	3450	7.4	26.3	208	57	3'16"
	95	3400	7.5	24.4	202	55	3'22"
	90	3350	7.6	22.4	196	53	3'28"
良好	85	3200	7.9	21.0	189	50	3'35"
	80	3050	8.2	19.5	182	47	3'42"
及格	78	2950	8.4	18.2	179	45	3'47"
	76	2850	8.6	16.9	176	43	3'52"
	74	2750	8.8	15.6	173	41	3'57"
	72	2650	9.0	14.3	170	39	4'02"
	70	2550	9.2	13.0	167	37	4'07"
	68	2450	9.4	11.7	164	35	4'12"
	66	2350	9.6	10.4	161	33	4'17"
	64	2250	9.8	9.1	158	31	4'22"
	62	2150	10.0	7.8	155	29	4'27"
	60	2050	10.2	6.5	152	27	4'32"
不及格	50	2010	10.4	5.7	147	25	4'42"
	40	1970	10.6	4.9	142	23	4'52"
	30	1930	10.8	4.1	137	21	5'02"
	20	1890	11.0	3.3	132	19	5'12"
	10	1850	11.2	2.5	127	17	5'22"

附表 3-6　大学生加分指标测试项目评分表一　　　　（单位：次）

加　分	引体向上（男）		1 分钟仰卧起坐（女）	
	大一、大二	大三	大一、大二	大三
10	10	10	13	13
9	9	9	12	12
8	8	8	11	11
7	7	7	10	10
6	6	6	9	9
5	5	5	8	8
4	4	4	7	7
3	3	3	6	6
2	2	2	4	4
1	1	1	2	2

　　注：引体向上（男）、1 分钟仰卧起坐（女）均为高优指标，学生成绩超过单项评分 100 分后，以超过的次数所对应的分数进行加分。

附表 3-7　大学生加分指标测试项目评分表二　　　　（单位：秒）

加　分	1000 米跑（男）		800 米跑（女）	
	大一、大二	大三	大一、大二	大三
10	−35"	−35"	−50"	−50"
9	−32"	−32"	−45"	−45"
8	−29"	−29"	−40"	−40"
7	−26"	−26"	−35"	−35"
6	−23"	−23"	−30"	−30"
5	−20"	−20"	−25"	−25"
4	−16"	−16"	−20"	−20"
3	−12"	−12"	−15"	−15"
2	−8"	−8"	−10"	−10"
1	−4"	−4"	−5"	−5"

　　注：1000 米跑（男）、800 米跑（女）均为低优指标，学生成绩低于单项评分 100 分后，以减少的秒数所对应的分数进行加分。